HET EYLAND FORMOSA

艱困與榮光

臺灣政治發展史論

李功勤◎著

雷序

　　李功勤博士名如其人，勤而用功，屢有佳作以饗讀者。今其新作《艱困與榮光——臺灣政治發展史論》，正是其繼先前學術累積而進一步有所創獲的結果。

　　本書斷限由日本領臺以至於今，貫穿臺灣一百年的歷史，而以政治發展作為論述主軸。舉凡百年之間，臺灣經歷的殖民、威權、本土，以至當前兩岸新形勢出現等各歷史階段中，所曾發生的種種重要政治事件及運動，李博士均一一予以檢討論述。在皇民化、威權化以及本土化意識形態橫溢的臺灣史論述之間，李博士提出了另一種角度的看法，令人讀來有清新之感。

　　當然，臺灣近百年政治史的內容不只於此，但是近百年重要的政治發展，本書均已予以論述，系統而完整，深入而淺出，不囿於象牙之塔，不拘於一黨之見，故余許以為佳作。今於本書出版之際，謹撮數言以賀其功耳！是為之序。

國立中正大學歷史系教授

雷家驥

羅 序

功勤是我任職世新通識中心主任時的舊識，他年輕、熱情又富才華，是以深受學生愛戴。

功勤的本科專業是歷史，當時的通識中心在歷史論述方面又可分為兩派：以王曉波教授為主的統派論述以及李筱峰教授為主的獨派論述，兩派人物始終論戰不休，深受各方矚目。但或許是受世新自由學風的影響，兩派論爭雖然激烈，但都能維持君子風度，不致像當時社會上的統獨爭議，不僅口出惡言，甚至大動干戈。

在此氛圍中，屬於青壯一代的功勤，雖然也有他自己的堅持與立場，但他一向謙沖自省，願意放下身段，虛心傾聽不同陣營的論據，以異見為師，以重新建構一種能同時觀照臺灣主體性並兼顧兩岸關係統合的臺灣政治發展觀。經過多年的努力，目前這些成果都已陸陸續續出版，也已獲得了青年學子的熱烈回響。在此，筆者能以同僚舊識的身分為之作序亦倍感榮幸，並期許功勤未來能在此基礎上，更進一步拓展其學術成就，以為臺灣也為兩岸人民的福祉作出更大的貢獻！

世新大學人文社會學院院長

羅曉南

導 讀

　　臺灣是「南島語族」發源地之一，可以概要分類為「高山族」與生活在平地的「平埔族」。而自南宋以來，已有漢人及其他少數民族陸續遷居臺灣，例如今日居住在彰化一帶的粘姓，在學者考證下就是女真族的後裔；而居住在雲林縣臺西鄉一帶的丁姓，根據丁姓族譜記載，臺西鄉丁氏是阿拉伯人後裔。祖先丁蘇在兩百多年前自福建省渡海到臺灣，由於不斷漢化通婚後，目前子孫已沒有伊斯蘭教習俗。也有日本學者研究臺灣平埔族，認為與中國大陸西南一帶少數民族有關聯。在漢人早期移民中，其祖籍分布以來自福建及粵東（即客家）一帶人士最多，他們帶來原鄉的風俗習慣；在鄭氏家族與清朝治臺期間，中國的科舉考試、典章制度等都直接在臺實施，使臺灣社會的漢文化與中國大陸銜接及傳承，這種「中國化」（或稱內地化）集體意識，雖然歷經日本51年（1895～1945年）統治及爾後民主化過程中，某些具有排他性的「去中國化」政治清算，都難以撼動民間社會底層的傳統文化。

　　臺灣是移民社會，人民遷臺後，歷經時間轉移，在祖籍的認同、祭祀圈的統一（媽祖、保生大帝、開漳聖王、三山國王、開臺祖），與原住民通婚（主要是平埔族）等方面，也產生「臺灣化」（又稱本土化）現象。他們在臺灣繁衍家族，認同現居地等，與文化典章制度上的中國化（內地化）現象，在政治力尚未介入前，兩者並行而無直接的衝突。尤其臺灣歷經日本長期殖民統治，到今天在飲食方面，還是盛行日本料理；而殖民時期的建築，如今日仍屹立在臺北市的總統府與臺北賓館，就是當年日本總督府及其官邸。大批的日式建築雖然因為都市更新和開發而逐漸減少，但在臺北市的青田街、溫州街、汀州路一帶仍保留部分

古蹟。至於行政區域，如西門町等，依然可見日式風格名稱。而公館、三張犁等地名，又充分反映當年移民墾殖歷史。曾接受日本大正民主和中國新文化運動的知識分子，與日本皇民化所培養的士紳階級，不但豐富了臺灣思想的內涵與政治意識，在往後民主化的過程中，如李登輝總統等人，也扮演對中國化（內地化）認同的挑戰。

1949年，國民政府遷臺，與此同時的有兩百萬左右的大陸各省人民移居臺灣，他們祖籍分布更廣，文化更多元，光是飲食就是一部中國文化的縮影，像是今日臺灣社會盛行的川菜、湘菜、上海菜、南京板鴨、北平烤鴨、山東麵食、江浙菜、港式飲茶等等，充分象徵中國文化的小傳統及地域特性。臺北故宮所珍藏的民族瑰寶，更使得臺灣成為中華文化的守護神。這些遷臺的大陸人士，以軍公教及其眷屬居多，也形成臺灣特殊的「眷村文化」。眷村不但創造出很多美食，例如川味牛肉麵、岡山豆瓣醬、屏東涼麵，他們成長的背景，也凸顯了眷村子弟對原鄉及黨國濃烈的情感。眷村子弟受父祖職業或語言（不諳閩南語）影響，多半投身政府公部門，也形成一個特殊階級；但又因為多半沒有私人土地，故在臺灣經濟發展過程中，始終居於經濟上的劣勢地位。由於他們對大陸的文化情感強烈認同，對蔣氏父子和黨國的效忠，使他們在臺灣以早期移民占多數的土著社會，形成一個對比強烈的族群符號。

面對1949年的大遷徙，臺灣歷經了政治、社會和文化方面巨大衝擊與融合，一座殖民海島，躍身為中華民國的主要領土（其實還包括金門、馬祖、澎湖等外島），韓戰之後，成為美國反共的盟邦；但也因為當年國共內戰的歷史教訓，國民黨對經濟發展和金融秩序的管控特別重視，創造了經濟奇蹟並晉身「亞洲四小龍」；卻也在肅清匪諜及鎮壓反對勢力的措施上，留下一段歷史爭議。這段歷史爭議，在往後數十年中，逐漸形成「統」、「獨」與「外來政權」、「本土政權」，以及

「外省人」、「本省人」的衝突、抗爭，其結果是社會和諧的撕裂與國家團結力內耗，使臺灣在各方面發展，出現了停滯的現象。

2000年與2004年，在臺灣民主化進程中具有重大的意義；民進黨在總統大選中的獲勝，代表占六成選民支持的國民黨，因為內部分裂而喪失執政地位。2004年陳水扁的連任，我認為則是「本土化」意識勝利，在選前連宋（連戰、宋楚瑜）民調大幅領先，到開票結果以些微之差敗選，充分顯示陳水扁遇刺消息激化了選民對族群的高度認同，使得出身於大陸的國民黨候選人，以些微之差落敗。

2006年，是臺灣歷史上族群認同的分水嶺，因抗議陳水扁總統貪瀆而走上街頭抗議，總數達數百萬的「紅衫軍」，由前民進黨主席施明德率領，集合許多不同政黨人士及大批中產階級、婦女、勞工和青年學生參加。參與者呈現臺灣社會新興的主流民意，即「反貪腐」、「回歸常態」等政治訴求的再認同。以一種道德標準而非族群或地域標準，來檢驗國家領導人的品格與定位，這種溫和的公民運動伴隨臺灣經濟逐漸惡化，再加上中產階級對族群對立的厭惡，是2008年馬英九勝選，臺灣政黨第二次輪替執政的重要原因。

馬英九當選中華民國第12任總統，也是自李登輝、陳水扁兩位臺籍總統執政20年後，又一位外省籍總統。他上任後，就必須迎戰全球金融危機所導致的臺灣經濟不景氣；另方面，必須立刻修補與美國及北京的關係。尤其大陸政策，是臺灣人民生存安全的關鍵，而在施政滿一年後檢驗，成效似乎不錯。臺灣社會逐漸回復常態，臺灣意識與中國意識不再強烈對立。然而面對大陸快速崛起，如何在未來處理兩岸政治層面的全方位談判，是臺灣領導人與執政黨應及早準備的課題。臺灣有段艱困歲月，但如今逐漸步上坦途，展開屬於它的榮光歲月。

為充分呈現本書特色，全書內容共分五章，共約18萬字，參考資料

包括原始文獻、檔案、專書、論文，以及相關事件的新聞報導與評論。因此撰述過程中，每天大量的閱讀及剪報，成為一種「甜蜜的負擔」。

本書第一章〈日本殖臺〉，內容共分五節，分析日本51年殖民臺灣歷史，包括殖民手段、臺人在政治、社會、文化方面的抗爭與認同轉變；其中社會底層的漢文化和菁英階級的皇民化，對國民政府接收及遷徙臺灣，提供了某些衝突與融和的條件。

第二章〈分裂與認同〉，內容分四節，分析了臺灣228事件、土地改革等重要政治、經濟事件，其結果是造成國民政府與臺籍菁英階級（皇民、知識分子、醫生、地主）進一步的疏離。他們之中有很大部分，成為臺獨運動與今日反國民黨陣營中的中堅分子，然而成功的土地改革，不但奠定臺灣日後經濟發展的基礎，也成功的整合國民政府與本地基本群眾（農民）情感，對國民黨統治臺灣，立下重要的民意基礎。1949年的大遷徙，不論在國家資源、文物器寶、軍隊、平民，都是人類歷史上未見的國家大流亡，而韓戰爆發，在美國協防之下，中華民國在臺灣終於歷經了重建及再生。

第三章〈開明專制〉，內容分為六節，主要敘述蔣氏父子政權及反對勢力之間的衝突，其中包含「自由中國」事件、「美麗島」事件、臺獨運動等；但蔣氏父子採用「溫和威權主義」（又稱新威權主義，大陸目前似乎正循此模式），一方面壓制反對運動；另方面則以國家力量發展經濟，形成一座內部凝聚力強盛的「反共堡壘」，因此本章也分析了國民政府歷屆內閣及財經團隊，同時對蔣經國的「革新保臺」做詳盡的分析。

第四章〈本土政權〉，分析兩位在臺灣出生的總統——李登輝與陳水扁。李登輝生於日本殖臺時期，曾赴日本就讀京都大學，日本右派人物形容他是「真正的日本人」；而戰後出生的陳水扁，在2000年擊敗

國民黨與分裂出來的親民黨候選人，造成臺灣民主歷史上重大的意義，2004年，兩顆子彈扭轉了陳水扁的選情，他再度勝選，但也是「本土意識」由盛而衰的分水嶺。本章介紹兩位總統施政概況，尤其在兩岸關係著墨較多；對「民主進步黨」的特性，也做了扼要分析。

第五章〈黎明曙光〉，內容計分三節，敘述陳水扁前總統所爆發的貪瀆弊案，也詳細分析馬英九總統的大陸政策，對兩岸近年來關係的突破與發展，有完整的敘述及評論，並提出我們對兩岸關係的檢討與前瞻。

本書在完成研究及撰稿期間，感謝雷家驥教授在研究方法的指導與史德、史觀上的教誨；羅曉南教授與王曉波教授以「中國意識」與「臺灣意識」的邏輯辨證，修正我在某些思考與認知上的盲點；李筱峰教授則以一個「臺獨知識菁英」身分不斷「刺激」我，讓我對於何謂「臺獨意識」本土觀有了一個認知；張亞中教授對兩岸統合新思維的啟發，則豐富了我思考與治學的視野。這些教授先進，以他們對「中國人」、「臺灣人」、「統」、「獨」的不同情懷，充分滋潤了臺灣的思想界及學術界。另外還有一些大陸學界同好，影響我如何從大陸立場看待臺灣問題，從而更深入了解兩岸問題的迷思與突破。本書出版過程中，幼獅文化公司的朱燕翔小姐和世新大學中文研究所張慧蘭同學、臺灣師範大學大傳所葉大瑋同學，在編排及資料的搜集，都帶給我無比的助益。以上我的師長、友朋，在此獻上誠摯的感謝，祝福你們。

李功勤

民國98年9月

昭和6年秋（民國20年），日據臺灣頭份公學校校生於畢業旅行
合攝於今日臺北火車站前的國立臺灣博物館（前身為「兒玉總督
後藤民政長官紀念館」）

照片／黃瓊太醫生提供

日據時期（昭和10年），
臺灣民眾至草山郊遊踏青

照片／黃瓊太醫生提供

日據時期（昭和12年）
一群臺灣高中生於畢業
旅行途中攝於鵝鑾鼻燈
塔

照片／黃瓊太醫生提供

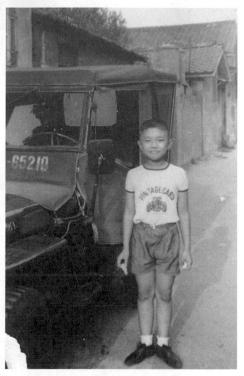

抗戰甫結束，國共內亂又起。許多
家庭因任務或避難等因素而遷居臺
灣。此張照片為作者外祖父母全家
於民國36年遷居臺灣前，於大陸合
攝留念

民國50年代作者攝於眷村外公的
吉普車旁

民國60年代，青少年多以腳踏車代步，不久隨著經濟起
飛，摩托車成為普遍的交通工具　　　　照片／作者提供

當年大專生為配合國防政策，於求學期間須至臺中成功嶺
參加軍事訓練四週，營區當年遍布反共及反攻大陸標語

照片／作者提供

民國68年中美斷交，美軍撤離臺灣，中共發動「懲越戰爭」，
臺海局勢緊張，作者攝於「漢光演習」精銳戰車營演訓

蔣經國總統開放大陸探親，兩岸關係逐漸緩和，民國90年代作
者率領學生「反攻大陸」，攝於北京故宮午門前

目錄

第一章 日本殖臺
（1895～1945年）

19世紀，英國帶動新一波帝國主義波濤，直接撞擊世界最古老的帝國──中國，其餘波所拍擊的日本卻在中國「天朝體制」瀕臨瓦解之時，逐漸崛起並向外擴張。甲午戰爭（1894年）之後，日本不但依國際法領有臺灣與澎湖，躋身新興殖民帝國之列，同時馬關與遼南條約的鉅額賠款更使其擁有世界第四的船噸量，1897年日本實施金本位制，進入世界金融體制，擁有穩定的財政，並奠定了近代工業化的基礎。

日本殖民臺灣之初，由於國力尚弱，因此在列強壓力下被迫發表「臺澎不割讓與臺灣海峽公共航道宣言」，對內則因為臺灣人反抗，故採用武力鎮壓，這段時期統稱為「非同化主義」時期，總督為軍人出身，集軍、政、立法權於一身。20年代，由於時值歐戰結束，日本國內掀起大正民主浪潮，派閥政治興起。對臺灣改採「同化主義」，即「內地延長主義」，將臺灣視為日本本土的延伸，並派遣文人總督治臺。由於臺灣知識分子在不滿殖民體制教育而留學日本之際，受到大正民主浪潮影響，因而興起民族覺醒運動，這就是爾後在臺灣文化協會和臺共等不同立場的對日鬥爭背景。在文人總督統治期間，日本人以殖民教育的精心設計來控制臺灣人的心性成長，並設立諮詢性質議會以培養親日派的菁英階級。在對付異議分子上，霧社事件的殘酷鎮壓和分化文協、打壓臺共的事實行為，正說明所有殖民手段皆不脫「冷靜的暴力」。

30年代，國際關係上由於英法領導的國際聯盟已無法有效制裁侵略者，使國際間又陷入無政府狀態。而日本國內統治派軍人崛起，造成軍國主義盛行，不但於1936年退出倫敦海軍會議及華盛頓海軍條約，使太平洋地區陷入山雨欲來風滿樓之勢，也使得日本在臺灣改由軍人總督實施南進化、工業化和皇民化運動。皇民化在本質上即民族性改造運動，而臺灣人則在志願兵、學習日語上反應較同樣實施皇民化的朝鮮人更激烈和熱情。這似乎可看出在日據後期才成形的青年層，其「認同」（Identity）的轉變，及經由語言而達到散播日本文化的作用。1945年日本甫宣布投降，立刻出現第一個臺灣獨立運動，似乎正說明這種認同的轉變，以及日本文化與中華文化在認知和轉宗上的抗拒及衝突。

因此，本章將日本殖民臺灣分成歐戰前、戰間期和皇民化3個時期敘述，並輔以國際關係與日本國內政治為經緯，說明殖臺政策變遷的背景。最後，將分析日本在長達51年的殖臺過程中，對臺灣在物質和精神層面的影響及其統治政策的特色，以為本章的總結。

第一節　新帝國主義下東亞秩序的重整

一、新帝國主義對東亞的震撼

歐洲於15世紀末地理大發現之後，從16世紀開始，分別由葡萄牙、西班牙、荷蘭、英國和法國展開長達兩個世紀的海外拓殖行動。這段所謂早期帝國主義的時間中，歐洲人主要表現海洋及商掠性質，在殖民地方面，侵略路線分別由美洲、南部非洲逐漸延伸至亞洲，如荷蘭人於1619年（明萬曆47年）在南洋設立巴達維亞府（Batavia），作為統治南洋的殖民總管機構，並於1642年統治臺灣直迄1662年為鄭成功所驅逐。

英國在17世紀也成立東印度公司作為侵略印度的大本營，並與法國展開鬥爭。1761年，英國攻奪法國在印度最後一個殖民地——本地修利（Pondicherry），而正式控有全印度。在歐洲列強近300年的拓殖行動中，約占有全球陸路的70％土地，歐洲的白種人從此超越亞洲人，在地理上取得了絕對的優勢。整體文化內涵上，歐洲受到新航路和新大陸發現的影響，經濟上已經由商業革命發展到產業革命，物質上伴隨著科學革命及工業革命奠定了科技文明基礎，政治上也逐漸由專制走向民主，一切進步甚速。

當時東亞的中國，一方面以「朝貢」（或稱天朝）制度維繫並主導與藩屬國之間的關係[1]，另一方面清朝至高宗年間，已經完全控有蒙古、東土耳其斯坦、西藏等地而奠定強大陸權基礎，但費正清（J. K. Fairbank）認為陸權只能控有通往中亞乾燥貧瘠之路，相較於英國在海洋上的優勢，已經屈居下風[2]。但是整個歐洲的海外拓殖（或

1　曹永和，1984，〈試論明太祖的海洋交通政策〉，《中國海洋史發展論文集》，頁43，臺北：中研院三民所。另可參考Joseph Camilleri，1980，《Chinese Foreign Policy: The Maoist Era and Its Aftermath》中討論中國傳統上與藩屬的關係及現今中共的天下觀，頁18。

2　費正清（John K. Fairbank），1994，《費正清論中國》，臺北：正中書局。

稱為早期帝國主義），於1776年因北美13州的獨立而暫告一段落。或許如美人杜哥（Jacques Robert Turgot）所言「像成熟的果實」一樣，殖民地終將脫離母國，而思考其值得與否問題[3]。

19世紀下半期，歐洲在結束普法戰爭之後，又展開新一波的海外拓殖行動，我們稱之為新帝國主義。在內容上，新帝國主義是建立在工業文明基礎上，並配合社會達爾文主義（Social Darwinism）及民族主義所發展的完整架構。從1870年以迄第一次大戰，從事帝國主義的國家彼此亦存有差異，例如在英國是為了反對曼徹斯特和小英格蘭學派的主張，至於在法國，是為了彌補普法戰爭（1870～1871年）的損失。此外，俄國的伸入東亞、中亞和南亞，以及美國的向西拓展，也都屬於向外擴張的一種[4]。

根據統計，到了1900年，英國已經占有370萬平方英里的領土和5,700萬人口，法國占有360萬平方英里土地和3,650萬人口，比利時占有90萬平方英里土地和3,300萬人口，葡萄牙占有80萬平方英里土地和900萬人口[5]。歐洲殖民國家不但瓜分非洲大陸，同時將經濟勢力滲透地中海東區和拉丁美洲，也造成亞洲的震撼。1840年，中英雙方因鴉片問題引發戰爭，從此不平等條約紛至。1853年，美國東印度船隊司令派里（Perry）也攜帶國書，駛入江戶要開港通商，史稱「黑船事件」。從此，東亞秩序開始進入一個新的階段。

列強對東亞入侵方面，以中英南京、中英法天津和北京條約奠定剝削中國的架構。至於日本方面，則以日美神川條約（1854）、日英長崎條約（1854）、日俄下田條約（1855）及日美修好通商條約與貿易章程（1858），作為剝削的基礎[6]。1867年，日本「倒幕運動」成功，明治天皇即位後，鑑於中國昧於國際關係的教訓，於明治元年（1868年）3月1日，向全國民眾發布5條誓文，其中以「安撫億兆，宣揚國威」作

3 Wallace Ferguson，1969，《A Survey of European Civilization》，4th ed.，頁539-540，New York。

4 王曾才，1976，《西洋近世史》，頁656-663，臺北：正中書局。

5 陳其人，1994，《殖民地的經濟分析史和當代殖民主義》，頁91，上海：社會科學院。

6 有關中、日兩國在面對西方衝擊下雙方反應和影響，可參考李思涵，1978，〈清季同光自強運動與日本明治維新運動的比較〉，《中國現代史論文選輯》，頁21-48，臺北：華世出版社。

為新政府的對外方針。

日本衡量當時的東亞情勢後，認為只有朝鮮、中國大陸、琉球、臺灣等地才是唯一可發展的道路，此即日後所謂的「大陸政策」。美國現實主義派學者摩根索（H. J. Morgenthau）認為所謂「帝國主義」，可解釋為旨在推翻現狀的一項政策，因此在目標上，可分成控制地球政治組織的世界帝國；建立僅稱霸一洲的帝國或霸權，即大陸性帝國；也可以是僅尋求一種嚴格的區域性優勢地位。同時，帝國主義的政策可能是沒有限度的，完全視被犧牲者的抗力而定[7]。

根據摩根索對於帝國類型的分析，日本在當時之所以產生擴張政策，是基於歐洲列強在東亞權力均衡下的空間考量，因此在空間受限下的海外拓殖行動，初期只能算是區域性的嘗試建立。至於爾後發展是否能構成大陸性帝國，以當時亞洲的權力分配狀況而言，亦不符標準。也正由於國際關係的局限，使日本帝國主義的發展自成一定格局。

二、日本南向政策的開展——牡丹社之役（1874年）

1840年，英國艦隊已經稱雄東亞海域，同時覬覦臺灣的基隆煤礦，1871年對臺灣（安平、淡水）至廈門、汕頭及香港展開定期航運，並於臺灣設置忌利士公司，以加強對臺灣的商貿利益。美國的派里亦於1854年抵達基隆地區，美國首任駐日公使哈里士（Townsend Harris）並主張領有臺灣。法國同樣垂涎臺灣和琉球，但因內部發生7月革命（1830年）等因素而懸置未果[8]。而日本則在美國公使等建議下，藉口1871年若干日本和琉球人民因船難，飄流到臺灣南部東海岸為牡丹社原住民殺害事件，於1874年出兵臺灣。由於清政府指責美國的介入，美國只得改變支持日本初衷，加入英國領事的「戰時中立」（實際上為對日干涉），此舉使日本陷入國際舞臺的孤立。事後清政府與日本簽訂北京專約，約中稱日本此次行動為「保民義舉」，使日本在法理上成為琉球的保護國，並於1879年片面宣布占領琉球。

---

7 摩根索（Hans. J. Morgenthau）著，張自學譯，1976，《國際政治學》，頁76-79，臺北：幼獅文化事業公司。

8 蔡采秀，1996，《日本的海上經略與臺灣的對外貿易》，頁15-16，臺北：中研院臺灣史籌備處。

日本的牡丹社之役，是日本在19世紀新帝國主義體系下，首度展開的海外拓殖行動。霍仕迪（K. J. Holsti）認為當時國際體系逐漸形成分散式集團[9]，列強對亞洲的侵略在中法戰爭（1884～1885年）後，由於英法勢力在中南半島的競爭引發衝突，不但使侵華列強逐漸形成兩大集團，也使得日本的南進政策必須尋求列強集團支持，並尊重列強既得的利益空間。

三、甲午戰爭與臺澎割讓

　　1895年，中日甲午戰爭爆發，清朝北洋艦隊覆滅，而遼東半島於翌年2月盡失，在馬關條約議和之際，日艦即出現於澎湖附近海域。馬關條約割讓臺澎之前，俄國因為遼東半島久為其欲攫取的目標，故聯合德法出面干涉，日本不得已之下只好與清朝簽訂「遼南條約」，由中國出鉅款贖回。而臺澎割讓一事，再度引起列強注意，當時中國弔喪俄皇亞歷山大特使王之春在返國途經巴黎時，法外交次長曾暗示如割島之事未獲當地居民同意，或可獨立自主。而法國早在1885年中法戰爭結束時，即主張擁有對臺澎兩地的優先權[10]。甲午戰爭末期，當法國察覺到日軍意圖攻擊澎湖列島時，立即派遣2艘巡洋艦前往該地，向通判陳步悌、副鎮將林副善通報此事。此外，法國亦一度向清朝提出暫時讓渡臺灣的想法，待情勢變化之後再歸還中國。與此同時，臺紳丘逢甲等與巡撫唐景崧、陳秀同等在臺官員合作下，成立「臺灣民主國」，年號永清，以藍底黃虎為國旗。

　　臺灣民主國在政治體制上，設立總理衙門及承宣布政使司，美國臺灣史家拉摩雷（Harry J. Lamley）稱這種體制為巡撫總統制（Governor-President System），並認定其為亞洲最早的共和國。而在整個乙未割臺事件中，可反映三個現象，一方面象徵

9　霍仕迪認為國際體系的分析應當注意體系的界線、體系角色的主要特性、體系的權力結構、國際間交互行為的方式和過程，以及相關的國際習慣和法規等。而19世紀最後20年，因為一國的突出而將分散國家集中並區分成不同的集團。見霍仕迪（K. J. Holsti），1983，《International Politics: A Framework for Analysis Englewood Cliffs》，頁28-29，New Jersey: Prentice-Hall Inc.。

10 Die Grosse Politik Der Europaischen Kabinette 1871-1914.（Berlin: 1922-1929 Band 9 Nr.2227 SS.253-258）

日本在甲午戰後，徹底瓦解中國對東亞的傳統天朝秩序並取而代之，也使得日本在取得臺灣後，將其作為經營南洋的跳板。其次，日本在馬關條約及遼南條約的贖金總計3,800萬英磅，不但使其於1897年實施金本位制，並奠定近代工業化的基礎，同時也使日本有餘力發展軍備和軍需工業，擁有世界第四大的船腹量，取代西方在東亞的海上勢力，建立海上帝國[11]。最後，不論在臺灣民主國成立和日本領臺之初，都可看出國際關係對其情勢演變所產生的重大影響。

法國對當時臺灣的獨立確實有意見，曾向德俄表示澎湖割予日本將妨礙國際航道通行的便利與安全，並聯絡占有菲律賓的西班牙，以四強實力對日本再進行一次干涉，並在臺民抗日時派遣一艘軍艦抵臺。就國際關係而言，法國是臺灣民主國的重要支持者，但俄國只關心遼東半島，而德國則認為不需要為此與日本戰爭而反對干涉[12]。最後，法國因屬地馬達加斯加島發生動亂，不得不中止出兵臺灣的計畫[13]。

日本占領臺灣之後，同樣未能擺脫列強干涉。法、俄、德三國針對遼東半島進行干涉的同時，也向日本政府要求澎湖列島「非要塞化」之承諾。雙方交涉的結果，日本政府迫於國際壓力而發表「臺灣海峽的公共航路和臺灣澎湖列島不割讓宣言[14]」。同時，發表日本與西班牙兩國國界宣言，雙方以巴士海峽中央緯度的並行線，作為日本及西班牙於太平洋西部之版圖界線，在該界線北方及東北方的島嶼屬西班牙，而界線南方及東南方之島嶼歸日本所有[15]。由於英國與法國的關係因雙方在中南半島競爭而惡化，且俄德法的合作更使英國陷於孤立，因此其在立場上反而親近日本。根據日文資料，日本於馬關條約中要求在通商口岸可設廠的條款，其實正是為討好英國所提出來的[16]。爾後鑑於列強在華畫分勢力範圍，英國不但促使美國在1899年首度提出「門戶開放」政策，同時為進一步遏止德、俄在遼東勢力擴張，而於1902年締結「英日同盟」。

---

11 土方晉，1980，《橫濱正金銀行》，頁21，東京：教育社。

12 李國祁，1995年3月29日，〈甲午戰後臺灣民主國的歷史真相〉，《聯合報》，第11版。

13 戴天昭，1969年2月，〈日清戰役三國干涉的臺灣〉，《法學志林》，第66卷，第3號，頁31-32。

14 同上，頁44-46。

15 山崎繁樹、野上矯介，1988，《臺灣史》（1600～1930），頁227-228，臺北：武陵出版公司。

16 同注13。

第二節　統治權的確立

　　臺灣在甲午戰爭（1894年）之後的馬關條約（1895年）中，正式割讓給日本，日本統治臺灣51年（1895～1945年）期間，採取治臺政策三階段——即「非同化主義」（1896～1919年）、「同化主義」（1919～1936年）和「皇民化運動」（1936～1945年）。

　　日本治臺之初，鑑於臺灣人的武裝反抗及雙方差距所導致的隔閡，臺灣總督從樺山資紀、桂太郎到乃木希典，皆未能消除島內的緊張對立，反而因官僚的派系問題而日益敗壞官箴，且因無力鎮壓所謂「土匪」，而被日本新聞界嚴詞批評[17]。此外，由於日本人封閉性極強，在臺北、臺中等都會形成臺灣人與日人各自的居住區，因此在文化的差距及衝突下，臺灣人民日益輕視日人習俗。當時的《臺灣日日新報》（明治39年5月12日）便曾警告日人已遭臺灣社會大眾輕視；日本人面對故意滋事則招警對抗，從而加深雙方歧異與衝突[18]。

　　在澄清吏治方面，第三任總督乃木希典大力支持臺灣高等法院院長兼法務部長高野孟矩，針對政府部門展開肅貪的工作。由於肅貪工作牽連甚廣，並使民政局長水野遵、財政部長山口、通信部長是土居相繼去職，因而引起東京當局震撼。在拓殖省大臣高島之助的介入下，高野孟矩不但下臺，同時引起日本憲法學者進行大辯論，最後確定臺灣不在明治憲法條文實施的範圍內[19]。

　　1898年2月，出身長州系軍人的兒玉源太郎就任第四任臺灣總督，兒玉雖然出身軍人，但卻擅長行政事務，具備靈活的政治手腕[20]。他任命後藤新平出任民政長官。後藤新平是奠定日本「治理」臺灣及鎮壓「土匪」的大功臣，他的治臺理念可參考

17　木村匡，1919年9月，〈二拾五年の回顧〉，《臺灣時報》，東京。

18　1906年5月25日，《臺灣日日新報》。

19　高野孟矩繼而被免除臺灣高等法院院長職位，法院內部多位法官亦相繼辭職，高野以明治憲法保障法官終身職為由，極力與日本當局抗辯，引起日本學界對臺灣於日本憲法之地位進行辯論，之後更與政黨結合，是使松方內閣倒閣的重要原因之一。見向山寬夫，1973，〈臺灣高等法院長高野孟矩罷免事件〉，《書齋の窓》，223號，東京。

20　《太陽》，4卷27期，頁209-213，明治28～39年（1895～1926年）。

其於1889年所出版的《國家衛生原理》一書[21]。書中闡明在達爾文「物競天擇，適者生存」的理論下，絕對不可能產生「市民社會的自律性」，所以必須採取「理性獨裁者」及「絕對主義」的專斷，以創造理想的人類社會。在赴臺前，後藤便提出「臺灣統治救急案」，文中指出將尊重臺灣人風俗習慣、警察萬能主義、縮減行政費用並積極開拓財源等理性獨裁統治方針治臺[22]。

面對臺灣人的武裝反抗，後藤新平仿照普魯士「警察國家」，建立一套嚴密的社會網路控制系統。在上層，總督以律令的制定、中央集權式支配官僚組織，配合強大警察力量並輔以保甲制度，使保甲成為最基層的社會控制組織，再以嚴峻的法規——匪徒刑罰令、犯罪即決令，奠定日本統治臺灣的基礎[23]。

在日本治臺初期，「菁英階級」（Elite Class）面臨那些衝擊？首先我們必須先界定何謂「菁英」。17世紀時，「菁英」是指「特別優秀商品」，爾後才擴大稱「優勢的社會團體[24]」。在中國，一般所謂的社會領導階層，尤其在清代，是指士紳或是富商、地主、儒士等階級[25]。分析1896年6月下旬至11月，各地主要抗日領袖之出身，大多屬於富豪、地主、綠林豪傑或下層士紳、生員等[26]，若與籌防時期領導人物，

---

21 有關後藤新平《國家衛生原理》的精義，參見鶴見祐輔著，《後藤新平》，第1卷；溝部英章，《後藤新平論鬥爭的世界像「理性獨裁」》(1)、(2)；京都大學法學會，〈法學論叢〉，100卷2號、101卷2號；1976年11月、1977年7月5日。

22 鶴見祐輔，《後藤新平》，第1卷，頁714-720。

23 弘谷多喜夫，1985，〈臺灣の殖民地支配と天皇制〉，《歷史學研究》，第547號，頁163，東京：歷史學研究會。

24 最早使用菁英來描寫人物的是Max Leclerc，他的著作討論英國及德國的菁英，並將此字用來解釋高教育、高政治職位和高聲望的人物。而早期菁英一詞，又限於解釋一種角色（Role），能夠對大眾產生影響及控制力的一群人。轉引自Edward Shils，1982，《"The Political Class in the Age of Mass Society: Collectricistic Liberalism and Society" in Moshe M. Czudnowshi（ed.）Does Who Governs Matter?》，頁13，Dekalb: Northern Illinois University Press。

25 蔡淵絜，1980，《清代臺灣的社會領導階層（1684～1895）》，國立臺灣師範大學史研所碩士論文。其中指出臺灣領導社會，由初期移墾社會以經濟型領導社會人物為主，到同光年間逐漸轉變成經濟型、政治型和文教型三者並重多元領導局面。

26 可參閱連橫，1976，《臺灣通史》，臺中：臺灣省文獻會。臺灣省文獻會編，1965，《臺灣抗日忠烈錄》，第1輯。

如：唐景崧（巡撫）、林維源（全臺首富、二品太僕寺卿）、丘逢甲（進士）、林朝棟（臺中首富、候補道）、劉永福（黑旗軍、抗法名將）等相較，他們只能算是次級領導人而已。但這些戰前籌防的各地最具影響力的士紳、富豪等人，如林維源、丘逢甲、林朝棟、唐景崧等，在面臨強敵壓境時相率內渡，而留臺者或隱匿不出，或轉而支持殖民政權，在武力抗日陣營中已無足輕重，未見有領導抗戰者[27]。

當抗日事件逐漸鎮壓撫平之際，日本人也對臺灣社會領導階層採行籠絡政策，使其擔任顧問性質的參事及街庄區長等基層行政吏員，同時也給予樟腦製造權、鹽與菸草、鴉片批售等公營事業特權作為酬勞。經由這些特權，形成所謂「特種臺灣人[28]」；而高隸民（Thomas B. Gold）認為辜顯榮、林熊徵、顏雲年、陳中和與林獻堂5人，為臺灣老一輩一致公認在日據時期，臺灣最富有、最具影響力的親日派[29]。這5人的企業、政治資歷作表分析如下。

---

27 詳閱黃昭堂，1970，《臺灣民主國の研究——臺灣獨立運動史の一斷章》，頁47-168，東京：東京大學出版社。許世楷，1972，《日本統治下の臺灣——抵抗と彈壓》，頁13-71，東京：東京大學出版社。

28 柴山愛藏，1931，〈特種本島人の過去と現在〉，《筆の跡を顧めて》，頁34-35，臺北：讀賣新聞臺灣支局。

29 參閱高隸民（Thomas B. Gold）等著，1994，《臺灣政治經濟學諸論辨析》，頁149，臺北：人間出版社。我認為林獻堂不應列入親日派或御用士紳行列，在日本統治時期，林先生不著和服亦不說日語，也是「文化協會」、「臺灣議會期成同盟」的領導人，他對「祖國」或「中國文化」的認同是無庸置疑的。

日據時期臺灣富豪家族表

姓名	政治資歷	企業
辜顯榮 （1864～1938）	主動引日軍和平入臺北，曾擔任總督府評議會成員	日人准其壟斷樟腦、鴉片、菸草貿易和製鹽
林熊徵 （1888～1948）	娶盛宣懷女兒為妻，後曾任總督府評議員	林本源製糖廠，並投資華南銀行
顏雲年 （1874～1923）	在日軍登臺時，擔任憲兵翻譯官，後來也成為總督府評議員	基隆煤礦與臺陽煤礦公司等企業
陳中和 （1854～1931）	甲午戰爭時曾幫助日本人，在臺灣割讓及日俄戰爭中都立下功勞，兒子陳啟貞是總督府評議員，他本人卻未參加	新興製糖公司為其主要企業
林獻堂 （1881～1956）	臺中霧峰林家後代，抗法名將林朝棟亦為其家族成員。出身官紳家族，1921年被任命為總督府評議員，但由於積極投入社會運動為臺灣人爭權益，兩年後被免除評議員一職	除了傳統式的土地與水利經濟活動外，主要創立彰化銀行

參考資料：參考高隸民（Thomas B.Gold），1994，《臺灣政治經濟學諸論辨析》，頁150-155整編製表而成，臺北：人間出版社。

日本人扶植這些親日派菁英的目的，一方面希望藉此向臺灣人宣揚依附與恩庇下，飛黃騰達的途徑；另一方面，本地親日派菁英企業可帶動整體經濟活力，也為日本帝國提供更多的剩餘價值。1897年起，總督府建立了紳章制度，迄至1915年代，獲授紳章者計有1,030人，這批富豪及與總督府合作者逐漸取代清代士紳，因為清代士紳概由正、異途功名而來，未具功名的財富者稱之為富豪，兩者地位懸殊，從司法到日常興服均判然有別[30]。因此，到1915年得有紳章者1,030人中，具有功名者不足400人，多數為富商、地主或新興實業家[31]。在日據初期新興的社會領導階層變化中顯示，傳統中國士紳在社會上的自治功能與調和鼎鼐的效能逐漸消失，而這批新興領導

---

[30] 1896，〈臺灣舊制度考〉，《臺灣總督府民政事務成績提要》，第2編，頁66-67。

[31] Lamley H. J.，《The Taiwan Literati and Early Japanese Rule 1895-1915 Ph. D.》，頁358，Dissertation University of Washington（unpublished）。Lamley指出，紳章功能最初是協助建立社會秩序，其後則用以誘使臺灣富豪參與殖民經濟的開發，紳章的分配有利於勃興的富豪集團。

階層充其量只能進入基層行政組織，如街、庄的參事、街庄長、保正、甲長等不具正式官吏資格之職務。由於他們不能發揮自治功能，卻可憑藉殖民公權力為後盾，不但使日人較傳統時代更能有效動員和利用社會資源，也培養更多的「日本協力者」[32]。

第三節　抗爭與收編

20年代，臺灣社會出現另外一群留學中國與日本的新興菁英階級，由於日本人在臺灣採取歧視教育，伊澤修二（首任總督府學務部長）在1908年檢討教育成效時，反對臺灣與內地（指日本）一樣實施義務教育，並盡可能以上流或中流以上家庭子弟為教育對象[33]。持地六三郎（學務課長，1903～1910年）也曾明白表示，臺灣「普通教育之目標在於教育中、上層子弟，因此，臺灣的『普遍教育』事實上應該稱之為『菁英教育』（Elite Education）[34]」。日裔學者鶴見（E. Patricia Tsurumi）在其研究日據時期臺灣教育的博士論文中，深入的分析臺灣人所念的「公學校」在課程內容上與日人的「小學校」有很大的差異。小學校課程與日本相同，課文內容著重敘述日本名人力爭上游、出人頭地的奮鬥過程；但在公學校的課程上，同一名人事蹟的敘述偏重於人格上的忠順、誠實，與家人和睦相處，終被上司所賞識及提拔，或強調在實業上的貢獻，但絕不提在政治上的成就[35]。

日本人對臺灣的普遍教育，我們認為其偏重中上流家庭的目的，是資產階級與殖民政權的依附性較高，也較易成為收編對象；另一方面，公學校課程內容不過是培養不具政治野心的順民而已。在高等教育方面，只有醫學校及國語學校（包含師範部），可是20年代由於稻米經濟景氣，加上臺灣受教育的途徑狹窄，使大批資產階

32　戴國煇認為在日本高壓政策之下，臺灣百姓逐漸習慣日本殖民統治的法治秩序，落入所謂的「共犯結構」中。在這些共犯結構中，臺灣住民的中上層因馴順的迎合殖民體制，在不知不覺中淪為接受統治的從犯一類角色。參見戴國煇，1992，《愛憎228》，頁310，臺北：遠流出版公司。

33　臺灣總督府臺北師範學校，1926，《臺北師範學校創立30周年紀念誌》，頁406。

34　持地六三郎，1912，《臺灣殖民政策》，頁299，東京。

35　請參閱E. Patricia Tsurumi，1977，《Japanese Colonial Education in Taiwan 1895-1945》，Harvard University Press Cambridge Massachusetts U. S. A. and London England。

級子弟紛赴東瀛留學，而這些留學生在返臺後所從事的社會抗爭運動，我們認為是在日據時代最具意義的一段時期。以其抗爭路線分析，可粗略分為以林獻堂為首的溫和派[36]、奉行社會主義的連溫卿[37]、臺灣共產黨的謝雪紅[38]，以及爾後成立「臺灣民眾黨」、奉行階級鬥爭與民族運動結合的蔣渭水等重要領導人物[39]。

在20年代風起雲湧的社會抗爭運動，激盪著各種新思想，使臺灣社會充滿前所未有的活力，針對這些重要運動對人民思想、觀念的影響，茲分析如下：

一、民族精神、文化意識的喚醒與保存

針對日本當局在20年代所實施的「同化主義」政策，蔡培火、林呈祿及蔡式穀等領導臺灣議會設置請願運動的要角們，分別以「民族的自主性」、「低等文化不可能同化高等文化」的理由反對同化[40]，或許他們希望以議會設立所達成的自治中，保存他們珍愛的漢文化。文化協會組成的辯士及美勞團，經常下鄉演講或藉放映電影來宣揚本土意識，從而吸引大批民眾熱情參與，並屢遭日警禁止[41]。單是臺灣民眾黨即在

36　林獻堂出身臺中霧峰地主階級，但也因務農致富，以致觀念上趨於保守，土地利益較易受制於日本統治當局，因此一向主張以溫和手段向日治當局行體制內抗爭。故日本當局將林獻堂等歸納為專司努力改良統治、撤廢內臺差別，以增進島民利益之「穩健派」。見上山滿之進文書〈文化協會對策〉，轉引自若林正丈，1978年4月，〈臺灣總督府祕密文書「文化協會對策」〉，《臺灣現代史研究》，創刊號，頁164。

37　連溫卿頗受日共山川均之影響，山川均走具日本特色的社會主義，並強調公開、合法的政黨活動，著有《日本帝國主義鐵蹄下臺灣》，並曾在《臺灣民教》譯載。日本當局將連溫卿歸為動輒反帝國國權傾向的急進派。

38　臺灣共產黨在1928年的政治綱領中第二條提到「臺灣民族獨立」，第三條「臺灣共和國的建立」，但在1931年的綱領上，改成第一條「顛覆帝國主義統治，實現臺灣獨立」和第七條「建立臺灣工農民主專政的蘇維埃政權」。參見蘇新，1993，《未歸的臺共鬥魂》，頁146，臺北：時報出版公司。

39　蔣渭水也被日本當局歸為急進派。另日本警務局因蔣渭水以中國做為解放臺灣的希望，而又將其定為「祖國派」。請見臺灣總督府警務局編，《臺灣總督府警察沿革誌》，第2編《領臺以後の治安狀況》（中卷），《臺灣社會運動史》，頁318，龍溪書會。以下簡稱《警察沿革誌》。

40　見《臺灣青年》，第1卷，第2號（1920815），頁67-83。林呈祿，〈近世殖民地統治に關する對政策〉，《臺灣青年》，第2卷，第1號（1921115），頁26。蔡式穀，〈同化政策に就いて〉，《臺灣青年》，第2卷，第3號（1921326），頁19-25。

41　見李筱峰，1991，《臺灣革命僧林秋梧》，臺北：自立晚報文化出版部。

臺北31地舉辦50多場、3萬餘人次的「政治演說[42]」。因此日本總督府認定臺灣議會是具有臺獨傾向的、一種脫離日本的民族運動[43]，而總督府警務局也判斷臺灣島民不論贊成與否，皆將議會請願視為反抗總督府的民族反抗運動。而論者以為這種訴諸歷史文化的本位意識，在對抗異族統治時的內聚力更強，使漢民族文化意識始終伴隨著日據時期臺灣的政治運動[44]。

二、抗日陣營分裂所凸顯的分歧與矛盾

總督府警務局認為臺灣社會抗爭運動的共同點，是以「中國」為其中心思想，但因為彼此的見解及行動互異，又區分為以蔣渭水、蔡惠如、王敏川等人為主，將臺灣未來希望寄託在中國的「祖國派」；另外則是以蔡培火、林呈祿等人為首，以增進本島人利益，並對中國解放殖民地較無信心的「實利派」；而林獻堂本人雖然態度不明顯，但較傾向於後者[45]。從地域分布上分析，北部人士較傾向激進派，像蔣渭水等人。由於蔣渭水本業是醫生，在經濟上較不受官方限制，因此行動與思想較獨立自主；而中南部如林獻堂等人，因大多出身地主階級，故較易受制於日本人的控制與籠絡，基於本身與家族事業利益的考量，他們行事溫和、穩健。日本《讀賣新聞》即曾分析臺灣議會設置請願運動，只是求取最基本的生存權，故不能發展出像朝鮮一樣極端的民族自決運動[46]。而臺灣總督府官員也指出，由於蔣渭水在文化協會分裂後同年成立臺灣民眾黨，且蔣渭水積極介入勞工運動並成立工友總聯盟（1928年2月），使保守的地方階級有如芒刺在背，遂藉口組織「臺灣地方自治聯盟」（1930年8月成立）而退出臺灣民眾黨[47]。

另一方面，許多留學日本及中國的知識青年受到社會主義的影響，返臺後積極

---

42 《警察沿革誌》，前揭書，第2篇中卷，頁447。

43 同上，頁316-319。

44 周婉窈，1981年6月，《日據時期臺灣議會設置請願運動之研究》，頁243，臺北：國立臺灣大學歷史所碩士論文。

45 參見《警察沿革誌》，前揭書，頁318。其中分析蔣渭水雖然屬於「祖國派」的一員，但因奉行孫中山思想，而行「民族運動與階級運動併行」，故又被視為「極端的民族主義者」。

46 柴山愛藏，前揭書，頁116-117。

47 有關臺灣地方自治聯盟之成立經過，請參閱《警察沿革誌》，前揭書，頁523-530。

參與社會抗爭運動，連溫卿即主張以臺灣社會發展實情，爭取普羅階級而強調無產階級專政，並反對林獻堂與蔡培火等所謂保守穩健派[48]。1927年1月3日，臺中召開的文協臨時總會終於導致林獻堂、蔡培火、蔣渭水等人退出。而留學中國大陸的臺籍青年，許多受到孫中山「聯俄容共」思潮的影響，組織具有濃厚共產主義思想的社團，如集美中學翁澤生（後臺共發起人）、洪朝宗等人於1924年所召開的「閩南學生自治會」，會中強烈反對溫和的臺灣議會請願運動[49]，另由吳麗水、李振芳於1926年組成的「中臺同志會」獲得廈門大學生支持，他們在宣傳物中主張臺灣建立經濟和政治上的自由邦，並以住民自決的方式與中國合併或組聯邦[50]。1928年4月15日，臺灣共產黨在上海成立。6月，謝雪紅等人接受日共指示返臺成立臺共黨中央，並對文化協會進行滲透及奪權，1929年成功的將連溫卿於文協中除名，並由臺共統一了包含文協在內的左翼陣營。《日本警察沿革誌》針對上述現象分析指出，由於留學中國的臺籍青年將新思潮不斷注入臺灣，加上島內因逢世界經濟不景氣影響，出現大批失業的知識青年，就形成了所謂的「無產青年[51]」。連溫卿能夠取得往後文協的領導權，正反映出無產青年動員力量之強大及文協內部主流意識的轉變。1923年9月25日，成立於淡水河畔的「臺北青年讀書會」，逐漸發展成臺灣無產青年的大本營，也使得北部的抗爭運動不論在階級鬥爭、意識型態等方面，都與文協初創時期的地主階級有絕對的差異。

三、臺灣共產黨提「臺灣獨立」概念

臺灣共產黨是第一個提出「臺灣獨立」與「臺灣民族」概念的政治組織，但論者以為臺共理論欠缺藝術及文學等領域輔助，故無法在文化的各個層面上來補充及宣揚臺灣民族理論[52]。而漢民族文化意識成為臺灣人的心理憑藉，也迅速被轉化成「祖國意識」。1945年臺灣光復，從絕大多數人們對回歸祖國的期待和喜悅來看，臺灣人對

---

48 連溫卿，1927年1月2日，〈過去臺灣之社會運動〉，《臺灣民報》，號138，頁12。
49 《警察沿革誌》，前揭書，頁99。
50 同上，頁114-115。
51 同上，頁175。
52 參見管碧玲，1994年7月，《民族主義與臺灣政黨政治》，頁41-42，臺北：國立臺灣大學政治學研究所博士論文。

民族解放是選擇種族主義而非國家民族主義為依歸的一個主要原因，所以20～30年代初期的社會抗爭是鞏固民族或祖國因素的最大影響者，並塑造「中華民族」的想像共同體[53]。

1932年5月27日，新任臺灣總督中川健藏抵臺，而殖民當局一方面鎮壓及取締社會抗爭運動，一方面又於1935年4月1日公布「臺灣地方自治制度改正案」，在州、市、街庄的協議會議員名額中，開放半數名額民選，並於11月22日舉行臺灣史上首次地方選舉。在1935年的地方自治選舉中，呈現若干值得注意的現象：

（一）財產資格限制，規定每年納稅5圓以上者方具選舉資格，以1935年臺灣人平均國內支出為173.95日圓（當時價格）計算，扣除其中消費及資本形成支出，剩餘所得為16.48日圓，這個統計包括在臺日人[54]。如果就農村統計而言，有能力納稅在5圓以上者當屬資產階級，因而日本在臺的地方選舉以吸納臺灣資產階級為主要目的。

（二）1920年之前的地方基層行政官職如街庄長、助役、書記等大都由日人指定地方有力人士擔任，而這些地方勢力透過家族力量，往往長期壟斷這些職務，甚至形成地方政治派系。

（三）在1935年的地方選舉中，除可鞏固日人在臺參政基礎外，也可於20年代社會抗爭運動之後，藉由選舉再次收編社會運動中各級菁英分子，使之成為日本殖民政權的協力者，而非破壞者。當選者之中，除了部分具有20年代抗爭經驗者外，在州議會方面，民選當選者大都屬於富裕資產階級，年齡層分布在40～49歲之間最多，而教育程度集中在「國語學校」、醫學校和留日法政學校，他們構成議會的中堅，當選者多數具有參與殖民基層政治之經驗，如曾任助役、街庄長、協議會員等。至於在民選市議員方面，年齡較輕，集中在30～39歲之間最多，其餘背景則與州選議員相似，其中許多人為首次擔任議員職位，但亦有不少以往社會抗爭運動的領導人投身其中[55]。

---

53 同上，頁20。

54 溝口敏行，1988，《舊日本殖民地經濟統計》，頁23，東京：東京經濟新報社。

55 可參考臺灣新民報編，1934，《臺灣人士鑑》。興南新聞社編，1943，《臺灣人士鑑》。1935年11月的選舉結果，時論「大體並無素質差者當選」，見蒲田丈夫，1936年1月1日，〈官選議員の撤廢を提倡する〉，《臺灣》，第7卷，第1號，頁38。

經由1935年的地方選舉，尤其以民選市議員的平均年齡層分析，大部分當選者在20年代風起雲湧的社會運動中，尚在青少年階段；而具有抗爭經驗的社會菁英，除部分投入選舉外，其餘則被世代交替所輪替。從1936年9月，小林躋造總督（預備役海軍大將）取代最後一任文人中川總督成為臺灣第17任總督後，臺灣的世代交替在新政策推動下，正快速邁向一個新的時代。

第四節　皇民化運動

1936年9月，小林躋造取代中川健藏成為臺灣第17任總督，小林甫上任即提出「皇民化」、「工業化」和「南進化」三大方針[56]。就臺灣地位而論，由於地緣位置使其成為日本的南向基地，政治上被提升為日本的一個「本島」，在性質上已經由原本所謂日本新征服的「外國殖民地」，轉而扮演大東亞共榮圈的角色。另一方面，韋艾德（Winckler）認為反對勢力的空間也逐漸縮小，民族主義根本無任何活動的空間。以徵兵制來進一步推動臺灣內部的政治結合，使日本人強力說服臺灣民眾為天皇犧牲，而交換條件是答應臺灣人均享有投票權，並承諾將於1945年進行全島普選[57]。

小林總督於1936年9月提出皇民化運動，1937年4月總督府禁止報紙刊登中文欄，為運動正式揭幕。而在朝鮮也於同年10月2日，由其總督府頒布了所謂〈皇國臣民誓詞〉，規定朝鮮人民在公開集會時必須背誦，這就是朝鮮皇國臣民化運動的開始。臺灣皇民化運動的內容則包括：一、宗教與社會風俗的改革；二、國語運動；三、改姓名；四、志願兵制度[58]。

在推行國語運動和改姓名方面，我們可明顯看出日本人推行的對象主要集中在中產階級（或稱知識階級），即醫生、教師和公務人員等方面。如果被認定屬於「國語家庭」，不但是種榮耀，且能帶來種種好處。譬如「國語家庭」的小孩比較有機會進

---

56 臺灣總督府情報部，1940，《時局下臺灣に現在とその將來》，頁7。
57 韋艾德（E. A. Winckler）等著，1994，《臺灣政治經濟學諸論辯析》，頁81，臺北：人間出版社。
58 周婉窈，1996，〈從比較觀點看臺灣與韓國兩地的皇民化運動（1937～1945）〉，《臺灣史論文精選》下冊，頁166，臺北：玉山出版公司。

入小學校或中等學校念書[59]，公家機構會優先任用「國語家庭」的成員等[60]。在改姓名方面，希望改姓名的家庭必須符合下列兩個條件：第一，該家庭必須是「國語常用家庭」（與國語家庭不同，只要家中60歲以下成員在家講日語就行了）；第二，條件比較抽象，改姓名者必須「念茲在茲努力於皇國民之資質涵養，且富於公共之精神[61]」。

　　為配合1941年太平洋戰爭爆發，臺海成為日本三軍補給線的中繼站和軍需工業的生產基地，在教育政策上也進入戰時體制。除了繼續推行皇民化教育之外，也開始實施義務教育，1941年廢止公、小學校名稱，而統稱為國民學校。據1944年的統計，臺灣青少年的入學率已高達71.17%[62]。其次，不但加速發展教育以增強戰力，高等教育方面配合南進的色彩更為濃厚。臺北帝國大學也由原來的兩個部門擴增到文政、理、農、醫、工等5個學部、17個學科和114個講座。同時為配合南進作戰準備，臺北帝大先後成立熱帶醫學研究所、南方人文研究所和南方資源科學所等。臺北帝大遂成為當時研究華南和南洋的中心，許多研究報告提供給臺灣總督府甚至日本有關當局，作為決策時的諮詢和參考訊息，可謂扮演一種南進作戰的「智庫」角色[63]。

　　周婉窈則分析臺灣人民在皇民化運動中，最不熱中於改宗教和改姓名運動（至少在開始時），但相較於朝鮮人，則熱中於學習日語與響應志願兵制度。尤其志願兵制度是針對青年的運動，也的確激發不少年輕人的愛國情緒。皇民化猶如政治洗腦運動，以年齡層而言，思想與心理正在成長的青少年最容易被塑造、被影響[64]。日本學者宮田節子在一本關於韓國皇民化政策的書中，便指出這種「人格分裂」的現象：其屬於皇民化世代的韓國友人，白天與人力辯「民族的主體性」，但晚上酒一入喉，又非高唱日本軍歌不行，在適當時機也能脫口背誦〈教育敕語〉、〈戰陣訓〉以及歷代

---

59 小學校在招收臺灣學生的過程中，往往以「國語家庭」與「改姓名」家庭之孩童為優先考慮。見1943年2月19日，《興南新聞》，頁3。

60 1941年3月27日，《東臺灣新教》，頁2。

61 間宮定吉，1941，《臺灣改姓名の相談——改姓名に伴子名義書換書式》，頁7-9。

62 臺灣省文獻會編，1971，《臺灣省通志》，卷5，頁33，臺北：眾文圖書公司。

63 同上，頁114-116。

64 同注59，頁190。

天皇御名等。而臺灣的原日本軍人眷屬也有類似的情況[65]。

鶴見在比較日本教育在臺灣接受程度遠較韓國為高時，指出為何相同的殖民教育政策，卻有如此不同的反應，除民族性不同外，尚有下列幾個因素：

一、殖民地的獲得方式

臺灣係經由簽約割讓，朝鮮則是經由武力併吞。

二、統治初期的政策

馬關條約中容許臺灣人有2年緩衝期決定是否返回大陸，是漸進的；但朝鮮則是整個被併吞、無處可退、激烈的。

三、不同的教育背景

臺灣原為傳統教育，日本新教育較易引起人民注意；而朝鮮早已實施新教育，對日本新教育引以為恥。

四、不同的戰略位置

臺灣距日本較遠，控制較鬆，但朝鮮介於日俄兩國之間，日本控制嚴密。

五、懸殊的生活水準

臺灣農工商較發達，故出路較多；朝鮮則還不及臺灣，出路較窄。

六、不同的文化背景

日本自承為中國文化圈之一員，臺灣原為中國文化之一支，文化上較受日本尊重，但朝鮮文化則未受到日本重視[66]。

1945年8月14日，日本正式向盟軍宣布投降。15日，日軍參謀中宮悟郎陸軍少佐和牧澤義夫陸軍少佐，聯同辜振甫、許丙、林熊祥和其他臺灣有力人士於草山密謀策動臺灣獨立運動，然而8月22日經安藤利吉總督阻止而作罷，此即所謂的「815獨立運動[67]」。國民政府在事後立即逮捕參加的臺籍人士，於1947年7月29日，以共謀竊盜國土罪為由，分別將辜、林、許3人判處1年10個月到2年2個月的徒刑。刑期如此輕微，

---

65 宮田節子，1985，《朝鮮民と「皇民化」政策》，頁2，東京：未來社。

66 請參閱E. Patricia Tsurumi，前揭書。

67 向山寬夫，1963，《臺灣における日本統治と戰後內外情勢》，頁64，東京。1961，《臺灣青年》，228特集號，頁49。

當跟上半年「228事件」後,力求安穩人心有所關聯[68]。

在皇民化運動推行之下,臺灣人民在思想、認同及價值觀各方面有何微妙的轉變,是值得我們研究的重點,茲分析如下:

一、影響青少年心理及價值觀層次

從1942及1943年兩次陸軍徵選志願兵和1943年海軍志願兵的應募人數來統計,實占當時臺灣全島適齡男子總數一半以上[69]。從軍殺敵當然有效忠和認同的對象、目標,因此周婉窈認為臺灣人較朝鮮人熱中志願兵,正反映出皇民化對青少年的塑造、影響和政治洗腦[70]。1942年1月4日,《臺灣日日新報》以3天大幅報導慶祝日軍占領馬尼拉。當天,在臺北、臺中、嘉義、臺南、高雄和花蓮等地,有數以萬計的學生揮舞著日本國旗,高唱愛國歌曲,高呼「萬歲[71]」。成千上萬官員及百姓誓言效忠天皇,為日本拚命以博取最後勝利[72]。

---

[68] 1946年10月,《臺灣省警備總司令部周年工作概況報告書》,頁94-95,臺北:臺灣省警備總司令部。在日本少壯派軍人推動下,辜振甫等人祕謀籌設獨立政府,據傳該計畫擬以「林獻堂、林熊祥為正副委員長,杜聰明為教育部長,羅萬俥為勞動部長,辜振甫為總務部長,許丙為顧問」。見李翼中著,中央研究院編,1992年5月,〈帽簷述事〉,《228事件資料選輯(2)》,頁399,臺北:中央研究院近代史研究所。

[69] 1942年實施《陸軍特別志願兵令》時,當時共有42萬人應募,結果錄取1,000多人,1944年則錄取2,200人,見臺灣總督府,1945,《臺灣統治概要》,頁71。1943年,海軍也實施志願兵制度,第一梯次應募人數多達31萬6千人,見臺灣總督府,1944,《臺灣事情》(昭和19年版),頁160。而1943年底,臺灣15~24歲男子大約有63萬人,因此志願兵的應募比率實在很高。63萬人是1935年時這個年齡層占總人口比例乘上1943年底時人口總數得出,而1943年人口總數是根據臺灣行政公署,1946,《臺灣省51年來統計提要》,頁76,104-105所統計而採用。

[70] 周婉窈,〈從比較觀點看臺灣與韓國兩地的皇民運動(1937~1945)〉,前揭書,頁190。另據研究,朝鮮人對異族統治的暴力及非法反抗,也比臺灣來得嚴重,1907~1911年間,曾經參加朝鮮獨立運動的韓國人,據估計高達14萬人,另成千上萬的共產黨員被捕入獄,直到1945年8月15日止,尚有許多人繫獄。見Myers and Peattie eds., 1984,《The Japanese Colonial Empire 1895-1945》,頁496,Princeton N. J. Princeton University Press。

[71] 1942年1月5日,〈くまこうく陷落萬歲!きのみ全島旗の波〉,《臺灣日日新報》,第4版。

[72] 1942年1月9日,〈臺灣一家六百萬家族、戰勝完遂に固き誓ひ〉,《臺灣日日新報》,第3版。

二、總動員下集體意識的變遷

　　在皇民奉公會編組下，成立奉公壯年團、農業、商業奉公團、挺身奉公隊、文學奉公會等，而未婚少女也被組織起來，接受護理、烹調、演藝等訓練，以因應戰時需要[73]。這些年輕人大多出身中上階層家庭，大部分參與者都有一定程度的教育水準，皆會講日語，每週固定集會，經常關心和討論戰事，並為日本在太平洋戰事的勝利而慶祝。1944年12月，安藤利吉陸軍大將取代長谷川清成為臺灣總督。由於美軍B-29轟炸機在1945年起，每月至少有500架次由琉球飛到臺灣轟炸各大小城市[74]，臺灣人民在前1年即疏散到鄉下，所以各大城市早已十室九空。安藤利吉於1945年2月2日下令所有中老年人加入動員的行列，安藤並稱讚臺灣人「已經是偉大帝國的人民[75]」。或許皇民化的推展已有一段時日，在輿論上似乎反映一般臺灣人頗相信這種說法[76]。1945年7月10日，安藤總督親自向臺灣人發表談話，稱他們是「皇民」，要求人民與官員結合，誓死為天皇效忠[77]。第二天，官方公布一項新的義務防衛規章，成立「義勇隊[78]」，而義勇隊直接向當地行政官員負責，以非正規軍的方式協助皇軍作戰，並深入鄉村協助農耕。當記者詢問一位義勇隊員，他們的任務性質為何？他回答：「義勇隊的組成是加強全國團結的精神，以我們的故鄉為中心，發展我們共有的民族精神[79]。」

　　皇民化運動是日本統治臺灣最終結晶之一，臺灣人民是否被同化？而同化是一種思想內在的涵化（Acculturation），或許很難從外在表象來做一個統一解釋。以吳新榮為例，他在日記中寫到，迫於日本人壓力而改姓名，但他故意取了一個與中國文化

73　臺灣總督府，1943，《臺灣事情》，頁156-157。

74　《臺灣新報》1945年都在報導有關空襲次數的詳細資料，包括B-29架次以及被日本擊落的數目。

75　1945年2月2日，〈公報運動に軍も協力、中老年層の指導に留意〉，《臺灣新報》，第1版。

76　同上。

77　1945年6月17日，〈島民の總かを發揮、聖戰完勝へ挺身せよ〉，《臺灣新報》，第1版。

78　1945年6月18日，〈國民義勇隊編成方策〉，《臺灣新報》，第1版。

79　1945年7月28日，〈作戰行動に協力670萬の結束〉，《臺灣新報》，第2版。

及自己姓氏有關的日本姓氏。他寫道[80]：「皇民化運動的具體辦法之一是：當局獎勵本島人改姓名。聽說在朝鮮實施『創姓』，成績良好，而本島是實施『改姓』。也許『創姓』較能表現個人的獨創性。假如吾人非『創姓』不可的話，則非考慮自己的傳統與新意義不可。查看字典，『吳』的別號為『延陵』，即今常州（江蘇省武進縣），春秋時代吳季札住於北而得名。陵通岡，則改姓為：延岡，且『延』字為我最崇拜之臺灣開祖鄭成功之延平郡王的『延』字。」

當時許多臺灣人都採取類似做法。此外，1942年最後一次統計中，全臺620萬臺灣人之中，有330萬人至少受過小學以上教育，並且會讀寫日文，其比例占總人口58%[81]。在40年代雖然懂日語的臺灣人已占總人口一半以上，但吳文星認為臺灣人並未因日本人推行國語普及化而被同化，其理由有二：第一，臺灣早已「內地化」，並擁有高度漢文明，因此不同於其他低度文明的西方列強殖民地，不易被同樣接受中華文化的日本文明所同化；第二，由於日本人在臺灣實施差別待遇，反而激發臺灣人民的民族自覺及認同，成為反同化的動力，因此阻礙對日本文化及民族的認同[82]。

然而在我們的研究中，卻也發現皇民化運動中，除了青年層次，資產階級和公務人員亦受很大的影響。根據統計，1945年間，有47,353名臺灣人任職總督府，另外有3,455名臺灣人在1944年擔任州、廳、市、街議會的代表。加上他們的近親，每家以7人計算，總數約30餘萬人，這些人在經濟生活上依附於日本總督府轄下各級機關或民意機構[83]。在賴澤涵、魏萼和Myers等人的研究中，特舉彭明敏與林獻堂2人為例。彭明敏出身醫師家庭，皇民化運動期間，彭明敏於1940年左右結束高雄中學課程東渡日本，後考入東京帝國大學政治科就讀，戰爭期間彭明敏都留在日本，直到1946年才返回臺灣。賴澤涵等人根據其回憶錄，顯示彭明敏的許多想法，可視為當時臺灣年輕知識分子間一種普遍性看法的代表，即他們家族的士紳地位並非來自清朝，而是日本統

---

80 吳新榮，1981，《吳新榮全集》，第6集，頁102，臺北：遠景文化事業出版公司。

81 吳文星，1985年12月，〈日據時期臺灣總督府推廣日語運動初探〉，《東海大學歷史學報》，第7期，頁116。

82 吳文星，1986，《日據時期臺灣社會領導階層之研究》，頁342-343，臺北：撰者。

83 請參考賴澤涵等著，1993，《悲劇性的開端——臺灣228事變》，頁51，臺北：時報出版公司。

治臺灣後所創造的，是整體環境下所造就的功名利祿。同時，這批年輕知識分子也仍舊私心慶幸，這50年來由於日本人統治，帶給臺灣經濟和社會利益。反之，同一時期生活在大陸上的中國人，卻長期遭受動亂、軍閥割據和內戰。這種想法導致他們在中國人之前，有種強烈的優越感[84]。

　　林獻堂則是另一個例子。其家庭植基於1895年之前，因此對中國文化的認同當然較彭明敏這種發源於日據時代的家庭來得深厚。林獻堂在20年代投入社會運動，雖然早在20歲就做了街長，爾後並曾被聘為總督府評議員，但他一生不說日語、不著和服，生活方式從未受日本的時尚或日本觀念所影響，換句話說，他個人一生是絕對「反同化」的[85]。

　　柯喬治（George H. Kerr）則認為臺灣老、中、新（1920以後出生）三代中，在對文化認同上，老一輩習慣所謂「祖國」理想化；中生代（1885～1915年間出生者）則了解亞洲實際上受日本軍人與統治階級所支配；但年輕世代在皇民化時期求學成長，對舊時代非但沒有感情，反而以掃除落伍的中國舊俗為己任[86]。而發生於日本投降後的「815獨立運動」中，臺籍著名人士辜振甫、林熊祥2人，同樣出身於日據時期所謂親日派5大家族，在日據時期享有專賣特權及崇高社會地位。「815運動」是臺灣史上第一個獨立運動，雖然不能反映臺灣人普遍的願望，卻透露在日據51年的歲月中，菁英與受皇民化教育的新世代，在面對「國籍」及「認同」轉換過程中，對陌生情境的錯愕與排斥，並造成日後陳儀接收臺灣的高度挑戰。

84　彭明敏被高雄中學校長之類的日本人歧視，感受到次等公民的憤怒和不平，但面對戰亂的中國，卻又流露出優越感。見彭明敏著，林美惠譯，《自由的滋味——彭明敏回憶錄》，（Irvine. Calif. Taiwan publishing co. 1984），頁56。

85　葉榮鐘，1960，《林獻堂先生紀念集》，第3集，頁24-41，臺中：林獻堂先生紀念集編纂委員會。

86　柯喬治（George H. Kerr），1974，《Formosa Licensed Revolution and the Home Rule Movement 1895-1945》，頁189-190，Honolulu: Hawaii University Press。

第五節　日人殖民臺灣的影響

　　二次大戰結束後，殖民地紛紛獨立建國，在這些所謂第三世界的新興國家中，早年被殖民的傷痕從未完全抹滅。以非洲為例，由於歐洲列強在19世紀末以人為的方式瓜分及利用其土地生產母國所需的原料和經濟作物，不但忽略當地居民實際的生活需要和建設，也割裂部落的完整性，尤其積極在殖民地培養統治階級，更引發族群的對立和階級仇恨，這一切都造成今日非洲國家內戰層出不窮與極度貧乏。以近年來內戰和種族屠殺不斷的盧安達為例，在比利時殖民時代認定人口占少數的圖西族是舊約聖經中先知哈姆的後裔，所以有資格跟歐洲人平起平坐。此外，較白的皮膚和修長的體型與歐洲人比較接近，是圖西族能得到比利時認同的另一個理由。因此比利時利用圖西族人統治境內人口占絕對優勢的胡圖族人。1962年盧安達獲得獨立，30餘年來，握有人口優勢的胡圖族逐漸贏回統治權，於是展開報復行為，上演今日種族屠殺和內戰的悲劇。

　　印度小說家高許指出，歐洲人特別喜歡在殖民地挑一個少數民族，把他們造就成通敵者——民族的罪人。高許分析這種密切的依附關係，使通敵者隨時擔憂失去主子的保護，所以絕不敢生貳心。倫敦政經學院的歷史教授奧斯汀說：「這是一個循環不息的現象。歐洲人選擇某一種族團體作他們的代表，實施分化統治，後殖民時期的政治領袖也會玩這把戲[87]。」

　　西野英禮分析日人殖民臺灣的意識型態，認為由於日本長期受到中國文化的影響，對於漢民族敬畏之念根深柢固，對於原是漢民族的臺灣住民之侮蔑觀未能普遍化之下，因而塑造臺灣住民是「番族」的觀念。一方面指責他們是野蠻番族，另一方面將自己的侵略、強制勞動、剝削及毆殺等野蠻行為予以合理化及正當化。此外，西野英禮認為日人殖民臺灣的後遺症就是創造一種說法，即「日本殖民促成臺灣現代化」。這是由於分隔時空差距的假設，而且是以絕對的生活水準而非以相對性作估量。因此在殖民的支配關係上，使臺灣人民在本質上的苦痛被意識隔開，相對的，日本殖民加諸於被剝削者極強的恩惠意識，此亦有助減緩殖民者的罪惡感。此外，由於

---

[87] 1994年5月13日，《中國時報》，第35版。

大陸人拒絕被殖民化而激烈抵抗，使日本人在意識型態上常流露出露骨的侮蔑感，也使得戰後由大陸移民到臺灣的外省人和本省人之間產生差異感。其原因固然源於陳儀的腐敗和惡政，但究其緣由，實由於日本51年來的侵略，使兩者徹底分離，置於不同的狀態，結果在精神上形成不能否定的隔閡[88]。

因此，在人類史上，戰爭與征服、支配與反抗、解構和重建，其實都是不斷的循環發生。從亞當史密斯探討西方古典時期的希臘和羅馬殖民地，到馬克思的移民殖民地與剝削殖民地的發展史中，上述問題重複不斷[89]。而臺灣從一原住民的世界，歷經帝國主義到一個國家的發展過程中，日本殖民的影響實具有重大意義，以下特分成物質和精神層面的影響作一分析比較：

一、就物質層面而言

一般西方國家統治殖民地，往往以剝削為目的而種植一些消費性作物，如茶、咖啡、棉花等，所有交通網路也只是為配合運輸物資回母國所建立，而整體建設卻無所進步。高隸民認為日本殖民臺灣產生非常深遠的影響，從統一度量衡、貨幣、建設現代化的基礎設施，到引進工業並遍布全島，避免臺灣產生其他殖民地的都市化現象[90]。而韋艾德和葛蘇珊（Susan Greebhalgh）也認為拉丁美洲理論家於50～60年代提出有關殖民地經濟和政治發展的所謂「依賴理論」，並不適用於臺灣[91]。

葛蘇珊等認為1945年之前，雖然日本殖民政權確實強迫臺灣專門從事初級品的生產，但也提供臺灣一個可靠的市場，較之其他殖民帝國，日本人實行的發展方案也較具全面性，不僅使臺灣的農業和工業現代化，而且也使臺灣得以接觸一些輕工業和某些重工業。1945年之後，國民黨國家政權利用日本人留下的基礎，繼續發展農業、輕工業和重工業[92]。喜安幸夫也認為日本殖民臺灣所實施的「戶警合一」制度、土地改

---

88 西野英禮著，鄭炷譯，1985，〈殖民地的傷痕〉，《臺灣的殖民地傷痕》，頁91-93，臺北：帕米爾書店。

89 陳其人，前揭書，頁91，上海：社會科學院。

90 高隸民（Thomas B. Gold），前引文，頁159-160。

91 有關依賴理論請參考1950，《拉丁美洲的經濟發展及其主要問題》，紐約。

92 蔡采秀，前揭書，頁8-9。

革等措施，使臺灣殖民政府能在翔實的戶籍基礎上，有效的以數字進行管理，並創造良好的社會治安環境。這一切都使光復後的中華民國，能更容易治理臺灣[93]。

但是日本人開發臺灣的意識是什麼？在日本統治時代，鐵路、道路的架構與開闢確實完善，不僅開發產業和輸入農業技術，產量也為之提高。不過就另一角度思考，所謂臺灣稻米的改革、產額的增加及製糖業的發達，都屬於日本經濟的非常利益。因此，臺灣農業發達，是為日人之利益，而毋容爭論。而且二次大戰末期，臺灣因屬於日本經濟圈，故直接承受民生的破壞和凋敝，並且影響國府光復初期的統治及其所衍生的政治後果。

鄭欽仁教授也提出，51年的殖民剝削到底給我們什麼「恩惠」？而且帝國主義的幽靈還可能再現。西野英禮亦認為由於日本統治，使今日在臺灣仍留存輕視母語的風潮，實為日本統治時代的延長，其一切肇因於企圖使臺灣人忘掉民族性的白癡化教育弊害，並將使臺灣民眾的痛苦延伸到未來[94]。

二、就精神層面而言

許倬雲教授認為臺灣社會在1996年總統大選後，還是存在嚴重的省籍分歧。一方面，50歲以上的臺灣同胞歷經228事件的苦難，加上中共數十年以來的暴行令人心寒，不但使其緬懷日治時期的安定生活，也產生永遠脫離中國的激憤觀念。相對而言，由於列強欺凌中國已逾1個世紀，中國民族主義已鑄入中國人的性格，在侵略中國的列強中，又以日本最為窮凶極惡，連串的苦難經驗，例如臺灣陷日，中國人始終痛心，致使中國人認為臺灣與中國復合，是歷史的使命。因此，整整兩、三代的中國人，就不夠體會臺胞的悲情。同樣，50歲以上在臺灣的外省同胞，當讀到李登輝接受

---

93 天下雜誌社編，1992，《發現臺灣1620-1945》，下冊，頁347，臺北：天下雜誌社。
94 同注88，頁91-92。

司馬遼太郎的訪談紀錄時，焉有不大為震撼之道[95]？許先生實在道盡兩岸中國人的所謂國民黨、共產黨及臺灣人的三種情懷。

　　針對許倬雲論及臺灣社會分歧的現象時，我們不禁要思考臺灣社會在後殖民時期如何建立真正的主體性問題。戴國煇在〈狂歡與幻想的雜奏〉一文中，分析歷經228事件後，使部分臺灣民眾產生「子嫌母醜」的心態，除進一步否定國民黨所代表的中國，並仇恨及藐視阿山（大陸遷臺外省人士）和半山（大陸回臺的本省人）。其次，由於日本時代教育政策的限制，使臺籍菁英在知識界不夠普及，對於所謂「臺灣人」概念內涵甚為混淆，連帶影響自我身分的認定。因此，臺獨理論家王育德在東京大學開會時，還不斷提到「臺灣光復」的字句。黃友仁（昭堂）在參加東大中國同學會舉辦有關後藤新平治臺事蹟時，卻以日本人口吻，不斷聲稱那些抗日的同胞為「土匪」，經人提醒才恍然更改用詞。因此，戴國煇教授早在1985年就以「兩個尺碼與認識主體的確定」，大聲疾呼建立獨立自主性思考的主體性尺碼，刻不容緩[96]。

---

95 1996年3月23日，《聯合報》，第6版。司馬遼太郎訪談，轉載1994年5月1日，《民眾日報》，政治版。在訪談中所提到「政界中利益薰心的外省人」、「掌握臺灣權力的都是外來政權」、「中國歷史不太有用等詞句」，我認為一方面顯示李登輝欠缺主體性思考，另一方面也傷害外省族群的感情，並且強將一種疏離感加諸於他們身上。而新加坡資政李光耀也批評李登輝受到日本教育影響太深，故習於以日本方式來衡量世局，且對中國人缺乏感情。見1997年2月10日，《中國時報》，第2版。

96 1991年12月10、11日，《中國時報》，第31版。

第二章　分裂與認同

第一節　228事件

　　1943年12月1日，在開羅會議上，蔣介石主席、羅斯福總統和邱吉爾首相宣布：「剝奪日本自1914年第一次大戰開始以來，在太平洋所奪得和占領之一切島嶼；使日本所竊取於中國之領土，例如滿州、臺灣、澎湖群島等歸還中華民國[1]。」1944年5月，中央設計局奉准成立臺灣調查委員會，作戰後接管臺灣之準備。臺灣調查委員會以曾經留學日本士官學校的「政學系」人物陳儀擔任主任委員[2]，委員中的臺籍人士有游彌堅、黃朝琴、謝南光、丘念台、李友邦、王泉笙等人[3]，該委員會的主要工作為：

　　一、草擬接管計畫，確立具體綱領。

　　二、翻譯臺灣法令，作為改革根據。

　　三、研究具體問題，俾獲合理解決[4]。

　　另外中央訓練團也舉辦「臺灣省行政幹部訓練班」，招收臺籍和各機關學員，以培養接收臺灣的人才，由陳儀自兼主任，周一鶚為副主任[5]，同時也在四行（中央、中國、交通、中國農民4家銀行）聯合總辦公處辦理銀行訓練班，在重慶舉辦警察幹部訓練班。1944年12月～1945年9月，共計培訓民政、警察、司法、教育、漁牧、農林、金融、財政、交通和工商等各項專業人員千餘名[6]。

1　Chiu（丘宏達），《China and the Question of Taiwan》，頁207.1。
2　陳儀被視為「政學系」人物，見郭廷以，1980，《近代中國史綱》，頁760，香港：中文大學，注1。
3　周一鶚，1987，〈陳儀在臺灣〉，《陳儀生平及其被害內幕》，頁104-105，北京：中國文史出版社。陳儀指定由沈仲九（陳儀祕書）及周一鶚（閩省賑濟會常務委員代行主任委員）兩人負責策畫。
4　臺灣省行政長官公署民政處編，1946，《臺灣民政》，第1輯，頁8，臺北：臺灣省行政長官公署民政處。
5　葛敬恩，〈接收臺灣紀略〉，《陳儀生平及其被害內幕》，前揭書，頁113。
6　同上，頁8，第一期招收120人，依專業分6組，實施4個月訓練，期滿回原機關服務，但由於日本戰敗，所以第二期尚未開始便已結束。

陳儀在臺灣調查委員會第一次黨政軍聯席會議上（1945年6月27日），提出他即將接收及治理臺灣的三項基本方針[7]：

一、主張採取黨政軍統一接收方式

他表示：「到臺灣的施政方針，希望能整個一致，黨政軍徹底實行三民主義。臺灣是新闢的園地，凡是總理的理想和遺教，希望到臺灣去實現。」

二、主張實踐社會主義、採取國有化公營化政策

他說：「我們收復臺灣後，對於一切產業必須國有或公營，如銀行須國有、土地實行耕者有其田、市地收為國有、交通事業公營，或許有人以為這是高調，其實不然，只要打破做官主義，廢除士大夫的私心和惰性，而意志集中、見解一致，我想一定可以做得到。」他又說：「本人確信事業國營有利，這種信仰希望各機關多方贊助實行，並在臺灣全島實現全部的總理遺教，如有好的成績，可以影響國內[8]。」

三、主張杜絕大陸惡習、續走日據現代化之路

他說：「論動機、論目的，日本統治臺灣是違反三民主義的，他是不顧臺灣人福利的，他壓迫臺灣人、榨取臺灣人，只謀日本統治者的利益。論事業不能不說有進步，論方法也比較現代化……我想如果把那比較現代化的方法、進步的事業，用以實行三民主義，用以為臺灣人謀福利，那就好了[9]。」他強調：「日本人在臺灣的政策是不好，但在工作上有好的一面，好的我們可以保留，壞的我們應該廢棄，國內的惡習尤其不希望帶到臺灣去[10]。」

從陳儀這三項復臺治臺的基本方針，我們了解陳儀明白臺灣在日本殖民51年中，硬體建設上已達現代化之水平，而黨政軍統一接收的方式，或可避免大陸以往派系傾軋的惡習；但我們也可從這項治臺方針中發現，陳儀相當偏好三民主義中的社會主義

---

7 陳儀，1943，〈臺灣必須收復〉，《臺灣問題言論集》，第1集，頁140-141，重慶：中國問題研究所。

8 同上，頁141-142。

9 陳儀，1945，〈日本統治臺灣經過（續）〉，《復興關月刊》，第1卷，第2期，頁11，重慶。

10 張瑞成，1990，〈光復臺灣之籌畫與受降接收〉，《中國現代史史料叢編》，第4集，頁109-119，臺北：國民黨黨史會。

及國家主義部分，對於已進入資本體系的臺灣，尤其是地主與工商階級，是否會有利益上的牴觸呢？另一方面，要在臺灣全面實施總理遺教，對於與祖國隔離已達51年的臺灣社會，能充分適應嗎？陳儀或許不了解，他將要面對的，其實是一個貌似熟悉，但實則陌生的新環境。

1945年8月29日，國民政府特任陳儀為臺灣省行政長官，8月31日公布《臺灣省行政長官公署組織大綱》，9月20日經立法程序正式公布《臺灣省行政長官公署組織條例》；9月7日旋又特任陳儀為臺灣省警備總司令，這使得臺灣省行政長官集軍、政二元大權於一身[11]。9月14日，空軍第一路司令張廷孟首先抵臺視察並親升國旗，10月2日，臺灣省行政院長官公署及警備總司令前進指揮所成立，由葛敬恩擔任主任。10月5日，葛氏率所屬80餘人由重慶抵臺履新，安排接管工作，並「通知有關單位造報人員及財產清冊，準備交接[12]」。

10月11日，臺灣省行政長官公署及臺灣省警備總司令所屬人員200餘人，由重慶搭機到上海，15日轉乘登陸艇來臺，17日抵臺灣；同日，國軍第七十軍陳孔達部在基隆登陸，受到熱烈的歡迎。18日，臺灣省行政長官公署及警備總司令部開始在臺北辦公。陳儀於24日抵臺，先在松山機場略作休息，然後發表施政方針，說明來臺灣「不是為做官，而是為做事。對臺灣的建設抱有信心，決心修明政治，剷除貪汙及一切弊政，要求臺灣同胞合作，共同努力建設新臺灣[13]」。25日上午，陳儀在臺北公會堂（今中山堂）主持接受日軍投降典禮，是日起，臺灣、澎湖重入中國版圖，臺灣人同時恢復中華民國國籍[14]。

但根據當時在基隆列隊歡迎國軍抵達的群眾中，可發現具有中國經驗與日本經驗

---

11 根據此條例，行政長官對在臺各機關有指揮監督權，並可在職權範圍內發布署令及制定單行規章，同時身兼警備總司令，故集本省立法、司法、軍事及行政等大權於一身之一元化領導。可參見楊鵬，《陳儀生平及被害內幕》，前揭書，頁90。

12 有關臺灣之受降與接收，參考秦孝儀主編，楊鵬著，1990，《光復臺灣之籌畫與受降接收》，頁87，臺北：中國國民黨黨史會。

13 見楊鵬，前揭書，頁90。

14 見臺灣省行政長官公署民政處編，1946，《臺灣1年來之民政》，頁8-9，臺北：臺灣省行政長官公署宣傳委員會。

的本省人士，對裝備較日軍差的中國軍隊，有截然不同的反應。其家族與美國教會及日本殖民當局有深厚關係的彭清靠（彭明敏父親）即曾感嘆[15]：

軍艦開入船塢，放下旋梯，勝利的中國軍隊，走下船來。第一個出現的是個邋遢的傢伙，相貌舉止不像軍人，較像苦力，一根扁擔跨著肩頭，兩頭吊著的是雨傘、棉被、鍋子和鞋子，有的沒的。大都連槍都沒有。他們似乎一點都不想維持秩序和紀律，推擠著下船，對於終於能踏上穩固的地面，很感欣慰似的，但卻遲疑不敢面對排列在兩旁、帥氣的向他們敬禮的日本軍隊。

接著，他用日語形容說：「如果旁邊有個地穴，我早已鑽入了[16]。」

但對曾受私塾中文教育，對中國文化有深厚感情，並到過大陸，有過接觸經驗的吳濁流而言，其自有不同感受[17]：

「哦！來了！來了！祖國的部隊來了……」我盡量站高身子去看，但那些軍人都背著雨傘，使我產生奇異的感覺。其中也有挑著鍋子、食器以及被褥的，感到非常的奇怪，這就是陳軍長所屬的陸軍第七十軍嗎？我壓抑著自己強烈的感情，自我解釋說，就是外表不好看，但8年間勇敢的和日本軍作戰的就是這些人哩！實在太勇敢了！當我想到這點以安慰自己的時候，有一種滿足感湧了上來，然而，這只不過自我陶醉的想法而已。

受過「皇民化」運動的年輕人，面對甫經抗戰8年，師老兵疲且物資困頓、裝備簡陋的國軍多所批評；但老一輩的臺灣人則從好處著眼，認為以此裝備尚能打贏日軍，必定神乎其技，並非凡人[18]。因此，在熱烈的歡迎人群中，同時呈現出理解、寬容和認同日本，以及鄙視中國的不同態度，使我們了解臺灣在日治51年下，皇民化的世代與老一輩對「祖國」認知的差異，針對這點，陳儀似乎並不清楚其中所包含的重

---

15 彭明敏著，林美惠譯，《自由的滋味——彭明敏回憶錄》，（Irvine. Calif. Taiwan Pulishing Co. 1984），頁48-49。

16 同上。

17 吳濁流，1988年8月，《無花果》，頁171，臺北：前衛出版社。

18 葉榮鐘，1995，〈臺灣省光復前後的回憶〉，《臺灣人物群像》，頁289，臺北：時報出版公司。曾提到國軍士兵以鉛板綁腿之說。另有關國軍雨傘飛天之說，可參見陳翠蓮，1995，《派系鬥爭與權謀政治》，頁121，臺北：時報出版公司，注38。

要性及不可預測性。

　　接收臺灣後，長官公署陸續將基隆、高雄及馬公畫為要塞港口，設置要塞司令部，行政區畫為8縣：臺北、新竹、臺中、臺南、高雄、臺東、花蓮、澎湖（原係5州3廳），9省轄市：臺北、基隆、新竹、臺中、彰化、嘉義、臺南、高雄、屏東（即原臺北等7市，另增彰化、屏東2市）。

　　但由於二次大戰末期臺灣迭遭盟軍轟炸，以致臺北、基隆、新竹、嘉義、高雄等地受到相當嚴重的破壞[19]。例如基隆，因處「要塞地帶，受炸最烈」，從1944年10月～1945年被轟炸25次，「所炸各町原有面積3,051,000平方公尺，毀壞者達56％，房屋損壞者5,056棟，估計戰前房屋約9,030棟，破壞達56％」。此外，道路、水道也遭受相當程度的破壞[20]，而工、礦、電力受損尤重，以電力而言，光復前夕供電力已降至3萬餘KWH，不及1943年的1/3[21]。加上戰後原料取得不易，人才難求，因此，光復初期，行政長官公署擬將在臺日籍工礦技術人才留下，以維生產，但因美國反對，不得不予以遣返[22]。因此，短期內要使臺灣恢復戰前的生產水準，實在非常困難。

　　政府決定了臺灣的特殊行政體制——行政長官公署制，並未贏得臺灣人普遍的諒解和支持。依《臺灣省行政長官公署組織條例》，行政長官公署受中央之委託，得辦理中央行政。行政長官對在臺之中央各機關有指揮監督之權，並可在職權範圍內發布署令及制定單行規章，同時身兼臺灣省警備總司令，可見行政長官制係集本省司法、立法、軍事、行政等大權於一身的一元化領導[23]。行政長官由國民政府特任，此與各省的委員制不同。各省的省府實行合議制，委員與省主席同為簡任官；而臺灣省行政長官公署之各處（祕書處、民政、教育、財政、農林、工礦、交通、警務、會計處）及祕書長都是行政長官的幕僚人員，均是簡派。此外，設有法制委員會、宣傳委員會及考核設計委員會。有關長官公署組織參見表一。

19　吳新榮，1989，《吳新榮回憶錄》，頁194，臺北：前衛出版社。
20　基隆年鑑編輯委員會編，1947，《基隆年鑑》，頁2、256，基隆：基隆市政府。
21　經濟研究社臺灣分社，1954，《臺灣經濟輯要》，頁80，臺北：經濟研究社臺灣分社。1943年為臺灣電力最高發電期，發電力超過10億KWH。
22　楊鵬，前揭書，頁90。
23　同注11。

表一　臺灣省行政長官公署組織

資料來源：轉引自張瑞成編輯，1990，〈光復臺灣之籌畫與受降接收〉，《中國現代史史料叢編》，頁283-288，臺北：中國國民黨黨史會。

甫從日本殖民統治下掙脫的臺灣民眾，早先即因日本的臺灣總督以《六三法案》確立「委任立法」制度，操掌行政、立法、司法三項大權，而痛恨不已；如今臺灣省行政長官公署的特殊化制度設計，無疑兼得了總督府的權力精髓，使民眾產生殖民統治時代「總督府制復活」的錯覺[24]。臺灣人民普遍稱長官公署為「新總督府[25]」，只要提起此制度，莫不搖頭嘆息、憤怒指責[26]。當時上海《觀察》周刊即指出，此制「給臺胞不愉快之感的，便是中樞對臺灣不是用同等的眼光來衡量，一如對其他省分，最直覺的看法：這與日本在臺灣採用總督府制有什麼區別？這問題，心理的因素比政治的因素大[27]」。

1946年1月15日，陳儀的長官公署公布臺灣省漢奸總檢舉相關章程，僅僅兩週多，警備總部便公告經由民眾檢舉的密告達335件，經複查後分別予以逮捕看管[28]。此外，陳儀蒞臺不久後，便令警備總部逮捕涉及「815獨立運動」的辜振甫、林熊祥、許丙、陳炘等知名臺籍士紳10人，指為漢奸，陰謀獨立，俟後又改稱為戰犯[29]；另外據傳尚有百數十名臺灣士紳，包括林獻堂在內的人物被列入拘捕名單[30]，此即「漢奸逮捕事件」。

臺灣光復後經濟困頓，失業人口因為海外歸僑、軍人眷屬歸來而增加，聯合國救濟總署專家估計當時臺灣失業人口總數至少有30萬人，這其中尚不包括因失去正當的生活憑藉而回鄉務農者[31]。1946年5月1日民政處長周一鶚宣布，全臺辦理公民宣誓登

---

24 連震東，1945年10月7日，〈臺灣人的政治理想和對作官的觀念〉，《臺灣民聲報》，第90期合刊，收錄於張瑞成編輯，1990年6月，《抗戰時期收復臺灣之重要言論》，頁327，臺北：中國國民黨黨史會。

25 鄭一禾，1946年11月30日，〈臺灣的祕密〉，《新聞天地》，第18期，頁3，香港：新聞天地雜誌社。

26 陳芳明編，唐賢龍著，1991年3月，〈臺灣事變的主因〉，《臺灣戰後史資料選——228事件專輯》，頁24，臺北：228和平促進日。

27 1947年3月8日，〈隨時可以發生暴動的臺灣局面〉，《觀察》，第2卷，第2期，頁18。

28 1946年10月，《臺灣省警備總司令部周年工作概況報告書》，頁94，臺北：臺灣省警備總司令部。

29 李翼中，1992，〈帽簷述事〉，《228事件資料選輯》，頁400，臺北：中央研究院近史研究所。

30 丘念台，1996年12月，《嶺海微飆》，頁251，臺北：中華日報社。

31 柯喬治（George H. Kerr）著，陳榮成譯，1991年3月，《被出賣的臺灣》，頁237，臺北：前衛出版社。

記總數已達2,393,142人[32]，若以上面估計的30萬失業人口計算來對照，這個比率已高達全臺公民總數的1/8。而一大批甫獲釋於火燒島、臺東等地，或原住於福州、廈門等地返臺的流氓浪人——其中光是臺北一地就有萬餘名[33]，如果再加上「漢奸逮捕事件」所引起臺籍菁英的疑懼及疏離，整個臺灣社會實在有如一枚即將引爆的炸彈。

葉榮鐘先生即曾針對陳炘的被捕感嘆不平的指出：「陳炘先生乃是封神榜上有名的抗日分子……陳氏創立大東信託公司，無疑是一項實際行動。不但存意要和在臺灣的日人金融資本家分庭抗禮，而且是有意識的要侵襲日人的特權……似這樣的人物，也和御用紳士同受拘押，豈不令人會發生玉石混淆的感覺？」葉榮鐘並透露內幕，指陳炘被捕另有原因，「據說陳氏由南京歸來，在一次聚餐的席上，無意中陳述江浙財閥的種種，這些傳說是否可靠不得而知，但也因此攖了陳儀的逆鱗，似乎是事實，陳儀一再跟他過不去也是事實[34]」。

至於曾經創設文化協會，積極領導臺灣議會請願運動的林獻堂被列為拘捕對象，則令人錯愕。丘念台認為就算林氏涉及辜振甫等人「臺灣陰謀獨立事件」（815獨立運動），也是因為迫於日人的強行邀約，且當時國軍尚未抵臺，「要是這樣翻算舊帳，勢必牽涉全省各階層的人士，對於民心是有影響的」，於是出面向長官公署解釋，請求從詳考量[35]。

在丘念台的積極奔走下，「漢奸逮捕事件」未再擴大，國民政府司法院於1946年1月25日發布，院解字第3078號函指出：「凡臺灣人被迫應征，隨敵作戰，或供職各地敵偽組織者應受國際法之裁判，不適用於漢奸懲治條例。」準此釋義，所有被逮捕之嫌疑者均無罪開釋，但辜振甫、許丙、林熊祥等人以「戰犯嫌疑罪」被移送臺灣軍事法庭審理，後分別被處以2年2個月～1年10個月不等的徒刑[36]。雖然政府在司法院的解釋函中已區分殖民地人民與故國間的附屬性與主從間的義務，但對於生活在日人

32　1970年6月，《臺灣省通志》，卷首下，大事記，頁163，南投：臺灣省文獻委員會。
33　同上，頁161。
34　葉榮鐘，〈臺灣省光復前後的回憶〉，前揭書，頁293。
35　同注30。
36　《臺灣省警備總司令部周年工作概況報告書》，前揭書，頁94-95。

高壓統治下的臺籍人士而言,那種不被祖國充分理解的痛苦及悲憤是另一種深沈的哀痛。葉榮鐘在事後曾反省此事,他慨嘆所謂日據時代的「御用紳士」,也並非罪大惡極之人,「御用紳士所汲汲者,也只是想藉御用的頭銜,免去陋習而已,他們既不能享受『免試出國』的特權,也不能夠沾『奉命不起訴』的恩典……他們對於一般社會,並無什麼積極的『公害』可言,他們唯一不可饒恕的,就是不肯和一般同胞站在一起受苦難」。葉氏認為「陳儀這一手,可能就是所謂『新官上任三把火』的手法,先來一個下馬威,給臺灣人一點顏色看看」。但「臺灣人用怎樣的心情在孺慕祖國、懷念同胞,陳儀似乎不屑理會」;「他不但不能用『視民如傷』的態度來慰恤這些被祖國遺棄了半世紀、在異族的鐵蹄蹂躪下,無依無靠,過著包羞忍辱的生活,好不容易邀天之幸,能夠重見天日,復歸祖國懷抱的同胞。而竟用征服者的猙獰面目,玩弄那一套已經過時洩氣的『權謀數術』來修理臺灣人,時代錯誤,莫此為甚[37]」。

曾組「臺灣民眾黨」,與日人周旋不屈的蔣渭水胞弟蔣渭川也因接任臺北市商會理事長時,發現前商工經濟會在移交時的一批鉅款被長官公署民政處官員侵吞,乃聲言撤查,卻被民政處官員彙整其歷來批判政府的演講稿摘要節錄,上報陳儀,結果長官公署向法院控告蔣渭川「反對政府、妨害秩序」。在檢察官的勸說下,蔣渭川提出一份「悔過書」,而受不起訴處分[38]。陳儀的智囊胡允恭(邦憲)在眼見臺籍著名士紳紛紛遭陳儀排斥之際,曾以筆名「張琴」發表文章指陳:「臺灣的士紳蔣渭水、林獻堂等也有人看臺灣政府太腐敗了,貪汙橫行,不得已向陳儀略略談到,他臉一紅,極不客氣的說:『你談的有什麼證據呢?』語氣挺硬,拒人千里之外。其實證據全有,但誰肯做傻瓜呢?即令硬將事實指出,辦不辦還未可知。但『四凶』葛敬恩、包可永、嚴家淦、周一鶚等,臺灣人稱之為『四凶』的勢力是炙手可熱的,因此,臺灣士紳便也不敢再多事了。」政府部門的文過飾非、聞過則怒的情況可見一斑[39]。

民情的隔閡,使陳儀與臺籍菁英之間對當時社會上所呈現的諸多問題缺乏溝通管

---

37 葉榮鐘,〈臺灣省光復前後的回憶〉,前揭書,頁251。

38 蔣渭川遺稿,1991年3月,《228事變始末記》,頁67-68,臺北:家屬自印。

39 張琴(胡允恭),1989年2月,〈臺灣228事件真相〉,收錄於李敖編著《228研究續集》,頁30,臺北:李敖出版社。

道。陳儀在臺灣從不說日語或學習臺語[40]，使其與地方人士格格不入，也不應酬，使其欠缺與地方士紳、一般民眾的接觸機會。一位同事曾對陳儀的工作描述如下：「他每天總是比規定時間提早1小時到署辦公，晚上遲1小時回官邸。中午就在公署吃一葷一素一湯的便飯，吃完後仍繼續辦公，並不午休。晚上回官邸去，吃過晚飯後，除繼續批辦未了的公事外，總要看些新書，直到深夜才就寢[41]。」然而陳儀的勤奮似不能幫助他了解民情與增進情趣。

另一方面，對於長官公署的人事安排，甫回歸祖國的臺灣人士也諸多失望，在1946年初的一級單位18位正副首長中，僅教育處副處長宋斐如為臺籍。

另外長官公署直屬各機關16位主管中，只有天然瓦斯研究所所長陳尚文和省立臺北保健館主任王耀東為臺籍，而在17個縣市首長中只有臺北市長黃朝琴、新竹縣長劉啟光、高雄縣長謝東閔3人為臺籍。而這6人中除了王耀東之外，其餘5人在政治屬性上則被歸納為自重慶追隨國民政府返臺的「半山」人士[42]。有關長官公署及直屬各機關、縣市政府人事，請參見表二。

---

40 葉明勳，1988年2月2日，〈不容青史盡成灰：228事件親歷的感受〉，《聯合報》，第1版。

41 全國政協文史資料研究委員會，浙江省政協文史資料研究委員會，福建省政協文史資料研究委員會編，1987，《陳儀生平及其被害內幕》，前揭書，頁118。

42 「半山」一般指的是在日據臺灣時期，由臺灣轉移大陸並為重慶國民政府服務的臺灣人，在光復之後很長一段時期，半山在國民政府的權力核心扮演相當重要的角色，如第一位臺籍副總統謝東閔。連震東也曾擔任國民黨中央改造委員會唯一臺籍委員及內政部長，其子連戰目前在臺灣政壇上的角色與影響自不待言。

表二　長官公署及直屬各機關、縣市政府人事一覽表

機關單位	主管長官	機關單位	主管長官
行政長官公署	行政長官　陳儀 祕書長　葛敬恩	圖書館	館長　（兼）范壽康
祕書長	處長（副處長兼代） 副處長　馬威	博物館	館長　陳兼善
民政處	處長　周一鶚 副處長　高良佐	專賣局	局長　任維鈞
教育處	處長　范壽康 ▲副處長　宋斐如	貿易局	局長　于百溪
財政處	處長　張延哲	糧食局	局長　吳長濤
農林處	處長　趙連芳	氣象局	局長　石延漢
工礦處	處長　包可永	臺灣銀行	主任兼理委員　張武
交通處	處長　嚴家淦	農業試驗所	所長　（兼）趙連芳
警務處	處長　胡福相 副處長　楊錦標	林業試驗所	所長　林謂訪
會計處	會計長　王肇嘉	糖業試驗所	所長　盧守耕
法制委員會	主任委員　方學李	工業試驗所	所長　陳華洲
宣傳委員會	主任委員　夏濤聲	地質調查所	所長　畢慶昌
機要室	主任　樓文劍	省立臺北保健館	▲主任　王耀東
人事室	主任　張國鍵	水產試驗所	所長　李兆輝
		天然瓦斯研究所	▲所長　陳尚文
		熱帶醫學研究所	資料從缺

機關單位	主管長官
臺北市政府	▲市長　黃朝琴
臺南市政府	市長　韓聯和
臺中市政府	市長　黃克立
高雄市政府	市長　連謀
基隆市政府	市長　石延漢
新竹市政府	市長　郭紹宗
嘉義市政府	市長　陳東生
彰化市政府	市長　王一
屏東市政府	市長　龔履端
臺北縣政府	縣長　陸桂祥
臺中縣政府	縣長　劉存忠
臺東縣政府	縣長　謝真
新竹縣政府	▲縣長　劉啟光
澎湖縣政府	縣長　傅緯武
臺南縣政府	縣長　袁國欽
高雄縣政府	▲縣長　謝東閔
花蓮縣政府	縣長　張文成

資料來源：《臺灣省行政長官公署2月來工作概
　　　　　要》，轉引自鄭梓，1992年2月，〈試
　　　　　探戰後初期國府之制臺策略──以用
　　　　　人政策與省籍歧視為中心的討論〉，
　　　　　《228學術研討會論文集》，頁256，
　　　　　臺北：228民間研究小組等。

注：▲表臺籍人士

然而在長官公署以下的公務員中，因人事縮減僅餘44,000餘人，將近有19,000名臺籍文官失去工作。但是臺籍人士在文官配比中所占的比例確實比總督府時期改善許多，當時的文官籍貫配占比例請參見表三、表四。

表三　行政長官公署及所屬機關各級官員籍貫配比（1946年10月）

	總計		特任		簡任		薦任		委任		其他 （雇用或徵用）	
	人數	%	人數	%	人數	%	人數	%	人數	%	人數	%
計	44451	100.00	1	100.00	385	100.00	2990	100.00	20341	100.00	20734	100.00
臺灣籍	38234	63.52	-	-	27	7.01	817	27.31	14133	69.48	13257	63.93
外省籍	9951	22.39	1	100.00	358	92.99	2173	72.68	6208	30.52	1211	5.84
日本籍	6266	14.09	-	-	-	-	-	-	-	-	6266	30.23

表四　臺灣總督府及所屬機關各級官員籍貫配比（1945年10月）

	總計		特任		簡任		薦任		委任		其他 （雇用或徵用）	
	人數	%	人數	%	人數	%	人數	%	人數	%	人數	%
計	84559	100.00	1	100.00	109	100.00	2226	100.00	37978	100.00	44245	100.00
臺灣籍	46955	55.53	-	-	1	0.92	51	2.29	14076	37.06	32827	74.19
日本籍	37604	44.47	1	100.00	108	99.08	2175	97.71	23903	62.94	11418	25.81

資料來源：臺灣省行政長官公署人事室編，1946，《臺灣1年來之人事行政》，頁7-8，臺北：臺灣省行政長官公署。

由上述統計中，臺籍簡任文官所占比例由0.92％增為7.01％；薦任比例由2.29％增加為27.31％；而委任比例則由37.06％增加為69.48％。但外省籍的文官仍占絕大多數職位，其中占簡任級的92.99％，薦任級的72.68％。這是由於國民政府在接收之後，認為臺灣人民在日本統治期間中國語文及公文流程等運用方面不甚流利，加上缺乏有經驗的政治人才[43]，故在政府機關上級職位中，大量任用外省籍文官。另一方面，隨著長官公署業務範圍擴大，愈來愈多外省籍文官來臺，其中省籍分配請參考表五。

---

43 梁辛仁，1947年4月1日，〈我們對不起臺灣〉，《新聞天地》，前揭書，第22期，頁1。

表五　臺籍、外省籍與日本籍任用比例更迭表

年份／籍貫	臺灣籍（人）比例（％）	外省籍（人）比例（％）	日本籍（人）比例（％）	總數（人）比例（％）
1946年3月	31,070（76.06％）	2,642（6.48％）	7,139（71.46％）	40,858
1946年8月	24,714（62.11％）	7,940（19.95％）	7,027（71.65％）	39,802
1946年10月	28,234（63.52％）	9,951（22.39％）	6,266（14.09％）	44,451
1946年12月	39,711（72.71％）	13,927（25.58％）	929（1.71％）	54,612
1947年6月	40,624（72.44％）	14,524（25.90％）	929（1.66％）	56,082
1947年11月	45,698（73.97％）	15,875（25.70％）	205（0.33％）	61,778

資料來源：湯熙勇，〈光復初期的公教人員任用及其相關問題〉，轉引自陳翠蓮，1995，《派系鬥爭與權謀政治》，頁79，臺北：時報出版公司。

　　雖然臺籍公教人員比例從1946年3～8月，由76.06％下降到62.11％，但在12月又攀升到72.71％，然而對於甫歸祖國的臺籍人士而言，則認為長官公署未重視臺籍人士。省議員郭國基在第一屆臺灣參議會第一次大會第二次會議上就向長官公署祕書長葛敬恩質詢，認為政府人才登用已5、6個月了，卻未見臺灣人才被錄用，他要求政府「勿以不諳國語遺棄，使臺灣人獨抱向隅[44]」；另外如林連宗建議「高級人員請多用臺胞，使人地相宜[45]」；王添燈認為「警察大隊中臺籍人員偏低」，都是民情反映的寫照[46]。

　　1946年7月18日，旅居上海的6個臺灣人團體（包括閩臺建設協進會上海分會、臺灣重建協會上海分會、福建旅滬同鄉會、上海興安會館、上海三山會館、臺灣省政治建設協會上海分會）即到南京，向國民政府行政院、立法院、國防最高委員會、國民參政會及國民黨中央黨部等機關請願，要求撤廢《臺灣省行政長官公署組織條例》，

---

44 臺灣省參議會祕書處編印，1946年5月，《臺灣省參議會第一屆第一次大會特輯》，頁36，臺北：臺灣省議會祕書處。

45 同上，頁43。

46 同上，頁45。

於臺灣改設與各省相同的省政府。他們認為此條例授權行政長官在臺統攬軍權與政權，不獨行政、立法兩權握於一人之手，且可侵犯中央權限及司法權，「該條例實施以來，弊害叢生，人民受專制獨裁統治之壓榨，生機幾斷、投訴無門、怨聲載道、危機四伏[47]」。

　　至於當時服務於臺灣的外省公務人員，也自認是離鄉背井，純粹為臺灣人民服務，且薪俸又差於內陸地區，而有不平之聲[48]。這似乎預見雙方人士在認知上的差距，而這種差距也隨著陳儀的經濟政策實施而更加惡化。由於陳儀偏重國家主義經濟政策，甫抵臺灣便施行統制經濟，目的在由政府掌握臺灣重要進出口物資，避免奸商囤積操作，以牟暴利。其次，政府可將貿易盈餘轉投資到經濟建設[49]。陳儀認為「追求的不是要肥少數人的腰包，而是要使臺灣人民的食、穿、用等民生問題逐步獲得解決[50]」。

　　雖然陳儀致力改善臺灣人民的生活，但在太平洋戰爭期間由於農村壯丁的抽調、駐臺日軍給養、農地減少、肥料來源日益匱乏等因素，臺灣人生活困頓已是普遍事實。陳儀的經濟政策在面對百廢待舉的社會並急需經費的情況下，遂「藉運用發行資金予以墊借」，導致民國35年底就已經發行臺幣總額達53億3千餘萬元之多。同時，因為大陸法幣貶值，使本省匯兌蒙受重大損失，加上墊付中央在臺軍政費用增加，使物價不斷上漲，金融波動相當厲害[51]。

　　面對上述問題，陳儀卻沿襲日人專賣制度設立專賣局，致與商人利益衝突，此外由於失業人口眾多，走私菸酒者日漸增多，專賣局乃於民國36年將查緝私菸列為重點工作。經濟上持續惡化，政治上未能滿足臺灣人的期待，並使臺灣人在政治上遭受差別待遇，以及官僚貪汙、軍紀及政風太差等因素，使臺胞與祖國產生嚴重隔閡。臺灣人長期生活在資訊封閉的日據社會，對於祖國歷經8年抗戰及內戰又起，全國都陷入

47　楊肇嘉，1968年12月，《楊肇嘉回憶錄》(2)，頁354，臺北：三民書局。
48　黃旭東，〈228事變思痛錄〉，《228真相》，頁191。
49　于百溪，〈陳儀治臺的經濟措施〉，《陳儀生平及其被害內幕》，前揭書，頁119。
50　同上。
51　民治出版社編，1950，《臺灣建設》，上冊，頁61，臺北：民治出版社。

經濟危機的情況下，而無法專心經營臺灣的困境自然無法體會，且處處拿日據時期的軍、政、經、社會等方面與戰後中國政府所治理者相比，在情緒上反而感覺祖國不如日人，轉生輕視之心[52]。

1947年2月27日晚上圓環緝私事件，因群眾不滿緝私員傷人、殺人而包圍憲、警單位。28日民眾由圍攻專賣局轉而赴公署請願，卻因衛兵開槍阻止又造成人命傷害，使臺灣人累積的不滿瞬間爆發而蔓延全島。在衝突事件中，由於駐臺軍隊早已大量返回大陸，據《大剛報》記者唐龍的估計，臺灣兵力合計不到5,000人，真正具有作戰能力則不到3,000人，且分散各地，而當時臺灣的浪人、高山同胞和從日軍等退伍回來的則約有20萬餘人之眾[53]。彭孟緝亦認為「駐臺軍隊調走一空，予人以可乘之隙[54]」。

在行政院研究228事件小組所撰寫的《228事件研究報告》中，我們可歸納出陳儀的省政、臺灣人對祖國的期待和失望、臺灣人對祖國政情及文化的隔閡是事件的背景，而群眾開始攻擊政府機構、軍隊、警察局、毆打外省人並予以監禁看管是實情[55]。在事變過程中，臺北地區在3月5日秩序已完全恢復，各行業、交通和國校學生等均已正常運作[56]。苗栗縣因居民多屬客家人，民風純樸，在事件發生期間，較為

52 作者不詳，〈臺灣同胞到底給日本同化了多少〉，《臺灣月刊》，創刊號，頁19-21，南投。

53 陳儀似乎對臺灣民情沸騰有所不知，逕自將駐臺軍隊調往大陸剿共，使臺灣兵力合計不到5,000人，且臺北警察大隊中有6成隊員為臺籍，而能作戰不到3,000人；但臺灣的浪人、高山同胞、退伍回來的約有20餘萬人。見唐賢龍，1947，《臺灣事變內幕記》，頁97-98，南京：中國新聞出版部。

54 彭孟緝，1953，《臺灣省「228」事件回憶錄》，頁49（打字稿，未出版，影印本現藏中央研究院近代史研究所檔案館）。

55 在該報告中，我們發現一個現象，在臺中市由於政治立場不同，林獻堂等士紳們希望透過議會路線來爭取自治，但謝雪紅則採取武裝鬥爭方式，這似乎可上溯雙方在日據時期抗爭路線的歧異。而在228事件中，一般的士紳如臺中林獻堂、黃朝清，北港區蔡連德及鎮長陳向陽皆採溫和立場並歡迎國軍登陸。另臺南市也在韓石泉、黃百祿議長的領導下，採不流血、不否認現有行政機構，採政治協商方式解決問題，使臺南縣市與臺灣其他地區比較，算是相當平靜。作家葉石濤便分析臺南在光緒元年（1875）之前一直是臺灣行政中心，該地居民受官方教化最深，且地主階級多，不喜動亂，即使升斗小民也排斥動亂。請參見葉石濤先生訪問紀錄，1994，《「228事件」研究報告》，頁177，臺北：時報出版公司，注377。

56 唐賢龍，1947，《臺灣事變內幕記》，頁114，南京：中國新聞出版部。

平靜[57]。臺南縣市居民文風鼎盛,不喜動亂[58],澎湖也因司令史文桂的嚴密防範而平靜[59],花蓮及臺東兩縣也在事件中反應溫和,未見重大傷亡[60]。在臺中市,謝雪紅組織民軍接管市政府大部分機構並攻擊國軍,但臺中地區士紳及人民團體代表500餘名聚集於市府堂,重新組織「臺中地區時局處理委員會」,並推選前日本海軍大尉吳振武擔任民軍總指揮,導致謝雪紅不滿,拒絕將軍權交出。在保安委員會成立後,吳振武即刻在臺中師範學校重新編組部隊,停止供應武器給中南部「民軍」,於是臺中地區同時出現兩個步調不一的武裝系統[61]。

此外,謝雪紅又組織「二七部隊」,自任總指揮,成員有學生、前日本軍人和三五成群報到者[62]。在雲林縣(係1947年大縣制的臺南縣斗六、虎尾、北港三區合併而成)有虎尾機場大規模衝突,斗六因出了「臺灣游擊戰」創始人之一的陳篡地,而成為家喻戶曉之地。嘉義的「三二事件」從3月2日下午3時爆發,直到13日陸軍第21師146旅436團副團長彭時雨率兵進入市區才結束,在這短短11天中「戰事進行之激烈,與公教人員損害之慘重,堪稱為全省之冠[63]」。高雄市在3日,由於臺北南下的

---

57 請參看賴澤涵,1994,《「228事件」研究報告》,前揭書,頁82-83。在苗栗縣地區,民眾曾企圖攻擊石油宿舍的國軍,並刺探後龍一帶海軍兵力及軍事設施,企圖繳械而未果。不過省立新竹初級農業職業學校(今省立苗栗農校)學生領袖孫欽芳,一方面拒絕加入「民軍」,另方面召集部分同學,分組保護外省籍的校長及老師們。

58 見注55。

59 在澎湖已有原臺籍日本兵,尤其自海南島回來者,悄悄於馬公集合,而在澎湖當兵的臺籍與原住民士兵,亦有裡應外合之勢,但因防範得宜而發動不成。見鄭哲文,1947,〈安靜的澎湖〉,《臺灣228事件親歷記》,頁206,臺灣正義出版社編印。許雪姬,1991年8月7日、9日,訪許整景,於許宅。

60 3月5日花蓮市處委會成立時,即議決「凡中華民族應相互親愛」,並盡力防範民眾對外省人施暴,據調查,事起之初僅有公務員4人(臺、外省各2人)遭毆輕傷。見花蓮縣政府,《花蓮縣228事變報告書》,頁102、104。臺東地區在4日中午,已有暴徒毆打外省人員,6日以後,秩序已漸恢復,未再有外省人遭毆打。見賴澤涵,《「228事件」研究報告》,前揭書,頁148-150。

61 時任臺灣省財政廳長的嚴家淦,於1947年2月赴臺中參加彰化銀行成立大會,不料第2天就爆發228事件,幸賴林獻堂帶他到霧峰林家躲避,同時以性命擔保,才讓嚴家淦逃過一劫。

62 古瑞雲,1990,《臺中的風雷》,頁56,臺北:人間出版社。黃秀政,1991年4月3日,訪古瑞雲,於上海。

63 〈嘉義市三二事變報告書〉,臺灣省警備總司令部檔案:《綏靖執行及處理報告》(2),頁31。

「流氓百數十人[64]」，及臺南工學院學生也抵達高雄[65]，高雄228事件於焉爆發。在事件中，毆辱、搶奪外省人及商店事不斷傳出[66]。4日凌晨，警區電話線路被切斷，武器被奪，部分本省籍警察攜械逃散，有的則加入民眾的攻擊行動。民眾集中外省人受「保護」的高雄第一中學倉庫，包圍憲兵隊，憲兵隊則在突圍後避走壽山[67]。在高雄要塞司令彭孟緝看來，高雄事件的混亂已達「公然叛亂」程度[68]。

要之，全臺地區皆因臺北的228事件而受到影響，除了上述地區已達嚴重程度外，其他地區對駐軍、官府機構的攻擊，對外省人士的毆辱與集中看管，亦多有發生。陳儀面對此亂局，在束手無策下，只有請示蔣介石主席以為定奪。

第二節　危機處理

「228事件」發生後，蔣介石分別從陳儀、安全局、黃朝琴（時任臺灣省參議會議長）、李翼中（省黨部主委）、228事件處理委員會等處了解事情的真相。在獲悉事件當天陳儀的電文後，蔣介石在日記上寫道：「是日，臺灣省發生事變。蓋臺灣省菸酒公賣局屬員為查緝私菸，於27日夜與暴民發生爭執，不幸因放槍自衛，誤斃一人[69]。」然後，他又寫道：「共黨分子與野心政客遂從中煽動群眾，28日上午竟搗毀臺北專賣分局，擊斃職員2人，擊傷分局長歐陽正宅等4人，並焚毀倉庫，公開攻擊政府機關，殺害內地來臺士民。」蔣並且感嘆的說：「一時社會秩序大亂。」

3月5日，中統局報告參加暴動者多屬前日軍所徵用從海外返回的浪人，全省約計12萬人[70]。蔣介石於當日的日記上寫道：「蓋臺灣事件已演變至叛國及奪取政權階段，

64　彭八(2)，17-1，頁146，黃仲圖，〈高雄市228事件報告書〉。
65　黃順興，1989，《走不完的路》，頁67，臺北：自立晚報文化出版部。
66　楊亮功、何漢文著，陳鳴鐘、陳興唐主編，1989，〈關於臺灣228事件調查報告及善後辦法建議案〉，《臺灣和光復後5年省情》上、下，頁632，南京：南京出版社。
67　中央研究院近代史研究所，〈228事變之平亂〉，《228事件資料選輯》，頁14，臺北：中央研究院近代史研究所。
68　彭孟緝，《臺灣省「228事件」回憶錄》（打字稿已收入中研院近代史所編《228事件資料選輯》(1)，現藏中國國民黨黨史委員會），頁18。
69　秦孝儀編，《總統蔣公大事長編初稿》，第6冊，下，頁396，（下稱長編初稿）。
70　總統府，《戡亂時期重要文件分案編輯》，第38冊，《臺灣228事件》，上，頁50。

而其暴亂且擴及於臺北以外之臺中、嘉義等縣市也[71]。」參謀總長陳誠亦於同日呈報蔣主席,調派21師劉雨卿師長率師部及146旅之一團立即開赴基隆歸陳儀指揮,憲兵第四團原駐福州之第三營立即回臺歸建,另調憲兵第21團駐福州之一個營立即赴基隆[72]。同日,蔣主席電告陳儀,已派兵一團及憲兵一營,限於3月7日由上海出發[73]。

3月6日事端擴大,在臺南縣,國軍已撤出虎尾機場;嘉義市,民軍圍攻水上機場;高雄市,軍警全撤至壽山要塞司令部;謝雪紅在臺中解散「作戰本部」,另組「二七部隊」,以進行武裝鬥爭。於是陳儀再度上電蔣主席,報告事變的起因及恢復治安的方法。他指責4個集團應為事變負責:「此次事情發生之原因相當複雜。其一,去年海南島歸來之臺僑中,因海南島曾有共黨,有不少奸黨分子,內地奸黨亦有潛來臺灣者……其二,留用日人中,亦有想乘機擾亂者……其三,日本時代御用紳士及流氓等,因接收後不能遂其升官發財之目的,隨時隨地攻擊政府……其四,一般民眾缺乏國家意識,易為排斥外省人……[74]」

然後,陳儀建議處理事變的方法為「對於多數民眾,應改變其封建思想,並改善政治,使其對政府發生信心,不至為奸黨所蠱惑。對於奸黨亂徒,須以武力消滅[75]」。

在同日,蔣介石也接到來自安全局及臺灣省參議會全體參政員與議長黃朝琴的三份報告,在安全局送達的報告上,判斷事件產生的原因有別於陳儀[76]。此文件提到的原因有1946年年底和1947年年初的通貨膨脹和失業問題;由於專賣局以及省公營企業吞食了私人的經濟活動,使得經濟復甦停滯;省公署官員的貪汙腐敗;以及臺灣人與外省人之間的語言障礙等。該文件陳述事變發生的近因是臺灣嚴重的糧荒,市民有錢無處購米,又陳儀緊急統控輸出物品,為出口業從業人員不滿[77]。而參議會則在報告中重申光復以來公署嚴重失政,積成民怨,要求根本改善臺政,請中央速派大員來

---

71 秦孝儀編,《長編初稿》,前揭書,頁397。
72 總統府,前引檔案,頁50-51。
73 同上,頁52。
74 同上,頁55-57。
75 同上,頁57-58。
76 同上,頁61-64。
77 同上,頁65。

臺，勿用武力彈壓[78]。黃朝琴要求蔣主席：「速決治臺方針，簡派大員來臺處理，以免事件擴大，貽笑外人[79]。」

面對來自各方的電文，在南京坐鎮的蔣介石正面臨更嚴重的壓力——剿共戰事不利。1947年3月1日，共軍攻擊長春，國軍棄守機場，不久前，馬歇爾將軍又撤回對華援助[80]。3月1日，行政院長宋子文辭職，使蔣面臨南京政府內部的另一個危機。3月7日，蔣介石在綜合各方電文後電告陳儀：

據美使館接其臺灣領事來電稱，請美使即派飛機到臺灣，接其眷屬離臺，以為今後臺灣形勢恐更惡化云，美使以此消息告余，一面緩派飛機，一面覆電問其領事究竟如何云。

又接臺灣政治建設促進會由外國領館轉余一電，其間有請勿派兵來臺，否則情勢必更嚴重云。

余置之不理，此必反動分子在外國領館製造恐怖所演成，近情如何則立覆[81]。

3月8日，國防部最高委員會祕書長王寵惠致電蔣介石，建議中央派遣大員抵臺宣慰，改組公署為臺灣省政府，並盡量在改組時容納當地優秀人士[82]。同一天，國防部召開高級將領軍事會議，為中央政府訂下決策方針：派大員組團赴臺宣慰並協助恢復秩序、現存長官公署制改制為臺灣省政府，同時，盡量任用有能力的臺灣人任公職。同日，蔣介石再電告陳儀：

今日情勢如何？無時不念。望每日詳報。李（翼中）主委已晤見，現正研究處理方案，茲已派海軍（軍艦）兩艘來基隆，約9、10兩日分期到達，21師第二團定明9日由滬出發，劉（雨卿）師長與李主委明日飛臺面詳一切[83]。

蔣介石之所以在3月7日及8日持續與陳儀通電，應該與3月7日臺灣228事件處理委

---

78 1947年3月7日，《民報》，致電主席暨各院部長，參政員建議9項。
79 總統府，前引檔案，頁67。
80 秦孝儀編，《長編初稿》，前揭書，頁396。
81 總統府，前引檔案，頁71-73。
82 同上，頁77。
83 秦孝儀編，《長編初稿》，前揭書，頁400。

員會通過42條處理大綱有關。7日下午7時，處委會代表15人會見陳儀，提出政府各地武裝人員交出武器、撤銷警備司令部、三軍一律用本省人、處委會接管長官公署等4項要求。陳儀予以嚴詞拒絕和訓斥[84]。3月8日，處委會公開宣布撤回某些要求：

查3月7日本會議決提請陳長官採納施行之32條件，因當時參加人數眾多，未及一一推敲，例如撤銷警備總部、國軍繳械，幾近反叛中央，決非省民公意，又如撤銷公賣局，固為商人所喜，然工會則不贊成，殊不足以代表本省人民利益。茲再度商議，認為長官既已聲明改組長官公署為省政府，盡量速選省民優秀分子為省府委員或廳處長，則各種省政之改革自可分別隨時提請省府委員會審議施行，無需個別提出要求。至於縣市方面，長官已電請各縣市參議會，斟酌情形，分別推薦縣市長候選人，圈定授職，藉以辦理民選縣市長之準備事宜，如此省政既有省民參加，縣市政府亦由省民主持，則今後省政自可依據省民公意，分別改革，亦無需個別另提建議。根據上述見解，本會認為改革省政之要求，已初步達成，本會今後之任務，在恢復秩序、安定民生，願我全省同胞速回原位，努力工作，並請本市各校學生，自下星期一，照常上課，各業工人，即日分別復工，治安暫由憲警民協同維持，即希各公私工廠，速即開工，盡量容納失業工人，倘有不法之徒，不顧大局，藉詞妄動，即係另有用意，應請全省同胞共棄之[85]。

處委會再次聲明其目標只是「肅清貪官汙吏，爭取本省政治的改革」。最後提出一句新口號結束聲明：「我們的口號是改進臺灣的政治。」

於此同時，臺北極端分子仍襲擊長官公署、警備總部、憲兵隊以及其他政府部門和銀行。數百名激進分子攻擊基隆要塞司令部，但為憲兵擊潰並恢復了秩序。蔣介石針對上述情況，所了解的就是派兵增援和政治革新的必要性，以事件後續發展來看，他幾乎接受了王寵惠的所有建議。8日，中央派遣閩臺監察使楊亮功抵臺，憲兵第4團第3營與21團之1營亦由閩乘海平輪於是夜在基隆登陸。楊亮功於基隆登岸不久，即在

---

84 總統府，前引檔案，頁86。
85 1947年3月11日，《臺灣新生報》。

往臺北的八堵公路隧道遇激進分子襲擊，楊身旁的護送軍官受傷[86]。3月9日，陸軍21師增援部隊抵達，而臺中市的「二七部隊」聞訊後撤入山區。10日，陳儀下令解散處委會及一切「非法團體[87]」。

3月10日，蔣介石在兩師國軍已登陸臺灣展開南北平亂之際，首度公開談論此次事變。他說：

此次臺灣不幸事件之起因，各報都已刊載，不必詳述。緣自去年收復臺灣之後，中央以臺灣地方秩序良好，故未多派正規軍隊駐紮，地方治安，悉由憲警維持。一年來，臺灣農工商學各界同胞，原有守法精神，與擁護中央精誠之表示，其愛國自愛之精神，實不亞於任何省分之同胞。惟最近竟有昔日被日本徵兵、調往南洋一帶作戰之臺灣人，其中一部分為共產黨員，乃藉此次專賣局取締菸販，乘機煽惑，造成暴動，並提出改革政治要求。中央以憲政即將實施，而且臺灣行政，本應早復常軌，故凡憲法規定地方政府應有之權限，中央盡可能授予地方，提前實施，陳長官稟承中央指示，已公開宣布定期改設省政府，取消長官公署，並先於一定限期內，實施縣長民選，全臺同胞對此皆表示歡欣極願接受，故此次事件，本可告一段落，不料上星期五（7日），該省所謂「228事件處理委員會」，突提出無理要求：取消臺灣警備司令部，繳卸武器，由該會保管，並要求臺灣海陸軍皆由臺灣人充任，此種要求，已逾地方政治範圍，中央自不能承認。而且昨日又有襲擊機關等不法行動，相繼發生，故中央已決派軍隊赴臺維持當地治安，根據所派部隊，昨夜已在基隆安全登陸，秩序亦佳，深信不久可恢復常態，同時並將派遣大員赴臺，協助陳長官處理此事件。本人並已電留臺軍政人員，嚴守紀律，勿為奸黨利用，勿為日人竊笑，盲行盲動，害國自害[88]。

在蔣介石的談話中，我們了解蔣原本對於陳儀及臺灣省地方秩序良好寄予高度厚望與讚賞，故「未多派正規軍隊駐紮」。在1946年國軍調回大陸後，駐臺軍警力量

---

86 同上。
87 臺灣省警備總司令部，《臺灣省「228」事變記事》，頁21。
88 同注84。

總數僅達日據時代的60％。而令蔣所不能忍受的正是處委會在3月7日所提出的32條處理大綱中，被視為逾越地方政治的部分條款。換言之，蔣介石認為此次臺灣事件，幾近叛亂並有脫離中央之嫌；但另一方面，蔣亦嚴令留臺軍政人員不可盲目行動，擴大社會傷痕。13日，蔣再度電告陳儀，不准對臺灣人採取報復手段：「請兄負責嚴禁軍政人員施行報復，否則以抗令論罪[89]。」陳儀接電後，下令屬下所有軍隊維持全省治安，並採快速有效行動，消除騷亂分子及不法之徒[90]。同時，他強調本省人和外省人並無差別，警告官員和部下不准「以任何藉口搶劫或射殺守法的人民」，如違反他的命令，將「立即被處死刑[91]」。

3月13日，國軍已駐防全臺各縣市，在這段期間，當局執行任務可歸納為：

一、解散非法組織。

二、查封報社、學校與查扣「反動刊物」。

三、進行「叛亂首要人犯」之處理[92]。

17日，國防部長白崇禧與三民主義青年團中央團部第二處處長蔣經國抵臺宣慰探視。19日，白氏向蔣報告稱，臺灣全省僅有「少數奸匪」約2,000人，目前兵力足夠平亂，預定來臺的205師可以免調[93]。同日，蔣針對劉雨卿師長電報，有關國軍在埔里與「二七部隊」激戰並被包圍的戰事[94]，向白崇禧垂詢，並指示千萬要注重軍紀，不可擾民：

對殘匪之肅清切不可孟浪，從事稍有損失以漲匪燄，尤應特別注重軍紀，萬不可搶取民間一草一木。故軍隊補給必須充分周到，勿使官兵藉口敗壞紀律，如果大軍入山窮追，更應慎重，請轉告劉師長為要[95]。

---

89 秦孝儀編，《長編初稿》，前揭書，頁403；總統府，前引檔案，頁134。

90 1947年3月16日，《臺灣新生報》，3版。

91 同上。

92 有關詳細任務內容，請參閱賴澤涵，《「228事件」研究報告》，前揭書，頁212-213。

93 總統府，1947年3月18日，〈白崇禧電蔣主席〉，前引檔案，頁158。

94 同上，頁172。

95 同上，頁173-174。在同一天，白崇禧也電告蔣主席，茲據陳長官擬具臺省府組織，除主席外，省府委員15人，應本省、外省籍各半，其餘各廳處亦用臺灣人為宜。同引文，頁175-176。

3月24日，白崇禧電告蔣介石，他指出三個因素導致該事變：

一、受日本影響的臺灣人加入事變以尋求本身利益。

二、專賣局事件導致人民集合。

三、1946年回臺的年輕人中混雜了流氓及共產黨伺機搗亂[96]。

經過多方上書陳述改革臺灣省政建議，南京政府最後決定臺灣民事行政由省府主席負責，軍事安全事務則由警備司令部負責，而臺灣人應多加雇用，不論其背景及訓練是否達到標準。「臺省縣市長民選一節，應用改組後之臺灣省政府會同臺灣省參議會擬具辦法呈核[97]」。再者，關於民生工業之公營範圍，應盡量縮小一點。

1947年5月15日，魏道明接替陳儀，以省政府取代長官公署。陳儀已經為新的臺灣省政府雇用了不少臺籍人士，魏道明接替陳儀後，則延攬更多臺籍人士進入省府及其他行政單位，在新派任的15位省政委員中，7位是本省人，計有林獻堂、杜聰明、劉兼善、南志信、丘念台、游彌堅、陳啟清等人。民政廳長丘念台、財政廳副廳長丘斌存、教育廳副廳長謝東閔、建設廳副廳長陳尚文、農林處長徐慶鐘、衛生處長顏春輝等皆為臺籍人士[98]。

在處理參加「228事件」相關方面，蔣介石的祕書長吳鼎昌向蔣報告，希望蔣能運用權力促使有關機構對人犯速審速決，盡量特赦或減刑，更希望准許省黨部去保釋蔣渭川及林日高2位具有群眾力量的名望士紳，以贏取民心[99]。6月4日，司法行政部長謝冠生上書蔣介石，向他報告林日高由於參加臺灣共產黨，已移送臺灣省警備司令部究辦，但蔣渭川以不起訴結案[100]。

1947年8月17日，魏德邁將軍在給美國國務院的報告上，指出此一事件為「叛變」。從民眾摧毀的巨大財務損失（10億臺幣，以1949年匯率計算，折合2億美金）、眾多死傷的外省人（超過1,000人），以及要求政府解除武裝和任由暴動集團重

96　同上，頁177。

97　同上，頁185-186。

98　這是臺灣人首次能夠進入行政機構擔任要職。見高雄市軍民合作站編，《國軍駐臺須知》，頁12。

99　總統府，前引檔案，頁283。

100　同上，頁299-302。

建臺灣行政組織來看，論者認為此事具備叛變的特性[101]。在事件過程中，蔣介石之所以派兵赴臺，原因有二：

一、秩序已難恢復。

二、處委會所提要求已達脫離地方政治之範圍。

換言之，在蔣的概念中，228事件演變到3月7日，已達到叛亂的階段。在善後方面，他嚴禁軍人報復並要求維持軍紀，同意改組省府結構並爭取臺灣人對國民政府的支持；但另一方面，劉雨卿的部隊也在全面搜索武裝激進分子，其間的誤殺、陷構、報復，也使那一輩的臺灣同胞烙下難以抹滅的傷痕及陰影。在事件中，被捕殺有案者，有18人為民意代表，其中林茂生（國民參政員，時任臺大文學院長）、林連宗（國大代表，名律師）、陳澄波（嘉義市參議員，名畫家）、張七郎（國大代表，其二子皆被殺）等人[102]，均為臺灣社會俊彥之士。

在上述18人之中，王添燈、林茂生、楊元丁、黃賜等4人曾參與社會、政治及文化運動；黃媽典、徐春卿、李仁貴與日政當局關係良好；而楊元丁曾赴大陸參加抗日。政府雖然藉省府改制，延攬大批臺籍菁英，但在事件的善後過程中，尤其對臺籍菁英而言，對所謂「祖國」是否會產生疏離感呢？學者張炎憲在強調「228事件」於歷史上的意義時，表示：「『228事件』是二次大戰後影響臺灣最深遠的一次事件。至今很多的政治社會問題，仍然起於這個事件[103]。」戴國煇教授認為在經歷「228事件」後，臺灣人產生「兒嫌母醜」的情結[104]。族群問題不但造成研究該事件時蒙上有色眼鏡，也對爾後臺灣政治發展產生特殊影響[105]。

---

[101] 賴澤涵，1993，《悲劇性的開端——臺灣228事變》，頁292-293，臺北：時報出版公司。

[102] 莊嘉農，1990，《憤怒的臺灣》，頁132-134，臺北：前衛出版社。

[103] 鍾逸人，1988，《辛酸60年》，頁17，臺北：自由時代出版社。

[104] 戴國煇，1992，《愛憎228》，頁363，臺北：遠流出版公司。

[105] 1947年228事件結束後，我舅媽之父何朝興老先生由老家福建泉州抵臺灣任教國小，在火車車廂中聽見盡是對外省人不滿之論調，可見在事件發生後本地群眾的不滿及憤怒。之後在他任教的國小，本省籍老師私下常以日語交談，隱然與外省同事有所隔閡，令同為閩南人後因白色恐怖而繫獄多年的何老先生，至今都印象深刻。

第三節　土地改革

　　正當臺灣已在「228事件」動亂中逐漸平息之際，國軍在大陸的局勢則每況愈下。1949年1月10日徐蚌會戰結束，國軍部隊約40萬遭殲滅，徐州剿匪總司令杜聿明被俘，兵團司令黃百韜、邱清泉陣亡。1月31日，平津戰役結束，華北剿匪總司令傅作義與林彪訂立和平協議，解放軍進入北平。東北、華北和淮海地區嚴重失利，國軍至此只能單憑長江天塹寄望隔江分治。1月5日，國府任命出身保定軍校，歷任湖北省主席、參謀總長的陳誠接任省主席。這位被美國學者視為「進步」的黃埔系高級將領的任命一事[106]，正反映當局對臺灣的重視，換言之，臺灣將可能成為國民政府最後的退路。

　　陳誠於1949年1月5日接掌省主席，3月，全省行政會議通過推行375減租。國民政府在此時大力推行土地改革，我們認為與228事件後收攬人心有莫大關聯，但是1950年代土地改革之所以能夠水到渠成，實有其複雜的歷史因素。就其遠因觀之，日據時代臺灣農地分配的不平均實為最重要之背景。1939年4月10日的調查資料顯示：耕地未滿1甲的耕作者（農民），計224,931戶，而其耕地面積為103,412甲；10甲以上的農民計3,576戶，而其耕地面積為106,887甲；尤其是其中20甲以上的農民計579戶，而其耕地面積竟高達68,410甲，也就是說，總戶數的53.1％只有耕地14.96％，總戶數0.13％卻有耕地9.9％。這顯示了臺灣耕地的集中化與大部分耕地的細割化。日據時代臺灣的土地，一方面是大量集中，另一方面則為細碎經營，而這現象的發生，並不是大地主以其廣大的土地零星出佃，而是因為一部分的土地既為大地主所集中，所以餘下的土地不得不由急需土地耕種的農民大眾零碎耕作[107]。在這種情況下，日據時代臺灣農民中60％以上是佃農與半自耕農。

　　農復會在1949年春曾派遣委員及技術專家來臺視察，並在結論中稱讚臺灣農業的

---

106 韋艾德（E. A. Winckler）等著，1994，《臺灣政治經濟學諸論辯析》，頁210，臺北：人間出版社。
107 周憲文，〈日據時代臺灣之農業經濟〉，《臺灣銀行季刊》，第8卷，第4期，臺北：臺灣銀行。農地分配不均是整個日據時期的歷史現象，1920年、1930年及1939年土地調查顯示，佃農所占的比例分別為42.17％、38％及36％，請參考王益滔，〈光復前臺灣之土地制度與土地政策〉，《臺灣銀行季刊》，前揭書，第15卷，第2期，頁323。

優良基礎：「38年初春本會委員及專家曾來臺灣各地考察，研究如何補助臺灣農村復興工作。視察結果都認為臺灣情形與大陸不同，臺灣被日本占領50年，最近30年來在工業與農業建設上頗有進步。在此時期全島和平安全，開發各種資源，尤其對於農業之開發與工業之發展，同時並進。臺灣土壤與氣候適宜於甘蔗、香蕉、鳳梨及茶之栽培，上述各種產品每年均有出口，換取外匯，以供臺灣農工業發展之資金，故對臺灣之經濟甚為重要。日本人治臺不用重稅政策暴取人民財富，以避免人民怨恨，其經費來源則多取自數種重要日用品之專賣，例如酒、菸、鹽、樟腦。此類專賣品之收入一部分用在教育、修路及建設現代化城市，對於人民智識開發、運輸交通改進、公共企業補助均有關係，使農工業日益進步[108]。」

　　1949年8月，農復會遷到臺灣之後，即以恢復日據時代之農業機構為當務之急，力圖恢復因戰爭末期破壞而下降的農業生產力。第一期《中國農村復興聯合委員會工作報告》對於遷臺初期的狀況曾有如下描述：「民國38年8月本會遷設臺北後，發覺日治時期有許多良好制度已被廢除，各地農會業務衰落，機器與儀器之設備多被搬走或需要修理，各地農事試驗場所及推廣機關亦復如此。本會有鑑於此，乃決定恢復日治時期之農業機構為農業生產之先決條件。對日治時期之各種政策各方面批評甚多，一般多指日本政府只注意臺灣資源之搜刮，以供日本享受，但本會對於日治時期所建立之制度頗覺完善實用、適合人民需要，如變更其榨取侵略之目的而以人民利益為出發點，彼所建立之農業制度仍可採用。因此本會對臺灣之農業政策首重恢復日治時代之制度，同時加以利用及改進[109]。」

　　農復會首任主任委員蔣夢麟偕同沈宗瀚及穆懿爾等人於1949年2月21日由上海抵臺北，與陳誠省主席及財政廳長嚴家淦等人洽商籌設農復會臺北辦事處和土地改革等

---

[108] 〈中國農村復興聯合委員會工作報告〉，（1948年10月1日至1950年2月15日），頁12，收入黃俊傑編，1991，《中國農村復興聯合委員會史料彙編》，1:3-4，臺北：三民書局。另據蔣彥士回憶，在大陸即將全面淪陷之際，因蔣夢麟及穆懿爾委員到臺灣會晤陳誠是否願意土地改革，結果陳誠回答：「我要做，必須要做。」使農復會決定遷回臺灣而非四川。蔣彥士1988年11月1日第一次訪問紀錄，收入黃俊傑編，《史料彙編》，前揭書，1:3-10。

[109] 〈中國農村復興聯合委員會工作報告〉，（1948年10月1日至1950年2月15日），頁12，收入黃俊傑，前揭書，1:3-4。

事宜。蔣夢麟回憶他與陳誠當時的談話經過：「我們到省政府去見省主席陳辭修先生，我們對他說，農復會的工作方針是兩方面的，好像一把兩面快的劍，一面用之於社會，以推行公平的分配；一面則運用近代的科學方法來增產。因為我們相信，只講生產而不講公平的分配，那麼增加生產以後，會使富者愈富，貧者愈貧，結果必會造成社會的糾紛，不但於事無補，恐怕對整個社會而論，反而有害。如果只講公平分配而不講生產呢？結果等於分貧或均貧，而不是均富。我們的目的是要均富，均富並不是說平均分配，而是公平分配，使大家得到合乎公道的一份，不是使人人得到大小一樣、輕重相等的一份。我們一方面講公道，一方面講生產，這就是我們所謂兩邊鋒利的一把寶劍。這個政策，經我代表農復會說明之後，辭修先生聽了非常贊成，說：『好啊，我們很歡迎。』我們又說，公平分配最要緊的是土地改革，那便是耕者有其田。要講生產，就必須用近代的科學方法，否則生產量不會增加的。陳辭修先生說，他贊成這個辦法，當他任湖北省政府主席時，也曾經做過土地改革，收效很大，所以他也想在臺灣做。不過目前的臺灣百廢待舉，單憑他一個人與政府的力量，恐不易做到。經費既不夠，技術人才也不足，是不是農復會願意幫忙？我當時就代表農復會說：『只要省政府有推行土地改革的決心，農復會一定盡量幫忙。』主席說：『好，我們就這樣辦吧！』[110]」

　　這一次的談話，決定了農復會遷移臺北[111]，也決定了農復會介入土地改革工作。農復會在其第一期工作報告中就強調土地改革的重要性，說：「本會1年半來的工作經驗，已使吾人深切認識任何農村復興工作，欲期其推行有效與成果永久，必須同時舉辦土地改革，或先以土地改革為前導。此在土地分配不均、租佃制度苛酷之中國尤為顯著，蓋在此種土地制度下，農民掙扎於衣食之不暇，遑望其能關心土地使用與農業改良，是以僅有使農民獲得土地或至少對於所耕土地之佃權獲得切實之保障，及將沈重之佃租負擔減輕，然後對於新的農事技術、衛生、教育及人權民主政治之思潮，方能踴躍接受。但欲使一般農村生活獲得普遍改善，亦惟有永久性之土地改革方案方

---

110 見蔣夢麟，1967，《新潮》，頁14-16，臺北：傳記文學出版社。
111 同注3。

能竟其全功[112]。」

　　臺灣土地改革，分三大步驟實施，第一階段是推行耕地375減租，其次是公地放領，第三是實施耕者有其田。第一階段的375減租，於1949年4月～7月之間完成。1949年3月，全省行政會議即通過決定推行375減租。4月，當局便依照有關法令並參酌本省實際情形，制定《臺灣省私有耕地租用辦法》、《臺灣省私有耕地租用辦法施行細則》、《臺灣省推行375地租督導委員會組織規程》、《臺灣省各縣市推行375地租委員會組織規程》、《臺灣省辦理私有耕地租約登記注意事項》，公布施行。辦法要點：一、限定租額：耕地地租最高不得超過正產品全年收穫總量37.5%，額外負擔全部廢止；二、保障佃權：耕地租用一律訂立書面租約，租佃期間不得少於6年，期滿並得續訂。至於工作之執行：一、成立耕地租佃委員會：分縣市、鄉鎮兩級，由佃農、自耕農、地主分別選舉產生代表組成，辦理評定耕地全年正產物收穫總量，調解業佃糾紛，及勘查耕地災難以為減免地租標準；二、訂立租約：減租前之口頭書面租約一律廢止，依照減租辦法換訂新約，並由鄉鎮長證明，租約一式三份，分由地主、佃農及所在地鄉公所保存，以憑隨時查考；三、檢查：新約訂立後，雙方履行情形，政府於每年上下兩期繳租季節，予以檢查，其有違反租約者，即予糾正。

　　5月4日，省府電令各縣市徹底推行「375減租」政策，如限完成。全省於是普遍展開換訂租約的工作，至6月中旬止，所有業佃租約概已登記換訂完畢，自7月起開始「換訂租約」成果總檢查。計全省完成訂約農戶為30餘萬戶，訂立租約為39萬3千餘件，訂約之耕地為84萬1千筆，訂約之耕地面積為24萬8千餘公頃[113]。陳誠於9月1日發表談話，認為減租已獲相當效果，一位農民更說：「由於375減租的實行，今天我們才嘗到光復的滋味了[114]。」

　　陳誠能夠在臺灣成功完成土地改革，有其特殊的歷史背景，誠如太史公司馬遷（145～86B.C.）在《史記・六國年表》裡所謂「世異變、成功大」有以致之。因為

---

112 同注4。

113 經濟部工礦計畫聯繫組非洲及拉丁美洲資料中心編印，1963，《臺灣土地改革論叢》，頁51，臺北：經濟部工礦計畫聯繫組非洲及拉丁美洲資料中心。

114 1949年9月12日，《中央日報》。

1949年國民政府內戰失敗，軍民倉皇渡臺，而實施土地改革的「政策制定者」及「土地的所有者」兩者間並不重疊。因為政策的制定者都是大陸籍人士，他們在臺灣並無產業，亦無人情包袱，所以不會有利益糾葛的困擾。謝森中認為「政策制定者」與「土地所有者」兩者不重疊的現象，是1949年以後臺灣土地改革得以順利推動的政策原因，也是戰後許多第三世界國家來臺灣學習土地改革而未能成功的根本原因[115]。另一方面，由於政府撤退來臺，當局在痛定思痛之際，以「一切從臺灣做起」的口號之下[116]，痛下決心，革除積弊，開創新局，當時臺大校長傅斯年說「歸骨於田橫之島」之名言，更可以綜括當時官方氣氛。

　　然而土地改革之所以成功，與當時政府威權有絕對關聯。在228事件之後，臺籍菁英大量被殺害[117]，故在這種肅殺氣氛下推動土地改革的阻力自然就小很多。陳誠曾經在省參議會說到：「我一切事都聽從民意，但惟有這『375減租』案及連帶的法案，務必請大家幫忙通過[118]。」鄭梓教授分析當時為化解臺省參議會議員對375減租政策的反對與阻擾，省政府採取動員輿論、善用溝通以及當面說服的三部曲，循序漸

---

[115] 關於這一點，參考：S. C. Hsieh（謝森中），1984年12月，〈Importance of Getting Rural Development into Sequence〉，《The World Economy》，Vol.7，頁435-442。謝森中曾明白指出：「土地改革成功的另一原因，在於政權的所有者和土地的所有者不是同一群人（土地所有權、立法權和政治權力在當時並未集中於同群的社會領袖手中）。剛到臺灣，大陸來的握有政權者都不是土地所有者，反之，本地的地主則沒有政權。在其他許多開發中國家，上述3種權力常常集中於同一社會領袖群中，由於既得利益團體的把持，因而不易規畫及執行有效的土地改革方案。在菲律賓，地主或官員同一人就行不通，其他中南美洲國家也是大地主有政治勢力，與政府官員勾結在一起。這點很多人不敢講，翻遍所有關於土地改革的書，不論本身是否專家，都沒有談這點。很多書也都沒有談到農場管理能力，我是學農場管理的，我很注意農民的管理能力。這幾乎是關鍵。所以臺灣的土地改革能成功是非常獨特的，很多國家的專家來看我們的土地改革，只看到我們的procedure、如何做、如何地籍歸戶⋯⋯回去後都沒有辦法做，因情形和條件不同。」見1998年11月19日，謝森中第二次訪問紀錄，收入黃俊傑編，前揭書，2:1-4。

[116] 這是當時陳誠的口號，見陳誠，1954，《如何實現耕者有其田》，頁83，臺北：正中書局。

[117] 在228事件中，死亡的民意代表總計18人，而被逮捕或被通緝之民意代表則有30人，其名單、職稱等，請見李筱峰，1993，《臺灣戰後初期的民意代表》，頁216-219，臺北：自立晚報文化出版部。

[118] 蔣夢麟，前引文，頁21。

進，相互為用。陳誠並加強府會之間的溝通，一方面省府每次召開委員會議時皆邀請省參議會議長或副議長列席，二是每週省主席定期要和省參議會9位駐會委員聚餐一次，「陳誠得以把握機緣當面說服許多有重大影響力的參議員，一起來支持與推動此項重大的土地改革政策[119]」。在1949年4、5月間成立三級督導及輔導機構，分別成立省級、縣市級和鄉鎮級的「地租督導委員會」，並廣邀民意代表參加[120]。

土地改革是臺灣經驗中非常重要的部分，對當時政治產生重大影響，茲分析如下：

一、加強凝聚力

中華民國自1949年遷臺，如果以德國學者「同一性質理論」來說，是自認以臺、澎、金、馬為全中國的核心，中華民國涵蓋臺灣與大陸地區[121]。但對臺灣人民而言，尤其在歷經228事件之後，有如戴國煇教授所言，臺灣人逐漸產生子嫌母醜的心態。對祖國情懷疏離的狀況下，土地改革使廣大農業人口獲得實質利益，使中國國民黨一方面架空農村中原本勢力──地主階級，並以國家政權填補了權力真空，結合農民勢力。根據資料顯示，光復以前本省自耕農階級僅占農戶總戶數的1/3，但到了「耕者有其田」政策完成後，自耕農戶數占全省農業戶數由1952年的38.55％驟增到1953年的54.85％，整體而言，從1951～1960年的10年之間，自耕農戶數已達55.92％。同時全省可耕地面積所占百分比亦大幅提升，1952年占57.24％，但到了1953年就一躍而為75.43％。因此從土地改革之後，由戶數及耕作面積觀察，自耕農階級已成為臺灣農村社會的主導力量了[122]。

1952年底美籍專家雷伯爾訪問的佃農中有85％的人相信一旦「耕者有其田」政策

---

119 鄭梓，1985，《臺灣省參議會史研究──變遷時代裡的一個過渡型代議機構》，頁150-152，臺北：華世出版社。

120 經濟部工礦計畫聯繫組非洲及拉丁美洲資料中心，前揭書，頁48、49。

121 德國學者將「同一性質理論」（Identiatstheorie）詮釋為：作為國際法主體的整個德國並未消滅，其國際地位僅能由東西兩德之一取代，亦即東西德兩者之中，僅能有一者與德國是「同一」。1966，《Dieter Blumenwitz Die Grundlagen eines Friedensvertrages mit Deutschland》，頁87，Berlin。而聯合國在1971年以前即持此理論處理中華民國在聯合國的會籍問題。

122 Lee Teng-hui and Chen Yueh-eh，1996，《Taiwan Agriculture Statistics 1901-1965》，頁9-12，Taipei: JCRR。

推動之後，他們的生活必獲改善[123]，因而在1953年夏季，「臺灣省實施耕者有其田聯合督導團」在全省各地農村訪問時，就對土地改革後新興的自耕農階級的笑逐顏開大加稱讚[124]。從雷伯爾在1953年7月所提出的下述報告，可以具體證明臺灣在政府遷臺初期新興自耕農階層共同的心理狀態：

根據本文調查員之觀感與統計資料，可見農民心理與農村經濟均須重視。概言之，臺灣人視臺灣光復為一劃時代階段，認為光復後人民生活必能改善。此種態度……最明顯之表現，可由下列事實見之：如地方領導人士所稱人民對自由觀念加強，更富自決性，地方長官對人民更為關切，臺灣人任公職者增加，肥料豆餅等能公平而順利達到每一農戶，佃農所付地租減低，佃農現已持有正式租約，1952年間不少佃農曾購田地以及農民對1953年初擬實施之耕者有其田方案大都表示贊成等。目前人口死亡率已減低，教育程度已提高，一般而論，農民應用之現代設備（除無線電收音機以外）亦已逐漸增加。凡此種種均對農民發生深切影響，對農民平時生活及日常操作亦有密切關係，蓋人民工作之成就多半由其心理狀態及動機決定也……前述種種心理與經濟因素相互影響（當然亦受農民生活中其他若干因素之影響），業已指出若干趨向，自由中國政府亟宜把握此趨向，以符人民之願望[125]。

二、地主反彈

臺灣的土地改革分為三個步驟實施：

（一）375減租。

（二）公地放領（此外「公地」只沒收日本人的公地再出售）。

（三）耕者有其田，即試圖平均地權，使佃農成為自耕農，並將地主的經濟基礎移出農業部門。根據該方案條款，當地主交付土地後，當局則向地主支付補償。如果地主能證明自己還能親自耕種，便能保留3甲土地（2.9公頃）。其餘土地則按以下方式補償：

（一）70%以實物土地債券形式——水田以稻米債券，旱田以甘藷債券。

---

123 雷伯爾，1953，《臺灣目前之農村問題與其將來之展望》，頁156，臺北：農復會。
124 鄧文儀，1954，《臺灣農村訪問記》，頁93，臺北：拔提出版。
125 同注123，頁223。

（二）其餘30％由臺灣水泥、臺灣紙業、臺灣農林公司以及臺灣工礦公司等4大公營企業股票的形式予以支付。

然而基於臺灣當時經濟仍不穩定的考量，許多觀察家與地主都認為，他們所得到的只是無價值產業中的摻水股[126]。在耕者有其田方案推行之初，根據「中國農村復興委員會」的一份研究報告指出，臺灣省議會（臺灣地主的堡壘）就曾力圖阻止。但是在蔣介石總統的干預下，臺灣省議會的爭論才中止，該方案得以順利通過[127]。根據統計，在當時約500名地主中，大約有91％大地主與超過98％的小地主，將他們的股票或一次或分批的予以轉售。他們售價很低，在賣出股票之後，只有不到10％的小地主與大約17％的大地主投資創辦企業。由於政府的土地改革政策使地主階級蒙受損失，因此許多人最後選擇離開這個海島，其中有些人成為日本與美國臺獨運動的基礎力量，而其他未出走的人，許多成為「黨外」及日後民主進步黨在選舉中的經濟資助來源[128]。林獻堂先生的出走，正也反映了地主階級的失落感吧[129]。

（三）造成農業經營規模發展受限：為了平均地權，當局對擁有農地的面積和轉移所有權都有嚴格的限制。《土地法》規定農地只限自耕農所有，移轉無效。《實施耕者有其田條例》對農戶擁有自耕地面積有限制，《375減租條例》則對地租額有最

---

[126] 韋艾德（E. A. Winckler）等著，前揭書，頁192-193。

[127] 同上，頁201。

[128] 同上，頁201-202。

[129] 蔡培火在〈獻堂先生年譜校閱後誌〉一文中，認為獻堂先生晚年寓居日本最主要的原因是「在臺灣政治上不無寂寞之感」。曾任林獻堂祕書多年的葉榮鐘則認為其離臺動機是對當時現況的失望而出走。林氏出走自當與當時土地改革有密切關聯。見葉榮鐘，1995，《臺灣人物群像》，前揭書，頁180。

高限制的規定，這一切都限制農場規模的擴大[130]。

（四）奠定臺灣經濟奇蹟：土地改革成功，主要針對農村中的生產關係進行調整，提高農村中的生產力和農民生產的積極性，也成為1960年代中期後，工業起飛的根本基礎[131]。

第四節　大遷徙

1947年7月4日，國府正式動員戡亂[132]，而共軍亦展開全面進攻，分別自冀南、魯西渡過黃河，進入魯、豫間的政府軍轄區。就全盤戰局而言，國共兩軍已攻守易勢，國府以傅作義為華北剿匪總司令，一方面統一華北指揮，另一方面支援東北危局。

東北剿匪總司令由熊式輝、陳誠以至衛立煌，皆無法阻擋共軍攻勢。1947年10月，毛發表政治宣言，號召聯合各被壓迫階級、人民團體、黨派及少數民族、華僑，共同打倒蔣的獨裁政權，逮捕內戰罪犯，希望蔣方人員起義立功[133]。同月，重新頒定

130　1982年11月，行政院核定第二階段農地改革方案，在方案的總說明中提到「推行共同、委託及合作經營」，方案中也規定「輔導農民購買農地」一條，「購地對象以小農賣地為先，以減少小農的戶數」。這些措施無法擴大經營規模，農民對於政府在1970年代以來的共同經營，如蔬菜社、花卉社、林業社、家畜社、薦農社、青果社等措施反應冷淡。不過政府持續在財政上支援農業，包括提高農民所得、維持農業增長、引進新的科學技術、健全產銷體系、擴大農村建設等方面，這就是以行動執行「以工業發展農業」的方針。政府在70年代初期展開，取得一定的成效。請參見茅家琦，2003年6月，《蔣經國的一生與他的思想演變》，頁353-354，臺北：商務印書館。也有學者認為375減租如同價格管制，使農地交易的市場機制失靈。雖然在「375減租」的保護下，佃農交的地租很低，卻沒有一般租佃契約獲得的使用權，只能一成不變維持農地的使用。最近大法官580號釋憲文對補償條例作了修正，另一方面則是確定減租政策並不違憲。請參閱劉瑞華，2004年7月12日，〈經濟人語〉，《蘋果日報》。另有關580號解釋，可參見2004年7月12日，《聯合報》。

131　臺灣共有三次和平土地改革，第二次是1970～1980年代，實現農業專業化、企業化和機械化，以擺脫小土地私有制為基礎的小農經濟；第三次改革是在1990年代，主要是解決臺灣農地市場化向題，以因應全球化及加入世貿組織的需要。廈門大學教授李非曾撰文指出，借鏡臺灣土地改革經驗，大陸唯有實施憲政，才能實現「土地私有權」，也可因法律保障自由結社而有強力會組織，並與政府有效結合。參見《中國時報》，民國98年2月12日。

132　1947，《總動員與戡亂建國運動》，頁3，臺北：時代出版社。

133　郭廷以，1980，《近代中國史綱》，頁774，香港：中文大學。

解放軍3大紀律、8項注意，並由中共中央公布土地法大綱，鼓勵人民參政、參軍、參戰、支援前線[134]。12月，毛指出目前革命戰爭是偉大轉折點，是一百多年帝國主義在中國發展的消滅階段，並認為現在已經勝券在握，其意氣之豪，有如1926年北伐軍底定湖南時的蔣總司令[135]。

1947年11月，國府舉辦行憲國民大會代表選舉，絕大多數當選者隸屬於國民黨的C.C.派（指蔣介石的親信陳立夫與陳果夫，名稱由來為二陳的英文姓氏縮寫），落選的青年黨、民社黨人絕食抗議，以死相爭者，政府乃強迫部分國民黨候選人退讓，結果又引發內部滋鬧[136]。1948年3月29日國民大會開幕，4月，蔣介石當選為行憲後第一任總統，覬覦副總統者多至6人，蔣屬意孫科，與坐鎮北平的桂系李宗仁相爭不下，經4次投票，李宗仁當選副總統，蔣極為不悅[137]。國民黨提名翁文灝擔任行政院長，何應欽接替白崇禧為國防部長[138]。

1948年9月以後，國共間進入決戰階段。1948年10月，共軍發動的「遼瀋戰役」全面展開。10月16日占領錦州，21日攻陷長春，11月2日占領瀋陽，東北全部落入中共手中。東北剿匪副總司令范漢傑、鄭洞國先後被俘，總司令衛立煌倉皇出走。國軍

---

134 同上。

135 蔣介石如今鑑於戰局每況愈下，憂心如焚，夜不能眠，只好每晚飲威士忌酒一杯半，方能安睡片刻。見董顯光，1960，《蔣總統傳（三）》，頁497，臺北：中華出版社。

136 為因應國大選舉糾紛，1948年2月4日，中常會第140次會議通過《中國國民黨當選國大代表立法委員自願讓與友黨獎勵辦法》6條，對不自願退讓者除以黨紀處分外，還要開除其行政職務。而這些被要求退讓的代表連日向中央黨部請願，「屢欲向居正、張屬生、陳立夫等施用暴力，幾經防止而未生事故」。見《南京國民政府檔案》，藏「中國第二歷史檔案館」。

137 當時美國駐華大使司徒雷登在呈給美國政府的報告中說：「作為國民黨統治象徵的蔣介石，已經大大喪失了他的地位……李宗仁上將日益獲得了公眾的信賴。」但李宗仁對蔣要求其放棄競選副總統，則予以拒絕並執意參選。見1957，《中美關係資料彙編》，第1輯，頁299-300，臺北：世界知識出版社；以及1980，《李宗仁回憶錄》，下冊，頁885，廣西：壯族自治政協文史資料研究委員會編。

138 蔣於同日委白為華中「剿匪」總司令，這點是否帶有迫其離京，以防範李宗仁與白崇禧合謀之意？由於副總統競選風波，蔣與桂系已心生芥蒂。

在東北原來投入的40多萬精銳部隊,最後從海道撤出者不過3萬[139]。

遼瀋戰役結束後,淮海戰役與平津戰役也相繼展開。1948年10月底,陳毅的華東野戰軍與劉伯承、鄧小平的中原野戰軍已開始向徐州前進,兵力約60萬人,民兵民工200萬人,採攻勢。政府軍約50餘萬人,由徐州剿匪總司令劉峙、副總司令杜聿明指揮,採守勢。11月6日,戰鬥開始,徐州東路政府軍才剛與解放軍接觸,便有2萬餘人叛變,西路、南路各數千人投降。解放軍採取一貫的「圍點打援」戰術,使國軍各路無法互相接應,全部陷入被動,損失慘重。11月30日政府軍放棄徐州,南退蚌埠。1949年1月10日,杜聿明被俘,蚌埠不戰而下。歷時兩月餘,規模最大的另一次決戰結束,政府軍損失40餘萬人,中共稱之為「淮海戰役」,國軍方面稱之為「徐蚌會戰[140]」。

當華東、中原野戰軍猛攻徐州時,林彪所部的東北野戰軍已開始向承德、冀東前進,聶榮臻的華北野戰軍則占領河北保定,準備會師爭奪北平、天津。華北剿匪總司令傅作義率60萬國軍防守平、津。12月初,林彪部入古北口,聶榮臻部占南口,12月中旬,北平、天津近郊發生激戰,1949年1月15日解放軍占領天津。1月22日,傅作義與林彪訂立和平協議,1月31日,解放軍入北平[141]。中共稱此為「平津戰役」,與遼瀋、淮海戰役並稱「3大戰役」,政府軍折損共約150萬人。

1948年12月24日,淮海戰役近尾聲,國軍已注定失敗之時,華中剿匪總司令白崇禧通電主張與中共謀和[142],一時謀和之議四起,湖南省主席程潛、河南省主席張軫甚

---

[139] 杜聿明認為蔣介石誤判敵情,不但無法掌握地勢且雙方兵力十分懸殊,卻定要反攻錦州,以致慘敗。見杜聿明,1981,〈遼瀋戰役概述〉,《文史資料選輯》,第20輯,頁28,濟南:山東人民出版社。

[140] 蔣介石認為「政府仍保有徐州時,敵軍不能安然以其全力進攻長江陣線。但徐州一失,南京上海便不易保守」。見董顯光,前揭書,頁501。

[141] 在傅作義宣布《北平和平解放實施辦法》後,只有中央嫡系兵團司令石覺及李文要求率眾出走,傅同意,以後李去胡宗南部,石則去湯恩伯部。是役,除塘沽守軍3萬餘人從海上南逃外,合計約52萬餘名部隊被殲滅、投降。見1959,《戡亂簡史》,頁260、269,臺北:國防部史政局。

[142] 白崇禧要求:一、請美、英、蘇出面調處;二、民意機關雙向呼籲和平,恢復談判;三、雙方軍隊應在原地停止軍事行動,聽候和平談判解決。見程思遠,〈蔣介石發表求和聲明的經過〉,《文史資料選輯》,前揭書,第66輯,頁78。

至要求蔣中正總統下野[143]，由此可見當時大敗之際人心恐慌之一斑。

1949年1月8日，南京外交部照會美、英、法、俄大使盼協助和談，但遭拒絕，1月21日，蔣介石終於在李宗仁等施加的壓力下，宣布引退，李宗仁代理總統職權。陳能治教授認為中國的地方派系中，以桂系最具雙重性格，領導人在地方意識外，還積極參與全國事務，具有強烈國家主義傾向，且桂系能彼此合作，例如黃紹竑、李濟琛固守地方主義，李宗仁、白崇禧參與全國事務，並相互支援[144]。李宗仁至此得償夙願，但白崇禧堅持應備戰以求和，勿求和而忘戰[145]。

蔣介石在被迫下野時，曾親筆寫下「冬天飲寒水，雪夜渡斷橋」這兩句話[146]，以作局勢惡化之長嘆。1948年12月31日下午，蔣介石邀約國民黨中央執監委約40人在黃埔路官邸聚餐，由張群代為宣讀次月他將發表的新年文告，徵求意見。當爭論到是否要公開表示下野時，蔣介石憤怒的指陳：「我並不要離開，只是你們黨員要我退職，我之願下野，不是因為『共產黨』，而是本黨內的某一派系（即指以李宗仁、白崇禧為首的桂系）[147]。」

3月1日，李宗仁在其官邸召集何應欽、童冠賢、吳鐵城、顧祝同、徐永昌、張治中、黃紹竑開會，決定了將來談判的三條指導思想：

一、和談必須建立在平等的基礎上，絕對不能讓共產黨以勝利者自居，強迫我方接受不體面的條件。

二、不能同意建立以共產黨為統治的聯合政府，應建議停火，在兩黨控制區之間畫一條臨時分界線。

---

143 在12月30日張軫發出請求蔣下野通電的同時，白崇禧再次發出通電主和，並警告說：「無論和戰，必須速謀決定，時不我予，懇請趁早英斷。」見程思遠，前揭書，頁79。
144 陳能治，1980，〈北伐後的中國地方主義——1926～1937年的四川、廣西和山西〉，《中國現代史論集》，第8輯，頁158-159，臺北：聯經出版公司。
145 郭廷以，1994，《近代中國史綱》，頁787，臺北：曉園出版社。
146 蔣經國，1973，《風雨中的寧靜》，頁31，臺北：幼獅文化事業公司。
147 董顯光，前揭書，頁509-510。

三、不能全部接受所謂八條，而只同意在兩政府共存的條件下討論八條[148]。

會後，張治中攜李宗仁親筆信去溪口見蔣介石，徵求他對「和平條件和限度的意見」。張治中陳述南京方面對和談的保留看法，並特別強調李宗仁「希望能夠確保長江以南若干省分的完整，由國民黨領導，如東北、華北各地由中共領導一樣，必要時讓步到湖北、江西、安徽、江蘇4省和漢口、南京、上海3市聯合管理」。對李宗仁「隔長江而分治」的主張，蔣介石並未表示什麼異議[149]。

1949年3月24日，行政院長何應欽召集的行政會議最後決定邵力子、張治中、黃紹竑、章士釗、李蒸及劉斐為和談代表，張治中為首席代表。26日，中共派周恩來、林伯渠、林彪、葉劍英、李維漢為代表，周恩來任首席，之後又增派聶榮臻，決定4月1日在北平談判。

當南京政府和談代表團於4月1日飛赴北平與中共和談代表團舉行會談時，蔣介石又令蔣經國向國民黨中央黨部轉達他的兩點補充指示：

一、和談必須先訂停戰協定。

二、共匪何日渡江，則和談何日停止，其破壞責任應由共方負之[150]。

7日，國民黨在廣州召開中央常務委員會會議，會議在蔣介石的指示下，決定五項和談原則：

一、為表示謀和誠意，取信於國人，在和談開始時，雙方下令停戰，部隊各守原防。共軍在和談期間，如逕行渡江，即表示無謀和誠意，政府應即召回代表，並宣布和談破裂的責任屬於共黨。

---

[148] 《李宗仁回憶錄》，前揭書，下冊，頁942。行政院長孫科採取七大和平措施：一、將各地「剿總」改為「軍政長官公署」；二、取消全國戒嚴令；三、裁撤「戡亂建國總隊」；四、釋放政治犯；五、解除報章雜誌禁令；六、撤銷特種刑事法庭；七、通令停止特務活動，對人民非依法不能逮捕。1949年1月27日，李宗仁致電毛澤東，並公開表示承認八項和談條件，這八項條件的內容是：「一、懲辦戰爭罪犯；二、廢除偽憲法；三、廢除偽法統；四、依據民主原則改編一切反動軍隊；五、沒收官僚資本；六、改革土地制度；七、廢除賣國條約；八、召開沒有反動分子參加的政治會議，成立民主聯合政府，接收南京國民黨反動政府及其所屬各級政府的一切權力。」請參閱蔣經國，前揭書，頁139。

[149] 張治中，〈北平和談前的幾個片斷〉，《文史資料選輯》，前揭書，第13輯，頁4。

[150] 蔣經國，前揭書，頁172。

二、為保持國家獨立自主精神，以踐履聯合國憲章所賦予的責任，對於向以國際合作、維護世界和平為目的的外交政策，應予維持。

三、為切實維護人民的自由，應停止所有施用暴力的政策，對於人民的自由權利及其生命財產，應依法予以保障。

四、雙方軍隊應在平等條件之下，各就防區自行整編，其整編方案，必須有互相尊重、同時實行之保證。

五、政府的組織形式及其構成分子，以能確保上列第二、三、四各項原則之實施為條件[151]。

同時蔣介石還在溪口和張群商談準備對李宗仁坦誠示以利害，只要「彼能站穩本黨立場，認清國家民族利益，共同對共，則無論和、戰，必全力予以支持[152]」。

在此期間，李宗仁首先訪問蘇聯大使羅申，羅申回答：「現在已經太晚了，我親愛的總統先生，中國永遠也不會斷絕同美國的聯繫，蘇聯能為他做些什麼呢[153]？」由於美國政府對李宗仁的態度不滿，於是司徒雷登大使亦拒絕了李宗仁求援的要求[154]。

4月1日起，在北平一共舉行兩次正式會議：第一次由周恩來面交〈國內和平協定〉8條24款，第二次會議中共方面接受了南京政府代表所提的20多條修改意見，在戰犯懲辦、改編軍隊、組織民主聯合政府等方面，中共做了若干讓步。16日，黃紹竑攜帶〈國內和平協定〉的最後修正案返回南京，但蔣介石閱畢內容後認為如果接受，無異無條件投降，應該拒絕接受並宣布全文，以明是非與戰爭責任之所在[155]。於是由李宗仁與何應欽聯署長電予以拒絕，國共談判全面破裂。

蔣介石為使李宗仁安心主政，決定約其定期晤面，切實商定辦法，規定今後徹底堅持「剿共」政策，不能再有和談，同時應使政府不能再與共匪中途謀和，否則等於

---

151 同上，頁174-175。

152 同上，頁175。

153 《李宗仁回憶錄》，前揭書，下冊，頁945。

154 《中美關係資料彙編》，前揭書，第1輯，頁345。

155 同注150，頁181。

自殺[156]。22日，蔣介石邀約李宗仁、何應欽、張群、白崇禧等人至杭州，決定在國民黨中央常務委員會下設「非常委員會」，並作出以下決議：

一、關於共黨問題，政府今後惟有堅決作戰，為人民自由與國家獨立奮鬥到底。

二、在政治方面，聯合全國民主自由人士，共同奮鬥。

三、在軍事方面，何敬之（應欽）將軍兼任國防部長，統一指揮陸海空軍。

四、採取緊急有效步驟，以加強本黨之團結及黨與政府之聯繫[157]。

至1949年，人民解放軍總兵力已凌駕國軍之上[158]。國府精銳部隊中，只剩下3個集團軍能夠保持一定實力，即防守長江中下游的湯恩伯集團軍、長江中上游的桂系白崇禧軍團，及駐防西北地區的胡宗南軍團。

4月21日，人民解放軍渡長江，5月27日上海淪陷，湯恩伯軍40萬人被殲。蔣經國曾寫道：「自此一役後，江南半壁……風聲鶴唳，草木皆兵[159]。」李宗仁則認為長江下游的潰敗為「不堪回首的江南戰役[160]」。接著白崇禧兵團在粵桂潰敗，11月23日，白崇禧命令張淦第三兵團及魯道源第十一兵團分向粵南廉江、花縣、茂名及信義地區進擊。在進攻前，白電張淦曰：「此役是影響大局和取得『美援』的關鍵，希轉飭全軍將士全力以赴，攻克茂名，完成任務，重振聲威為要[161]。」由於十一兵團左翼暴露，導致第三兵團瓦解，司令張淦被俘，其他三個兵團不久後也被消滅，只有黃杰率第一兵團殘部退往越南，華中和華南淪陷，桂系成為歷史名詞。

11月30日，蔣介石飛往成都，同日重慶淪陷，蔣介石命胡宗南部死守成都以與臺灣相呼應。12月7日，成都保衛戰展開，國民黨四川諸侯鄧錫侯（四川綏靖主任）、劉文輝（西康省主席）及雲南諸侯盧漢（省主席）於12月9日連袂投共，10日蔣抵臺

---

156 同上，頁182。

157 同上，頁184。

158 依照國府軍事當局的統計，國共兵力消長情況是：1945年為7比1，1946年是4比1，1947年是3比1，1948年是2比1，1949年「匪之總兵力已凌駕於我」。《戡亂簡史》，前揭書，頁189。

159 同注150，頁201。

160 同注153，頁952。

161 張文鴻，〈桂系部隊在粵桂邊境的覆滅〉，《文史資料選輯》，前揭書，第50輯，頁133。

北，以胡宗南部留守成都。26日成都淪陷，胡率殘部退守西昌，但以解放軍進逼為由，與西康省主席賀國光飛往臺灣。1950年5月18日，監察院以「喪師失地，貽誤軍國」罪名，予以彈劾[162]。

1948年12月24日，蔣介石在接到白崇禧要求和談、程潛要求其下野的通電，同時面對11月2日東北全境淪入共黨之手的危局時，據曾向當時總統府祕書長吳忠信指示「立即發布陳誠接任臺灣省主席的任命[163]」。12月29日，行政院正式任命陳誠接替魏道明。陳誠同時兼任臺灣省警備總司令、國民黨省黨部主任委員，行政院又電令中央駐臺各機構概歸陳誠節制指揮[164]。在陳誠總攬一切大權之際，透露了何種訊息？是否有可能是蔣介石在面對戰局的危殆險惡下，預備轉進臺灣的一項重要人事部署？

1949年1月10日，蔣介石派蔣經國赴上海訪中央銀行總裁俞鴻鈞，洽商央行庫存轉移臺灣之事。根據李宗仁回憶錄所述：「庫存全部黃金為390萬盎司、外匯7,000萬美元和價值7,000萬美元的白銀，各項總計約在美金5億上下[165]。」而李宗仁在代理總統後，財政困難，「為維持軍餉、安定民心，曾命行政院財政部將運臺庫存運回一部分以為備用。但陳誠奉蔣暗示，意作充耳不聞的無言抗命[166]。」蔣經國也曾憶及：「在上海快要撤退的時候，父親派我們幾人到上海，將中央銀行庫存黃金全部搬運到臺灣來。臨行的時候，父親再三囑咐我們：『千萬要守祕密！』因為早已預料到李宗仁將以這批黃金作為和談的籌碼。由於這批黃金爾後順利運臺，政府在播遷來臺的初期，如果沒有這批黃金來彌補，財政和經濟情況早已不堪設想，那還有今天這樣穩定的局面[167]？」

在東南沿海防務方面，蔣介石任命陳誠兼任臺灣省警備總司令、朱紹良為福建綏靖主任、張群為重慶綏靖主任，21日，薛岳接替宋子文任廣東省主席，湯恩伯為京滬

162 劉紹唐，1973，《民國大事日誌》，頁853，臺北：傳記文學出版社。
163 茅家琦，1988，《臺灣30年（1949~1979）》，頁1-2，鄭州：河南人民出版社。
164 同上，頁2。
165 李宗仁口述，唐德剛撰寫，1989，《李宗仁回憶錄》，頁924，臺北：曉園出版社。
166 同上，頁925。
167 同注150，頁47-48。

杭警備總司令。在部署妥當下，1月21日蔣下野，由李宗仁根據憲法代行總統職權。此可解釋蔣介石在隱退之際，已經將防務重心置於東南沿海一帶，而以臺灣為中心[168]。同時蔣介石命令京滬杭警備總司令湯恩伯把江防軍主力集中至江陰以下，而以上海為據點集中防守，至於南京上下游只留少數部隊應付，這就是「守上海而不守長江」。李宗仁則支持國防部作戰廳長蔡文治的計畫，主張江防軍主力應自南京上下游延伸，因為這一段江面較窄，北岸由於支流較多，共軍易徵用民船藏於這些河灣內。至於江陰以下江面極闊，江北又無支河，共軍不易偷渡[169]。

另一方面，蔣介石在隱退之後，命令蔣經國偕同空軍總部盡快建築定海飛機場。蔣經國回憶道：「記得父親隱退之後，交代我辦理的第一件事，是希望空軍總部迅速把定海的飛機場興建起來。那時，我們不太明白父親的用意，只能遵照命令去做。父親對這件事顯得非常關心，差不多每星期都要問問，機場的工程已完成到何種程度；後來催得更緊，幾乎三天一催，兩天一催，直到機場全部竣工為止。到了淞、滬棄守，才知道湯恩伯將軍的部隊，就是靠了由定海基地起飛的空軍掩護，才能安全的經過舟山撤退到臺灣來，而成為現在保衛臺灣和將來反攻大陸的一支重要兵力。如果不是父親的高瞻遠矚，湯將軍的部隊恐怕連舟山也無法到達，還會到臺灣來嗎？假使這一支部隊在上海就犧牲了，對於我們重建軍力，將增加很大的困難；乃至於我們能否安然度過39年上半那一段最黯淡的時期，也許都成了問題[170]。」

由上述事件分析，蔣經國督導定海機場的興建，是為了空軍能夠掩護由淞、滬棄守的湯恩伯部隊撤退到臺灣；而湯恩伯「守上海而不守長江」的計畫，應該也是以上海為屏障，把握時間將上海物資搶運來臺，而守軍也可在危急時迅速撤出上海，再由定海轉進臺灣。在中國現代史上，上海似乎是繼八年抗日戰爭之後，再度扮演類似的

---

168 李宗仁認為蔣介石在隱退之前的部署，是將海、空軍主力逐漸南移，並以臺灣為最後基地。見李宗仁口述，唐德剛撰寫，前揭書，頁926。

169 同上，頁933。

170 同注150，頁47-48。

角色[171]。蔣介石也偕同經國在上海淪陷前抵定海，5月17日飛抵澎湖馬公，26日抵高雄，6月24日到臺北定居草山，8月1日，國民黨總裁辦公室開始在草山辦公[172]。

隨後國府由廣州撤退到重慶及成都，蔣介石也以總裁身分到上述各地。中華民國行政院於12月7日奉總裁命決議遷設臺北，8日閻錫山院長抵臺，宣布行政院將於9日起在臺北正式辦公並召開首次院會。11日，中央黨部也遷至臺北。12月9日，蔣介石離開成都飛來臺北。

1949年，中國共產黨在大陸建政，成立「中華人民共和國」，而國民政府則退據臺澎金馬，堅持「中華民國」主權及於全中國地區。故就國際法而言，中國雖然因內戰而分裂，但臺北和北平兩個政府皆反對任何分裂國土之兩個中國主張，因此中國在國際法上只有一個。而聯合國內「中國代表權」問題的由來，關鍵在於世界上大多數國家的政府只承認臺北或北平為中國唯一的合法政府[173]。

1949年11月18日，中共外長周恩來致函聯合國祕書長及聯大主席，要求由「中華人民共和國」取代中華民國政府在聯合國的席次。當時聯大主席未立即採取行動的原因，是聯大證書審查委員會已通過由臺北政府派遣之代表出席聯大的合法資格。11月25日，蘇聯及其共產集團代表，於聯大第四次大會第一次委員會開會時，對臺北政府代表出席該委員會提出抗議，認為中華民國已失去大陸地區，無權代表全中國，這是聯合國第一次對中國代表權問題發生爭論[174]。

1949年國府倉皇辭廟，1949年5月20日，大批難民因中共猛攻上海而湧向臺灣，為求內部穩定，陳誠宣布臺灣全省戒嚴。在戒嚴期間，除基隆、高雄、馬公3港在警備總部監護下仍予開放，其餘各港一律封閉，嚴禁出入。5月24日，立法院通過「懲

---

171 1937年底，沿海地區已不能固守，於是政府希望民族工業各廠遷移到內地，據經濟部統計，內遷工廠占全國合乎工廠法之工廠總數的17％，技術人員內遷者占全國技工的22％，而上海一帶所剩的工業及技工無幾。見國防部史政局編，1962，《中日戰爭史略炒》，頁79-80，臺北：國防部史政局。

172 同注150，頁200-212、225。

173 王國璋，1993，〈中共如何取代我國在聯合國之席位〉，《問題與研究》，第32卷，第5期，頁11-23，臺北：國立政治大學國際關係研究中心。

174 UN yearbook，1948～1949，頁295。

治叛亂罪犯條例」，對率隊投共、擾亂治安、金融及煽動罷課罷市者，均處以重刑[175]。這些措施主要是針對當時大量湧入的敗兵難民，以及共產黨在臺灣的地下活動，以鞏固在大陸內戰全面失敗的國民政府，使有一處安全的復興基地。

1949年10月24日，臺海戰爭又起。中共解放軍由廈門浮海進攻金門，戰事至27日上午全部結束[176]。事後中共承認：「戰鬥失利，2次登陸部隊4個團9,086人（內含船工、民夫、游擊隊員350人）大部壯烈犧牲，一部被俘，這是我成軍建制以來部隊受到的最大損失[177]。」這場勝利固然振奮臺灣人心，但更重要的是證明解放軍在當時並不具備渡海攻臺的能力。當時負責打金門的解放軍第十軍團司令員葉飛事後對此役追溯可為佐證[178]，他說：「在現代戰爭的條件下，沒有制海權、制空權，要實行大規模渡海登陸作戰是非常困難的。50年代初，在我海、空軍還處於劣勢的條件下，要僅僅靠木帆船橫渡臺灣海峽、攻占臺灣，現在來看，恐怕是會吃比攻金失利更大的苦頭的。金門失利以後，接受了教訓，頭腦清醒過來。接受攻金失利的經驗教訓的真正意義也許就在於此。」

1950年3月1日，蔣介石在臺灣復職，國軍則先後於5月2日及16日撤出海南島和舟山群島。5月13日，我國防部宣布破獲在臺共諜80餘處。5月17日，美代辦則報告國務院：建議撤僑，臺灣命運已盡[179]。5月19日，國務院電准撤僑，並准其自度形勢而定離臺日期[180]。5月28日，國務院密向菲律賓季里諾（Quirino）總統詢問其願否接受蔣介石總統及其高級人員來菲避難之安排[181]。故當時蔣經國認為往後的一百天，是臺灣最黑暗的時期[182]。

臺灣在1945年日本投降後，結束了51年的殖民地統治，回歸中華民國政府管轄。

---

175 作者不詳，1990，《臺灣全紀錄》，頁300，臺北：錦繡出版公司。
176 徐焰，1992，《臺海大戰》，上編，頁74，臺北：風雲時代出版公司。
177 王功安、毛磊編，1991，《國共關係通史》，頁967，武漢：武漢大學。
178 葉飛，1998，《葉飛回憶錄》，頁608，北京：解放軍出版社。
179 F.R.U.S.，1950，vol.6，頁343。
180 同上，頁349。
181 郭廷以，前揭書，頁792。
182 同注179，頁346。

從1945～1949年，臺灣先後歷經兩件大事，其一為228事變[183]；另一更具意義的大事，則為中華民國政府的遷移。對臺灣而言，代表著由歷史上的邊陲地位躍升為政府的核心，甚至是整個中華民國的根基所在。

在國際上，由於中共介入韓戰，使得美國由「靜待塵埃落定」的觀望政策，轉變為對中華民國的支持。在島內，伴隨國府剿共失利而遷移來臺的外省軍民則約達200餘萬人之眾，這可算是臺灣發展史上最大的一次人口遷移。以軍隊來說，駐臺部隊由1946年的25,510人，到1949年1月的28,279人，6月的68,804人，9月的158,826人，12月的173,393人，1950年3月的192,168人，其後復有撤自舟山群島的13,575人，撤自海南島的73,311人，以及越南歸國的16,289人。根據陸軍總部統計，在短短的3年內，駐臺部隊單是陸軍方面，即從25,000人增至44萬人[184]。

研究顯示，這些不同番號、建制，又曾面臨大陸軍事潰敗的部隊，絕大多數在經歷孫立人將軍所領導的陸軍訓練司令部與第4軍官訓練班的各式訓練下，大幅度提升了軍隊的戰鬥力及品質，自1947年秋至1952年，總計訓練了約50萬個人次，同時由於軍隊素質提升，也扭轉臺灣本地人自光復以來對國軍的惡劣印象。而且，經由訓練，國軍成為足以擊潰來犯共軍的部隊，1949年的金門古寧頭大捷即為證明[185]。

除了武裝部隊之外，當時不願附共的社會聞達、秀異分子，有的逃往港澳、海

---

183 林照田教授曾憶及其父執輩在歷經228事變後，產生一種因恐懼而對政治議題的沈默，並分析該事件對當時尚以血緣、宗親為聯繫的農業社會，會形成連鎖式的衝擊與族群之間的隔閡，而這種隔閡往往在那一代臺灣人心目中留下難以抹滅的痕跡。

184 陸軍總司令部第一署編製，1954年2月，《陸軍人事統計輯要》，頁9-14。逃亡人數在1950年10月止，約2萬5千人。自殺人數在1951年為軍官129人（其中96人死亡）、士兵378人（其中295人死亡）；1952年則為軍官93人（其中65人死亡）、士兵399人（其中294人死亡），前揭書，頁41。從這些資料中可研判當時這些大陸遷臺軍人在面臨陌生環境及思鄉情切下選擇棄世，稱得上一種屬於外省人的悲哀吧！

185 朱浤源，1993年11月，〈臺灣新軍的搖籃：鳳山第四軍官訓練班〉，《臺灣光復初期歷史》，頁462-463，臺北：中央研究院中山人文科學研究所。

外，有的則隨政府來到臺灣[186]。美國已逝著名的「中國通」費正清（J. K. Fairbank）即指出，蔣介石為了釐清並鼓勵政黨系統而任用許多大陸來臺的自由派人士，另一方面也重用前「國家資源委員會」派往美國深造、爾後隨國府遷臺的工程師。這批人中，對臺灣往後的經濟發展有重大貢獻[187]。此外，費正清也指出北京大學來的傅斯年以及其他學術機構教授合力主持臺北的國立臺灣大學校務，並恢復中央研究院各研究所的學術工作，使教育成為另一重要建設[188]。

1933年，北京故宮國寶避日軍戰火侵逼南遷，近兩萬箱文物先後暫存於上海、南京。七七事變爆發，政府再將其中80鐵箱精品用輪船由武漢一路運往四川巴縣。1948～1949年間，故宮先後分三批，以軍艦、商船運送2,972箱文物抵臺，這批文物號稱是精品中的精品，文物來臺之初，一部分曾暫存於楊梅的鐵路局倉庫，之後寄居臺中糖廠一年，1950年，國寶悉數遷藏臺中霧峰[189]。

在轉進的同時，也有相當部分的企業人才與資金來到臺灣，而成為當時臺灣發展經濟最主要的民間資金與企業人才來源。像是當時最主要的產業是棉紡織業，由民間或銀行在大陸投資而遷廠來臺灣的企業有大秦、中國、雍興、遠東、臺元、申一、六和、臺北等家，其中遠東、臺元（裕隆集團）、六和（六和汽車集團）、申一等公司都以其盈餘轉投資於其他產業，而成為大財團[190]。這些紡織業在1950年代供應臺灣

---

186 這些不願附共但也不支持蔣介石的知識分子，以張君勱、黃宇人為代表，在徐蚌戰役即要求蔣介石下野。爾後大陸陷共，他們選擇非蔣介石控制的港、澳地區居住，稍後在香港結合其他在野人士及不支持蔣介石的國民黨員成立了「中國自由民主戰鬥同盟」。但選擇臺灣的另一批反共自由派知識分子，則以胡適、雷震為代表，他們當年反對蔣下野，並期盼蔣介石總統統治下的中華民國能成為自由中國。請參見薛化元，1993年7月，〈張君勱對「中國前途」看法之研究（1949-1969）〉，《法政學報》，第1期，頁151，臺北：淡江大學公共行政學系；張忠棟，1990，《胡適五論》，頁271，臺北：允晨文化公司。

187 費正清，1994，《費正清論中國——中國新史》，頁389，臺北：正中書局。據了解其中包括孫運璿、趙耀東等人，對臺灣日後經濟等方面饒有貢獻。

188 同上。

189 1965年，臺北外雙溪新建的故宮博物院落成，今日已成為外國及大陸遊客最熱門的旅遊景點。有關故宮文物南遷及渡海的幕後故事，可參看大陸中央電視臺於2009年初完成的12集紀錄片「臺北故宮」。《聯合報》民國98年12月3日，E2版。

190 王作榮，1999年3月，《壯志未酬》，頁341，臺北：天下遠見出版公司。

最缺乏的民生物資——布，也提供大量勞工的就業機會，並在1960～1970年代，轉變成臺灣最主要的出口工業。而一批高級技術官僚，如葉公超、俞大維、尹仲容、蔣夢麟、嚴家淦、楊繼曾、徐柏園等人及其大部分部屬，蔣介石總統本人亦常在經濟情況危急時，親自與他們召開財經會議，詳細討論問題，以便作出決定。他們無一不具備深厚的中國文化傳統與西方現代知識，愛國守分、操守廉潔[191]。

中央政府於1949年遷臺，而當時臺灣局勢極為困難，陳誠有下列描述[192]：

38年臺灣的局勢怎樣呢？政治方面，政府的信用並沒有建立，少數野心分子勾結國外不肖之徒，從事「獨立」、「託管」活動。軍事方面，當時臺灣的兵力有限，由大陸撤退來臺的若干部隊戰志消沈、紀律敗壞，不僅不能增強臺灣的防禦能力，甚至反足以加深內部的危機。財政經濟方面，金融震盪、通貨膨脹、物資缺乏、物價高漲。社會方面，到處充滿了消極悲觀和動搖失望的心理。

這段人心灰黯的日子因韓戰爆發而扭轉，第七艦隊於1950年6月27日進駐臺灣海峽使局勢轉穩之際，蔣介石在7月26日宣布遴選陳誠、張其昀、連震東等16人為中央改造委員[193]，並於8月5日正式成立改造委員會，委員會的成員與簡歷請見表六。

---

191 同上，頁339。王作榮憶及追隨這批官員之後，只聽他們如何憂國憂民，如何盡忠職守，開闢新出路。因為他們忠奮，使臺灣在歷經大戰殘破、建設全被摧毀而且大軍初敗之際，能在短短8年內造成中興之局，並創造臺灣的經濟奇蹟。

192 陳誠，1952年10月12日在中國國民黨第七次全國代表大會施政報告，黨史會藏。

193 1950年7月26日，《中央日報》，第2-3版。

表六　中央改造委員簡表

姓名	年齡	籍貫	重要經歷
陳誠	54	浙江青田	時任行政院長
張其昀	50	浙江鄞縣	時任中央宣傳部部長
張道藩	52	貴州盤縣	時任中央常務委員
谷正綱	48	貴州安順	行政院政務委員兼社會部長
鄭彥棻	48	廣東順德	時任中央常務委員兼祕書長
陳雪屏	49	江蘇宜興	時任教育廳長
胡建中	48	杭州	時任中央委員及立法委員
袁守謙	48	湖南長沙	時任國防部政務次長
崔書琴△	45	河北	時任立法委員
曾虛白	56	江蘇常熟	時任中國廣播公司副總經理
谷鳳翔	44	察哈爾龍江	時任監察委員
蔣經國	41	浙江奉化	時任國防部總政治部主任
蕭自誠	44	湖南邵陽	中央日報副社長
沈昌煥△	38	江蘇	時任政府發言人及中央宣傳部副部長
郭澄	43	山西陽曲	歷代中央執行委員，青年團中央團部幹事
連震東※	47	臺灣省臺南市	時任臺灣省參議會議長，國大代表

△具有博士學歷者

※連震東是16位中央改造委員中，唯一臺籍者。

資料來源：1950，《改造半月刊》，第1期，頁19-25，臺北：中改會，及1950年7月26日
　　　　　《中央日報》、《新生報》發布之資料整編而成。

　　從這16位中央改造委員背景分析，其共同特色為：

　　一、平均年齡層為40歲，普遍具有高學歷，其中博士2位、碩士1位、國內大學畢業有5位、軍校畢業有2位，以當時標準可謂高學歷人才。

　　二、多數都曾任黨政要職，其中原任中央委員有3/5，非中央委員有2/5。

　　三、多數與蔣介石有師生、部屬的關係，較能直接向領袖負責，大刀闊斧推動黨的改造方案[194]。

　　論者分析這一份中央改造委員名單中最大的特色，就是對派系主義的唾棄，使更集權於蔣個人的威權領導。首先，利用撤退來臺的契機，將孔宋集團的2位領導人孔祥熙及宋子文摒棄於國門之外，不准他們到臺灣來。其次，將C.C.派的陳立夫逐到美

---

194 許福明，1986，《中國國民黨的改造》，頁62，臺北：正中書局。

國新澤西州去養雞，另一領導人陳果夫來臺不久便病逝。最後，逐漸削減陳誠勢力，從三青團開始，到蔣親自接掌黃埔校友會，最後以蔣經國取代。至於政學系及軍統，前者領導人張群被虛懸，後者由蔣經國組織政治行動委員會，任命鄭介民及葉翔之整頓[195]。

因此，中央改造委員中除陳誠為團派的領導人之外，其餘15人中，無一是5大派系的領導人或重要成員。另外，蔣介石依照「改造的措施及其程序」第一項第四節規定，聘任吳敬恆、居正、于右任、鈕永建、丁惟汾、鄒魯、王寵惠、閻錫山、吳忠信、張群、李文範、吳鐵城、何應欽、白崇禧、陳濟棠、馬超俊、陳果夫、朱家驊、張厲生、劉健群、王世杰、董顯光、吳國楨、章嘉、張默君等25人為中央評議委員，負責監督改造工作的執行與推展[196]。中央改造委員會組織系統請參見表七[197]。

---

195 陳明通，〈派系政治與陳儀治臺論〉，《臺灣光復初期歷史》，頁280。另據陳立夫回憶，陳本人向蔣建議應該進行黨的改造，並可將一切責任推給陳氏兄弟，兄弟二人也不必參加改造工作；但因傳話誤會，蔣遂暗示陳隱退。陳立夫分析其背後真正原因是立院受袁守謙請託，以82％高票通過由陳誠擔任閣揆，且陳戲言今天C.C.派是指陳立夫與陳誠，這番話導致蔣的不滿，日後陳誠認為陳立夫妨礙行政院施政，兩相激盪致使陳在美國展開近20年的養雞生涯（1950～1969年）。後因蔣經國寫信盼其回國定居，才結束在美流亡生涯，但從此遠離政治及權力核心。請參見陳立夫，1994，《成敗之鑑》，頁380-384、395-397，臺北：正中書局。

196 引自1950，《改造半月刊》，第1期，頁19，臺北：中改會。在這份中央評議名單中，我們可看出其中包含了國民黨內部的反對派，如「桂系」中曾在民國25年發動「兩廣政變」的陳濟棠，以及要求蔣辭職下野的白崇禧、閻錫山（曾任行政院長、中原大戰主事者之一）亦在名單之內。在黨國元老方面有民國16年下令南京清黨的吳敬恆，廣東中山大學校長、當時反對聯俄容共的鄒魯和自由派的王世杰等人。從其中歷史背景及人物脈絡，可看出政府遷臺後，力求團結精誠的一番企圖心。

197 引自《改造半月刊》，前揭書，第1期，頁29。

表七　中央改造委員會組織系統表

設計委員會	纂委員會	黨史史料編	財務委員會	紀律委員會	委員會	幹部訓練	第七組	第六組	第五組	第四組	第三組	第二組	第一組	祕書處
掌理有關加強黨政及反共工作之設計及本會交議案件之審議	掌理黨史史料之蒐集整理編纂及革命文獻保管事宜		掌理本黨財務之統籌及預算審議黨費基金之募集保管與運用事宜	掌理黨紀案件之審議及監察黨員執行黨的政策決議命令之有關事宜	掌理幹部訓練有關業務		掌理黨營事業之管理及黨員經濟生活之輔導	掌理對社會、經濟、政治等動態有關資料之蒐集整理研究與對敵鬥爭之策畫	掌理民意機關與政策機關黨員之組織與政治活動及各反共抗俄民主黨聯絡之有關事宜	掌理產業職業等團體知識青年及其他特種黨部之組織與黨員訓練及指導其活動並負有關民眾運動指導之責	掌理海外黨部之組織與黨員訓練並指導其活動	掌理宣傳工作之指導設計黨義理論之闡揚及對文化運動之策畫	掌理自由地區及大陸地區各級黨部或祕密工作組織與黨員訓練及指導其活動	掌理本會議事總務文書會計人事及黨員撫卹撫助與其他不屬於各組會執掌之事項

緊接著，通過蔣總統所提出人事案，遴派張其昀為中央改造委員會祕書長、周宏濤為副祕書長、陳雪屏為第一組主任、谷正綱為第二組主任、鄭彥棻為第三組主任、曾虛白為第四組主任、袁守謙為第五組主任、唐縱為第六組主任、郭成為第七組主任、李文範為紀律委員會主任委員、陶希聖為設計委員會委員、蔣經國為幹部訓練委員會主任委員、俞鴻鈞為財物委員會主任委員[198]，中國國民黨的改造運動正式展開。

　　在改造期間，中國國民黨擴大了社會基礎，積極配合375減租與經濟動員、工業建設、農業改造等步驟，使黨的組織普遍深入到各行業的核心，以黨的組織領導來吸收黨員，因此中國國民黨以一個外來的政黨之姿，成功吸收農、公、知識分子階級。根據1951年底統計，農工成分即占全體黨員的37.7％，知識分子占65％，30歲以下的青年占49％，尤其重要的是本省黨籍黨員有顯著增加，占56.9％[199]。以臺灣省委員會所轄組織為例，改造後黨員成分的統計分析參見表八[200]。

表八　臺灣省黨部所轄組織　黨員成分分析表

性別	男	94.4％
	女	5.6％
年齡	18-30歲	48.9％
	31-40歲	31.1％
	41-50歲	15.6％
	51-60歲	4.3％
	60歲以上	0.1％
籍貫	臺灣省	56.9％
	其他省市	43.1％
職業	農人	18.9％
	工人	20.9％
	商人	10.8％
	青年及知識分子	40.6％
	其他	8.8％

---

198 中國國民黨中央改造委員會第一次會議紀錄，1950年8月6日，油印原件，黨史會藏。另於8月8日第二次會議，通過蔣總裁提出派羅家倫為黨史史料編纂委員會主任委員之職務。

199 參見1952年8月1日，《改造半月刊》，前揭書，頁34。

200 同上，頁41，在改造後所吸收的黨員中，很重要的發展便是年齡層降低、本省籍貫人數增加、知識分子的參加比率顯著提升。

著名的政治學者杭廷頓（Samuel Huntington）即曾指出：「在一個革命初成、建國方殷的新興國家，特別是在外患頻仍、內憂嚴重的國家內，倘若人民所支持的強勢政黨主政，對於安定及經濟發展是有其貢獻的[201]。」從政治發展的理論來看，改造是政治體系內因應環境改變，所做的組織和權力結構的變革；就政治發展的過程而言，改造是國民黨的時代化和政治化。從政治發展上來分析改造：

一、有效促使組織結構的「分疏化」（Differentation）和專門化（Specialzation），而每一個部門和機關有特別和限定的功能，並趨專業化。

二、以有效的執行能力，促進社會的發展、安定與國家安全。

三、由於改造方案及組織是由中央到地方，本省籍黨員人數大幅增加，增強了國民黨的代表性、合法性和服務性[202]。

由於國民黨進行改造，許福明認為成功的解決政治發展中的「合法性危機」（Legitimacy Crisis）及「認同危機」（Identity Crisis），並由於改造後中國國民黨地方黨部健全，擴大了社會基礎；也因為黨政關係的建立，使政策和政令能順利貫徹，解決了「貫徹危機」（Penetration Crisis）；另外透過地方自治和土地改革、計畫性自由經濟制度，解決了參與（Participation）、整合（Intergration）與分配（Distribution）危機[203]。

中央改造委員會於1950年9月1日發布「本黨現階段政治主張」，主張一切從臺灣做起，不但要建設臺灣，並強調375減租、耕者有其田等經濟改革和推行地方自治，加強中國國民黨建設臺灣為三民主義示範區的信心[204]。在為時3年（1950～1952年）

---

201 杭廷頓（Samuel P. Huntington），1968，《Political Order in Changing Societies》，頁423，New Haven: Yale University Press。

202 許福明，前揭書，頁198。

203 Gabriel A. Almond and G. B. Powell，1966，《Comparative Politics: A Developmental Approach》，頁308，Boston & Toronto。作者在書中指出中國國民黨在臺灣發展所採取的策略是「權威－專家政治－動員型」，除強調秩序的維持、經濟的成長、財富的均分，尚強調政府能力及參與的發展，可以說是最有利於開發中國家的發展策略。這兩位學者一致肯定中國國民黨創造經濟和所得分配等成就，並有利於政治上的安定。

204 轉引自許福明，前揭書，附錄2，頁211-218。

的政黨改造期間，臺灣先後進行政治方面的改造如下：

一、縣及地方選舉：1950年8月至隔年7月完成第一屆縣市長選舉。

二、省級地方選舉：1952年11月以間接方式選舉出臨時省議員55人[205]。

另外在經濟改革方面，強力延續土地改革政策，1951年實施公地放領，並擬定將在1953年2月起實施耕者有其田政策[206]；在社會改善方面，省政府於1950年公布「臺灣勞工保險辦法」及實施細則[207]，至1953年，投保單位共計1,286個，投保勞工達201,225人，占當時全臺灣勞工的80％[208]；接著，政府在1953年開始辦理漁民保險，1956年9月辦理農民保險，1958年7月31日，立法院三讀通過「勞工保險條例」，由蔣介石總統明令公布，正式立法[209]。同年1月17日也完成「公務員保險法」，於8月1日起正式實施[210]。針對穩定金融，政府於1949年6月15日發行新臺幣，當時舊臺幣的兌換是4,000比1，並嚴禁黃金買賣，這項措施穩定了受大陸通貨膨脹之累的臺灣物價[211]。1950年3月，政府開辦優利儲蓄存款。優利存款的月利率是7％，以優利計算，等於年率12.5％。開辦優利存款以來，遽增為新臺幣3,500萬元，大約等於貨幣供給量的7％[212]，穩定了物價波動，並有助於往後經濟上之發展。

在文化改造方面，加強思想教育的諸多措施，1951年起各中等學校及隔年各大專院校普遍實施軍訓教育，1952年亦成立「中國青年反共救國團」，這些對於青年及知

---

205 參見陳誠於1952年10月12日在中國國民黨第七次全國代表大會所作之施政報告，黨史會藏。

206 在實施公地放領方面（共約5萬甲），受益農民多達50萬人之多。耕者有其田是鑑於仍有25萬6千甲耕地在地主手中，於是政府決定將83％的私有出租地，共約21萬甲，由地主手中轉到耕農手中。請參考陳誠，1961，《臺灣土地改革紀要》，頁40、18、5，臺北：中華書局。

207 政府是委託臺灣人壽保險公司附設勞工保險部辦理，分4期辦理，於1950年承保公營廠礦交通事業單位與民營廠礦、無雇主職業之工人。請參閱劉脩如，1978，《社會政策與社會立法》，臺北：國立編譯館。

208 周天固，1955，《五年來的自由中國》，頁5，臺北：幼獅文化事業公司。

209 劉脩如，前揭書，頁316-317。

210 李道合，1960，《自由中國進步實況》，頁27，臺北：作者自印。

211 同上，頁102。

212 郭婉容，1981，〈中華民國的經濟發展〉，《中華民國建國史討論集》，第5冊，頁161，臺北：中華民國建國史討論案編輯委員會印行。

識分子的動員體系，使黨的布建伸入青年及校園之中[213]。這些深入社會各階層的建設、動員與吸收，使中國國民黨在黨的改造期間即贏得本省籍農民、工人、知識分子的認同，而能有效的增加黨員，成為一個「外省人」支配「本省人與外省人」的多族群政黨[214]。

蔣介石對於國民黨必須憑藉土地改革以及地方自治等措施，使一個外移的中央政權深入本地社會的重要性十分清楚，他說：

375減租就是地主與農民兩種利益的溫和改變，而耕者有其田條例的實例，更是地主與農民兩種勢力的劇烈改變。這一改變，使臺灣省整個社會為之改觀，本黨……是不是要更進一步到農民中間發展組織，建立黨的領導權？……本黨要乘著這一時機，結集黨員，訓練幹部，為了保衛臺灣人心盡責任，更進而為了革命反攻光復作準備[215]。

政府正在臺灣推行地方自治，辦理縣市議員及縣市長的選舉。這件工作，遠較375減租運動來得複雜……本黨前年辦理選舉，事前既沒有準備，臨時又沒有方法；黨員既沒有組織，黨務又沒有指揮能力。以致整個社會，亂作一團，將本黨50年革命奮鬥的光榮歷史在內外交迫之下毀於一旦，這是很痛心的一件事！……現在我們在臺灣辦理選舉、推行地方自治，在這唯一的民族復興基地，當然不容許我們再失敗了。這次如何來實現黨的政策，樹立黨的威信，使選舉如期結束，圓滿成功，這是你們各位改造委員無可旁貸的責任。尤其重要的，不可再像過去一樣，同志之間，互相摩擦，以致漁人得利。須知其他黨派的活動，尚不足懼，但如因此被共匪滲入，那我們就要自取敗亡，死無葬身之地了！因為這個關係非常重要，所以希望你們各位改造委員，能夠集思廣益，為民造福[216]。

---

213 許福明，前揭書，頁150-151。

214 參見管碧玲，1994，《民族主義與臺灣政黨政治》，頁78，臺北：國立臺灣大學政治研究所博士論文。

215 陳明通，1990，《威權政體下臺灣地方政治菁英的流動（1945～1986）——省參議員及省議員流動的分析》，頁116，臺北：國立臺灣大學政治學研究所。

216 同上，頁117。

今後本黨要把選舉活動看做黨的宣傳與訓練的場所，必須做到每經一次選舉，黨的組織就有一度的發展，黨的宣傳就有一度深入，黨的幹部和黨員就多一度訓練，而黨的革命精神和戰鬥方法就有一度發揚和進步，才算是達成了建黨革命的任務[217]。

從蔣的談話中，我們了解土地改革是為了保衛臺灣人心，而選舉的目的，一方面加強對基層的控制，另一方面則是藉選舉練兵，培養中國國民黨幹部的戰鬥性及吸納支持民眾的參與[218]。

土地改革普遍獲得農民支持，在前面章節已述，而農民也提升了對國民黨政權的接受程度。根據一項抽樣調查研究顯示，土地改革後，原為佃農或半自耕農出身的農民，有超過75％表示對政治更為關心，其中7.8％的受訪者表示家中有人出來競選過公職[219]。胡佛教授即指出，這些政治關懷至少建構一種「維持性的政治參與[220]」，也就是對整個政治體系下統治正當性的肯定，並且願意讓這個政治體系繼續運作下去。

地方自治選舉，開啟本省菁英參政的管道，特別是1950年國民黨的改造，重新吸收及培養許多臺籍菁英進入政治領域，黨提名這些臺籍人士出馬競選，不但使黨的組織得以發展，並表示可以網羅這些本土既有或新興勢力，同樣擴大政權的正當性[221]。

---

217 同上。

218 1950年的地方自治選舉不禁使人想起中共在1935年底瓦窯堡政治局會議後，所實施於其所控制地區的「鄉選」，藉選舉可了解輿情、民情，並培養及訓練幹部合法鬥爭的政治技巧，結果徹底鞏固中共農村政權基礎。筆者認為國民黨實施地方自治的目的，與當年中共的企圖相同，只是在爾後會造成反對勢力的崛起及黨內派系問題的產生。參見陳永發，評介馬克·賽爾登（Mark Selden），1980，〈中共的延安經驗〉，《中國現代史論文集》，第10輯，頁237-238，臺北：聯經出版公司。

219 蔡宏進，1965，《臺灣農地改革對社會經濟影響的研究》，頁75-76，臺北：嘉新水泥文化基金會。

220 陳明通，1991，《臺灣省議員研究》，頁118，臺北：國立臺灣大學三研所博士論文。

221 根據陳明通《臺灣省議員研究》中統計分析，自1946年省參議員選舉至1985年第八屆省議員的2,539位省（參）議員研究中，省參議員之每23個本省籍才配有一個外省籍，與臺灣省民中770個本省籍配一個外省籍的比例相差3倍之多。外省籍人口在省議會席次呈現由無到有，再由盛而衰的走勢，顯示省（參）議員的籍貫結構有獨特的因素。這正反映省議會在中國國民黨改造以求省籍人士合作的政策及地方自治的選舉下，成為保持本土勢力最完整的地方，並有可能在未來上升到中央取代過去外來統治集團，完成政權的本土化。

隨後韓戰爆發，聯合國會籍的確保、中美關係日趨穩定等發展，也同時鞏固國民黨政權外部統治的正當性。

　　費正清教授指出，隨著時間進展，臺灣人對於「占領」臺灣的200萬「大陸人」的仇恨，慢慢的逐漸消褪。臺灣人也終於成為國民黨與軍隊裡的大多數，而「無黨無派」的從政者也開始當選重要縣市的首長了[222]。

---

222 費正清，前揭書，頁391。

第三章　開明專制

第一節　自由中國事件

　　1950年3月22日，蔣經國擔任新近成立的國防部總政治作戰部主任。1952年11月，成立「政工幹部學校」，由於在軍中推展政治體制，造成當時陸軍總司令孫立人不滿，並與蔣經國發生衝突[1]。另一方面，蔣經國在1952年成立「中國青年反共救國團」，負責高中以上學校的軍訓，並成為高中行政體制的一環。其為動員青年學生與完成執政者政治社會化目標的重要組織，並推動以主義及領袖作為效忠的對象。然而救國團的成立卻引起省主席吳國楨反對，他消極的拒撥經費，因而引發蔣經國的不滿[2]。

　　1953年4月10日，吳國楨因與蔣經國發生衝突辭去省主席的職位，隨後即赴美不歸[3]；孫立人也於1955年8月20日被指控策畫武力政變而遭軟禁[4]。孫、吳二人的失勢，正反應出蔣介石總統的強人威權體制在臺灣建立。建構強人威權體制架構的要素如：軍中政戰系統、救國團、黨化教育等，都與《自由中國》雜誌的主張不同。嗣後雙方衝突益趨激烈，遂爆發1960年的雷震事件。

　　政府遷臺之後，50年代自由主義者的大本營是《自由中國》雜誌，該雜誌1949年11月20日於臺北創刊，雖然由胡適擔任形式上的發行人，但當時在美國的胡適並不能

1　陶涵（Jay Taylor），2000，《蔣經國傳》，頁233、234、253，臺北：時報出版公司。蔣經國推行政戰制度，引起包括孫立人、蔣緯國等高階軍事將領的反對。到了1957年，三軍共有17,139名政工人員，平均計算，國軍每35人中就有1人是政工人員，其中約86％曾到政工幹校受訓過，而他們的晉階也都由蔣經國親自批示。另外一些高級軍官（包括周至柔在內）也不滿蔣經國年方40，就高掛二級上將軍銜，握有大權。

2　雷震，1978，《雷震回憶錄——我的母親續篇》，頁83，香港：70年代雜誌社。

3　陶涵（Jay Taylor），前揭書，頁234-235。吳國楨在1952年向蔣總統反映「祕密警察無法無天，軍事法庭淪為笑柄」。而蔣經國則力促父親把吳調職。一場車禍後，在蔣宋美齡協助下，吳與妻子匆匆赴美。

4　陶涵（Jay Taylor），前揭書，頁252-253。由陳誠主持的調查委員會發現，孫立人在軍中「拉幫結派」，對下屬郭廷亮的陰謀也知情。不過，調查委員會亦表示，並沒有證據顯示孫立人是「陰謀的主要推動者」，委員會建議寬大處理。

經常回來，因此在「省政府新聞處的註冊上」，即註明雷震是發行人胡適的代表，雷震後來在回憶中即說「實際的發行人」由他擔任[5]。

雷震在政府遷臺之初，與蔣介石總統之間曾有一段蜜月期，他於1950年3月31日被聘為國策顧問，同年8月又被委任為國民黨改造設計委員會委員[6]，1951年更奉派赴港與滯留香港的反共人士接觸，代表總統慰問他們[7]。在這段期間，雷震於《自由中國》執筆，而文章內容涉及批評蔣介石的殷海光（任教臺大哲學系），被雷震以當時大環境需要擁蔣為由而退回，並表示「今日不能毀他，反共全靠他」[8]。

雷震當時推動自由中國運動有兩個基本目的：

一、雷震認為在與中共的戰爭中，在臺灣的國民黨應該聯合所有的反共人士來對抗共產黨[9]。

二、雷震反對國民黨內有主張「組織與作風必須仿照共產黨，才能對抗共產黨」的說法。他認為來臺後的國民黨「不可採用俄國辦法，須用民主政黨方式，且不可用二元辦法制定專任政綱政策，不可專喊三民主義，以免失信國人」[10]。但從爾後發展上來看，國民黨與雷震的理想及願景爆發嚴重的對立，並以雷震遭逮捕繫獄收場。

在《自由中國》的撰文上，由於雷震反對軍中設立黨部及學校設置三民主義課程[11]，引發蔣介石總統和蔣經國對雷震的駁斥[12]。而《自由中國》與當局正式爆發激烈衝突的導火線，正是刊登在第五卷五期（1951年9月1日出版）上的胡適來函，針對

5 傅正主編，1989～1990，《雷震全集》，第4冊，頁353-354，臺北：桂冠圖書公司。以下引用時，簡稱《雷集》；雷震，前揭書，頁60-61。
6 李敖，1988，《雷震研究》，臺北：李敖出版社。
7 《雷集》，第33冊，頁7。而早在前1年的10月，雷震即曾以調查《香港時報》發行量為由，赴港並順道拜訪反共「民主人士」。參見雷震1949年10月份相關日記。
8 《雷集》，第33冊，頁130。
9 同注8，頁21。雷震認為「今日團結反共人士，亦即團結他日共同建國之人士」。
10 《雷集》，第32冊，頁14。
11 馬之驌，1993，《雷震與蔣介石》，頁51，臺北：自立晚報社。但雷震並不反對軍中設立政治作戰部，在他看來，軍中黨部所能做的事，可由軍中的政工來進行。《雷集》，第40冊，頁55。
12 《雷集》，第33冊，頁70；張忠棟，1990，《胡適、雷震、殷海光》，頁76，臺北：自立晚報社。蔣經國曾當面批評雷震：「你們是受了共產黨的唆使，這是最反動的思想」。

「軍事機關」干涉言論自由所提出的抗議。這封信函引發國民黨改造委員會對雷震的公審[13]，保安司令部並給雷震1張傳票，要他到保安司令部軍法處出庭應訊[14]。

《自由中國》首創者之一的王世杰（時任總統府祕書長）也對《自由中國》刊登胡適的信而「對此甚為傷心」，他認為「臺灣今日風雨飄搖，受不起這風浪」[15]。雷震也因為老長官（王世杰）為此與他疏離，「心中感觸萬分，一日心中皆不舒服」[16]。其後，由於《自由中國》不斷批評政府，蔣總統於1953年下令免除雷震國策顧問一職[17]，王世杰亦勸雷震主動辭職，以免「在外面不好看」。雷震拒絕其建議，並認為這正顯示「蔣無容人之量」[18]。1953年11月17日，王世杰因「陳納德民航隊欠款案」被蔣介石免除總統府祕書長一職[19]。

胡適在返國參加國民大會選舉第2屆總統時，對王世杰被免職一事始終耿耿於懷[20]。因此，雖然有部分人士擬推舉他出馬競選副總統[21]，但蔣介石總統卻表示若提名胡適擔任副總統，他將感到「芒刺在背」[22]。1954年底，雷震因為《自由中國》刊載反對救國團、反對黨化教育的讀者投書，而被開除黨籍。與此同時，蔣介石在宣傳會報席上公開罵雷震「混帳王八蛋」，並指責雷震是美國武官處間諜、漢奸[23]。副總統陳誠亦於1955年1月11日司法節10週年紀念大會上，公開罵雷震等人為「文化

13　同上，頁153；馬之驌，前揭書，頁180-190。

14　同上，頁154；雷震，前揭書，頁98。

15　同上，頁151。

16　馬之驌，前揭書，頁8；《雷集》，第34冊，頁20。1927年王世杰擔任法制局長時，聘雷震為該局編審，故王世杰為雷震之老長官。其中有極細微的描述，點出王世杰與雷震兩人疏離的始末。

17　《雷集》，第35冊，頁46。

18　同上注，頁50。

19　1953年11月19日、26日，《中央日報》。

20　同注17，頁247。

21　同上，頁221；許思澄，〈提議徵召胡適先生為中華民國副總統〉，《自由中國》，第10卷，第10期，頁19，臺北：自由中國社；朱半耘，〈響應選舉胡適之先生為副總統〉，《自由中國》，前揭書，第10卷，第4期，頁20。

22　同上，頁247-248。

23　同上，第38冊，頁4、6。

流氓、文化敗類、製造矛盾、為匪張目、假借民主自由之名、投機政客、惡意攻擊政府」，並詢問「法律上有什麼方法可以對付文化敗類」[24]。

1956年10月，雷震與一些有其他主張的人士開始籌畫在《自由中國》上刊出一系列文章，針對國事提出意見。這個專輯便是日後連出13版的「祝壽專號」。第一篇是於1957年7月1日出版的第十七卷第一期的社論〈今日的司法〉，文中指出「今日臺灣的司法，比日據時代還不如」[25]。在這15篇文章中[26]，臺人哲學系教授殷海光執筆〈反攻大陸問題〉，在文中分析「反攻大陸」的勝算在相當時間內並不太大，也不可能「馬上就要回大陸」，因此提出「實事求是、持久穩健、實質反共」的原則[27]。在該系列文章的最後一篇〈反對黨問題〉中[28]，不顧當時的政治禁忌，要求成立一個新的反對黨。

針對《自由中國》對當時政治禁忌的挑戰，警備總部兩度提到將雷震案視為與中共勾結的叛亂案。根據《蔣中正總統檔案》中記載：「去年（1960年）6月，香港共匪統戰機構之『聯合評論社』，曾祕密集會討論雷震寄港之『奪取政權之策略』[29]；以及同年9月，發現匪諜劉子英係受雷震掩蔽潛伏工作[30]。」而蔣經國（時兼任國防會議副祕書長）[31]早已對《自由中國》的言論不滿，認其危及政局的穩定；1959年5月12日，蔣經國認為雷震的言論，「就是過去民盟與匪黨叛國行動的勾結」；同年12月

---

24 同上，頁12。

25 社論，〈今日的司法〉，《自由中國》，前揭書，第17卷，第1期，頁3。

26 薛化元，1996，《「自由中國」與民主憲政》，頁144-145，臺北：稻鄉出版社。這15篇文章，依次為：〈是什麼，就說什麼（代序論）〉、〈反攻大陸問題〉、〈我們的軍事〉、〈我們的財政〉、〈我們的經濟〉、〈美援運用問題〉、〈小地盤、大機構〉、〈我們的中央政府〉、〈我們的地方政制〉、〈今天的立法院〉、〈我們的新聞自由〉、〈青年反共救國團問題〉、〈我們的教育〉、〈近年的政治心理與作風〉、〈反對黨問題〉。

27 社論，〈「今日的問題」(二)：反攻大陸問題〉，《自由中國》，前揭書，第17卷，第3期。

28 1958年2月16日，《自由中國》，前揭書，第18卷，第4期，頁3-4。

29 《蔣中正總統檔案》軍事類，第097卷，黃杰（警備總司令），〈偽臺獨陰謀武裝叛亂全案偵破經過報告書〉（1961年9月29日）。

30 同上注，098卷，黃杰（警備總司令），〈臺灣警備與治安檢討報告書〉（1962年2月13日）。

31 1955年國防會議成立，蔣經國擔任副祕書長。

7日，蔣經國在國家安全會議中指示：「本黨同志應對雷震（儆寰）言論提出嚴正的駁斥。」1961年2月23日，蔣（經國）副祕書長主持情治座談時指示：「對於雷震之《自由中國》言論，軍中與學校受其影響很大，各單位黨員同志，應採取處置，尤其雷震反對總裁連任案，無視黨國存在，表示雷震與黨匪勾結行動已經違法，各單位應提出步驟與辦法，解決問題[32]。」至於雷震方面，則正在考慮與那些人士進行組黨合作的相關事宜，殊不知大難將至。

在《自由中國》的編委中，有人反對和民社黨及青年黨合作，「因兩黨聲譽太壞，過去參加政府，只想分一杯羹」[33]。在這些自由派人士心目中領導反對黨的最佳人選，惟有胡適一人，因為雷震相信胡適「本土化」最深，不但臺灣本省籍人士認同他為鄉親，胡適也是以臺灣為其故鄉[34]。在胡適來函婉拒後[35]，雷震考慮與本地人合作，但主張「臺灣地方主義之黨，我們不應參加」[36]。雷震認為：「必須楊肇嘉、吳三連參加，僅有楊基振是搞不好的，亦不可有地方主義。必須內地人和臺灣人合起來搞，以免有偏差[37]。」1960年5月，在省議會選舉之後召開了「在野黨及無黨派人士本屆地方選舉座談會」，決定組織「地方選舉改進座談會」，籌組新黨的行動積極展開。6月26日，選舉改進座談會召開第一次委員會，選出李萬居、雷震、高玉樹為新黨發言人[38]。7、8月間，籌組新黨的人士在全臺召開一系列巡迴座談會，而政府也開

32 張友驊，1989年7月30～31日，〈雨田專案：組不組黨都抓？一名情治將領對雷震案日記〉，《自立早報》。「雨田專案」是指1959～1960年逮捕雷震的工作小組代號。

33 《雷集》，第39冊，頁150-151。

34 同上，頁346；李敖，1979，《胡適評傳》，頁53、55，臺北：遠景出版社。早在大陸尚未淪陷前，已有臺籍知識分子欲以鄉親之情邀請胡適來臺，接掌臺大的聲音。中國社會科學院近代史研究所中華民國史研究室編，1983，《胡適往來書信》，下冊，頁226-229，香港：中華書局香港分局。

35 胡適致雷震函，〈從未夢想自己出來組織任何政黨〉，《雷集》，第30冊，頁359-362。

36 同上，第39冊，頁287。

37 同上，第39冊，頁299。雷震堅持楊肇嘉及吳三連參加的理由，主要是這兩人在日據臺灣時代都有所謂「反日」的紀錄、曾反對臺灣總督府所提「臺灣米穀輸出管理案」，也都有居住在中國大陸的經驗，因此他們在「抗日」與「中國」的情結及經驗上，與雷震等外省籍人士容易產生共鳴。張炎憲等編，1990，《臺灣近代名人誌》，第5冊，頁121-122、153-155，臺北：自立晚報出版部。

38 李筱峰，1987，《臺灣民主運動40年》，頁74-76，臺北：自立晚報出版部。

始進行壓制行動，情治單位轄下的「雨田小組」則早在雷震等人反對蔣介石3連任時便已經成立[39]。7月31日，《新生報》南部版用大標題在封面上登載「共匪支援新黨」的消息。9月4日，雷震及《自由中國》編輯傅正（參與新黨籌備）於住處被捕[40]，隨即被正式以「知匪不報」的罪名起訴[41]，而籌備中的新黨——中國民主黨，也在雷震被捕判刑後不久逐漸銷聲匿跡[42]。

　　《自由中國》事件對當時的政壇造成若干方面的影響，可分成幾點進行分析：

一、蔣經國掌控情治單位

　　陳誠於1948年接任臺灣省政府主席，不久，同時兼任臺灣省警備總部總司令與國民黨臺灣省黨部主任委員，行政院又電令政府駐臺各機構聽命陳誠，使陳誠總攬臺灣黨、政、軍大權[43]。雖然在臺各情治單位名義上的首腦是陳誠，但實際上卻是由蔣中正直接遙控。例如國防部保密局局長毛人鳳，在1949年「報請陳主席成立偵防總隊，由本局負責處理」時，經過兩個月仍然「未蒙批示」，毛人鳳只好直接向蔣中正請求，最後由蔣任命該局人員為臺灣的警務處長與緝私處長[44]。蔣氏父子來臺後，為了擴大1949年7月成立的「政治行動委員會」功能[45]，將該會附屬單位之一的書記室更改

---

39 《雷集》，第40冊，頁272。

40 薛化元，《臺灣歷史年表——終戰篇I》，頁342，臺北：業強出版；1960年9月5日，《中央日報》；1960年9月5日，《臺灣新生報》。

41 同上，頁342；1960年9月7日，《中央日報》。

42 李筱峰，前揭書，頁82。在1961年舉辦的第5屆縣市議員選舉中，中國民主黨籌備會尚推派包括郭雨新、李萬居等人在內的助選團，為全省新黨人士助選。但自此逮捕事件之後，新黨的活動就消失了。

43 李宗仁、唐德剛，1988，《李宗仁回憶錄》，頁621，香港：南粵出版社。毛家琦主編，1988，《臺灣30年》，頁1、2，鄭州：河南人民出版社。

44 《蔣中正總統檔案》軍事類，第010卷，毛人鳳（保密局前身為軍事調查統計局），〈呈為臺灣對匪偵防工作加強部署擬請准臺灣警務處及緝私處均由本局掌握運用，並擬保幹員擔任處長，可否乞核示由〉（1949年8月22日）（承辦機關號次：皇團臺241號）；孫家麒，1961，《蔣經國建立臺灣特務系統祕辛》，頁22，出版者不詳。

45 政治行動委員會的委員網羅了所有在臺的情治首長如唐縱、鄭介民、毛人鳳、葉秀峰、毛森、陶一珊、彭孟緝、魏大銘等人。但當時蔣氏父子均在大陸，政治行動委員會由蔣中正指定侍從祕書、軍統出身的警察署長唐縱負責。黃嘉樹，1994，《國民黨在臺灣》，頁217-218，臺北：大森出版社。陳雪奇、江峰，1986，《軍統教父：毛人鳳》，頁286，鄭州：河南人民出版社。

為由蔣經國負責的「總統府機要室資料組」，而蔣經國就該組「指導協調」各個情治單位。蔣經國遂藉著總統府的名義，成為臺灣的太上情治單位領導人[46]。1953年，情治工作在名義上的隸屬關係如圖一。

圖一　1953年各情報治安機關隸屬與工作關係

資料來源：《蔣中正總統檔案》軍事類，第013卷。

---

46 「政治行動委員會」主任委員，是時任參謀總長的周至柔，除了一年一度的工作檢討會之外，根本不過問該會的業務。斐弗（Nathaniel Peffer）、韋慕廷（Nartin Wilbur），1999，《從上海市長到臺灣省主席——吳國楨（1946～1953年）口述回憶》，頁146-148，上海：上海人民出版社。蔣經國在1949年的絕大部分時間都陪著蔣介石巡視全島，而委託3位幕僚主持委員會功能：王昇、鄭介民、毛人鳳。其中，毛人鳳與蔣宋美齡夫人關係密切。陶涵（Jay Taylor），前揭書，頁207。

1955年國防會議成立後，蔣經國即擔任該會負責情治工作的副祕書長，下設尚未法制化的國安局，國安局因此成為各情治單位的太上機關，蔣經國可藉國安局繼續掌控各情治單位的業務、人事與預算[47]。在蔣介石倉皇辭廟、渡海來臺而驚魂未定之際，對於「忠貞」及「反共」的用人原則自是重視，而大陸淪陷前後，由於情治人員叛變投共者最少，故被蔣介石視為最忠誠的部屬[48]。蔣經國承蔣介石之命，可說是臺灣情治之首腦或實際負責人之一。

陳誠在臺灣雖然是僅次於蔣總統的第一副手，但情治工作卻似乎不是其所能介入的範圍。陳誠在第一任行政院長任內（1950年3月～1954年5月），曾對同仁表示感受到強人威權建制的壓力，而1954年自由主義派擬推胡適競選副總統一事，就某種意義上，是希望藉胡適保護陳誠[49]。然而，陳誠之所以感受到強人威權的壓力，是因陳誠較傾向自由主義派的開明作風而反對高壓統治？還是因蔣經國掌握國內的情治系統而對陳誠自身的地位構成嚴重威脅？

陳誠與蔣經國在大陸時期，即曾因「三青團」的人事問題而起了衝突[50]，而政府遷臺後，政府一些祕密或重大政策都有蔣經國的介入[51]，兩人的心結可能因此逐漸加深。在雷震的《自由中國》事件中，由於外界壓力，使蔣介石遲遲無法採取斷然手段懲處雷震，直到雷震婉拒出任駐日本大使，並在1960年3月22日國民大會代表選舉總

---

47 漆高儒，1998，《蔣經國評傳——我是臺灣人》，頁175，臺北：正中書局；高明輝、范立達，1995，《情治檔案——一個老調查員的自述》，頁136-138，臺北：商周出版。

48 陶涵（Jay Taylor），前揭書，頁208。根據美國中央情報局報告指出，毛澤東情報單位一心想滲透國軍軍事單位，尤以海、空軍為主要目標。當時國軍高級軍官因涉嫌匪諜案而被捕遭槍決者有：副參謀總長及其妻子、兵役處長、國防部次長、陸軍供應部司令以及第70師師長。故這些安全工作的重要，繫於情治單位的偵防及對蔣介石的效忠。

49 薛化元，《「自由中國」與民主憲政》，前揭書，頁113；蔣勻田，1976，《中國近代史轉捩點》，頁260，香港：友聯出版社。

50 同注47，頁216。1946年9月，三民主義青年團第二次全國代表大會在廬山舉行。蔣經國當選中央常務幹事兼第二處主任，負責組訓工作，團書記是陳誠，代陳主持工作的是郭驥，代表蔣二處工作的是俞季虞（與蔣係留俄同學）。郭、俞間不協調，就成為陳、蔣之間的不合作與衝突之始。

51 陶涵（Jay Taylor），前揭書，頁270。在當時絕大多數觀察家的心目中，蔣經國是臺灣第一號最有權勢的人物。

統時，除公然投下反對票，且在選票上簽下「雷震反對」4字，蔣介石才決定授權蔣經國指揮情治人員「用逮捕囚獄的方式，處理雷震問題[52]」。

《自由中國》事件發生後，有資料指出當局不滿陳誠處理的態度[53]。1959年3月份，雷震因被告偽造文書一事出庭應訊，蔣介石針對此事，於宣傳會報上親自點名王世杰（時任政務委員）與胡適「不要干涉司法才好[54]。」而王世杰正好為陳誠延攬入閣。從陳誠仍在1960年與蔣介石連任正、副總統一事來看[55]，其政治接班人的地位仍未受《自由中國》事件影響，但是蔣經國手握情治大權，已具有與陳誠在權力結構上分庭抗禮的實力。

二、與本土力量結合

雷震與自由主義派人士大多為外省籍，在籌組新黨之初，雷震首先考慮的領導人選，即為本土化較深，且對臺灣本土政治人物籌組反對黨始終抱持關心立場的胡適[56]。在雷震心目中，胡適是最佳人選，「以胡適先生出來領導，就這一方面來說，可以消滅臺灣和內地人之隔閡，並且可以減少流血[57]」。胡秋原在籌組新黨之際，也曾對雷震表示「胡（適）先生不搞，雷某（雷震）一定要搞。雷某不搞，臺灣人一定要搞。胡先生和雷某搞，總比臺灣人搞為佳[58]」。不論是雷震或是胡秋原等外

---

52 同注32。

53 王景弘，2000，《採訪歷史——從華府檔案看臺灣》，頁195-296，臺北：遠流出版公司。陳誠在雷震被捕前，曾針對反對黨問題發表溫和公開聲明指出，只要反對黨不是「軍閥、地痞、流氓的政黨」就可以成立。此舉讓政治觀察家嚇了一跳，因為這番話被解讀成——雷震得到綠燈，可以通行。1960年6月4日，《紐約時報》；薛化元，《臺灣歷史年表——終戰篇I》，前揭書，頁336。

54 《雷集》，第40冊，頁50。

55 薛化元，《臺灣歷史年表——終戰篇I》，前揭書，頁332。

56 胡適曾經主張在臺灣召開類似美國制憲會議的政治會議，來解決中華民國既有憲政體制的根本問題。薛化元，1990年7月，〈陽明山會談〉，《歷史月刊》，第30期，臺北：歷史智庫出版公司。另外，胡適在為臺南市永福國小（胡兒時故居舊址）的林校長題字時，留下「惟桑與梓，必恭敬止」，充分流露其對臺灣的感情。李敖，1959，《胡適評傳》，頁52，臺北：遠景出版社。

57 《雷集》，第39冊，頁346。

58 同上，頁324。這也反映來自中國大陸的自由主義人士心目中的政黨，並不是以地方選舉及臺灣政治人物為核心的政黨。

省籍自由主義派人士，他們心中對與本省籍人士合作到底有何顧忌呢？考慮的原因主要有兩點：

（一）絕對不能有所謂的分裂主義（或地方主義）主張者加入，因為他們彼此對中國的認同有所差異[59]，且從事分裂或地方主義會馬上遭到政府全面封殺。尤其以本省籍占大多數的臺灣社會而言，以外省人為核心的統治集團勢必讓人無法忍受[60]。

（二）1960年蔣介石總統第三次連任前夕，雷震問胡適「今後怎麼辦」，胡適明言「只有民青兩黨、國民黨民主派與臺灣人合組反對黨」，不過胡適也明言他不願加入這個反對黨[61]。雷震十分清楚與本省籍人士合作的必要性與正當性，一些本省籍人士如楊肇嘉、吳三連，與1960年決定組織「地方選舉改進座談會」而被推舉為新黨發言人的李萬居、高玉樹等人，或許正是雷震心目中符合其中國認同觀並具備民意基礎的省籍合作對象。

臺籍人士中的楊肇嘉與吳三連為何符合雷震的條件呢？楊肇嘉及吳三連分別出生於1892年和1899年，皆成長於日治時期「文化協會」等社會抗爭運動最積極的20年代，且都因從事反對臺灣總督府政策的活動而轉往中國大陸（日人占領區）行商，並在日本投降後才再遷回臺灣。楊肇嘉在吳國楨任省政府主席時，被延攬為省府委員兼任民政廳長，爾後長期任省府委員（迄1962年，後被蔣介石總統聘為國策顧問）。而吳三連返臺後，先後當選為臺南縣第一屆國民大會代表（1947年），1950年2月6日，獲省主席吳國楨推薦，任省府委員兼臺北市長，爾後又當選民選市長（1951年）[62]。

59　雷震因此意識到，推動新黨首要「不使大陸來的人心生恐懼」，這也顯示在組織及推動新黨工作時大陸人的疑慮。如劉博崑認為「臺灣人起來了，不好辦，將來很難受，我（劉）是不會參加的」，王新衡也反對雷震和臺籍人士「搞在一起」。《雷集》，第40冊，頁323、367。

60　蔣經國對雷震等人採強硬立場，美國駐華大使莊萊德分析蔣的心態或許是認為「如果一個有效的政治反對黨可以成立，它無可避免會變成一個臺灣人的組織，把國民黨勾畫成是外省人主導的政黨……在乾淨的選舉中，國民黨似乎注定必敗無疑」。臺北美國大使館1960年10月7日電文，《美國外交關係文件》，第19卷，頁725-726。

61　《雷集》，第40冊，頁270。

62　張炎憲，前揭書，第5冊，頁121-122、153-155。

在籌組新黨時，吳三連是17名召集委員之一[63]。

　　從以上背景分析，兩人都曾在吳國楨擔任省府主席時，被延攬至省府團隊工作，而吳國楨又被視為開明派人士。楊肇嘉及吳三連皆為對日本總督府抗爭的時代青年，不但有抗爭紀錄，也有移居大陸的「中國經驗」。吳三連在1951年獲得民選臺北市長的提名，並在蔣介石總統指示情治單位的助選下當選。彭孟緝曾針對選情向蔣介石報告：「此次上下一致遵循總統指示，助選吳三連為臺北市長，情形良好[64]。」

　　在此分析籌組新黨（中國民主黨）工作的兩位臺籍發言人——高玉樹和李萬居的背景。李萬居出生於1902年，年幼家貧，母不堪日警威脅納租稅的重擔而自殺。1923年赴中國大陸並擔任軍事委員會國際關係研究所少將專家，日本投降後返臺。1946年5月1日當選為省參議會副議長，同年10月又被選為制憲國大代表。爾後，其所創辦的《公論報》享有臺灣《大公報》盛譽，然而令政府頭痛的不僅是《公論報》對時政的犀利批判，其本人在省議會的表現亦獲得故鄉雲林縣父老熱烈而廣泛的支持，連連高票當選。1957年，李萬居和同屆當選的吳三連、郭國基、郭雨新、李原棧、許世賢等因發言質詢鏗鏘有聲、砲火猛烈，而被喻為議壇「五虎一鳳」[65]。

　　吳三連、楊肇嘉、李萬居3人都有與日人仇恨或對抗之背景，也都有中國經驗；返臺後，在公職生涯中也都屬於民主自由派並具有民意基礎。高玉樹則有「美國背景」撐腰，在1954年臺北市長的選舉中擊敗國民黨候選人王民寧，在某高階警官到法院控告高玉樹「賄選」而「當選無效」時，雖然警政署長唐縱請示蔣經國裁決，但蔣介石考慮可能引起民間反彈及美國介入，批示唐縱勸告該警官撤回告訴，使高玉樹順

---

63 同上，第2冊，頁170。召集委員除了吳三連以外，另有李萬居、高玉樹、雷震、夏鑄聲、郭雨新、齊世英、李源棧、楊毓滋、石錫勳、王地、郭國基、楊金虎、謝漢儒、許世賢、黃玉嬌等共17人。

64 《蔣中正總統檔案》軍事類，第013卷，彭副司令孟緝報告，〈第二十九次星期五會報紀錄〉（1951年1月19日11時）（極機密第一號）。然而在1951年前，吳三連曾被情治單位懷疑可能參加臺獨活動，情治單位甚至欲羅織他的罪名。黃紀男、黃玲珠，1991，《黃紀男泣血夢迴錄》，頁267-275，臺北：獨家出版社。

65 張炎憲，前揭書，第2冊，頁164-176。

利當選[66]。

　　高玉樹在籌組新黨時，曾公開宣稱其目標是：「我們不打算也不計畫在中央政府內爭取權力，我們只想與主持選舉的低級國民黨員一較長短。他們曾操縱選舉，並造成人民間的最大不滿情緒。國民黨要贏取地方選舉的勝利，由於他們怕地方選舉的失敗，將使我們的外國友人認為中國政府失掉人民的支持。我們不要革命，我們不計畫像韓國人那樣用暴動或任何劇烈手段攫取政權，我們百分之百擁護政府的反共政策，我們支持政府反攻大陸的政策，但是我們不贊成國民黨的一黨統治，那是極權[67]。」由高玉樹的談話中，我們了解雷震與這些本省籍政治人物在某些關鍵理念上是非常契合的，那就是在既有體制下（國民黨政府）從事政治改革運動，但絕對不是體制外顛覆或革命運動。而其中所謂的省籍情結（衝突），也不是抗爭的手段或議題。

三、體制內反對運動的失敗

　　在《自由中國》事件中，由於當局只逮捕雷震及傅正等外省籍人士，李萬居便在10月17日的聲明中表示：雷震案的作用之一，就是國民黨政府「威嚇大陸人今後不敢與本省人合作搞政治運動」，但國民黨的這種做法「阻嚇不了大陸人與本省人共同攜手合作，以推進民主愛國的運動[68]」。高玉樹也認為在籌組「中國民主黨」時最大的特徵，就是沒有地域觀念[69]。高玉樹當時經由雷震告知胡適曾私下面見陳誠，陳誠說只要反攻大陸目標一致，國民黨不會不歡迎在野黨，這在籌組新黨一事上，等於獲得

---

66 李世傑，1989，《特務打選戰》，頁49-61，臺北：敦理出版社。王民寧出身黃埔軍校，曾任蔣中正官邸侍從武官、臺灣警備總司令部處長與臺灣省警務處處長之職，在參選時任總統府中將參軍。在1961年被情治單位命名為「鎮平專案」的雲林縣議員蘇東啟策動軍人武裝叛變一案，在調查結束後，主謀有：高玉樹、郭雨新、許世賢、蘇東啟、許竹模（青年黨籍律師），而「以高玉樹及郭雨新」為幕後。事後，只有蘇東啟因與「臺獨叛亂」活動成員在雲林縣有往來，被警總以「涉嫌叛亂」逮捕及判刑，5人小組之一的許竹模則被檢舉為「從事臺獨活動」，但其他人士被未被逮捕，且蘇東啟曾一再對參與人員說「高玉樹是美國在臺灣的情報局人員，國民黨不敢動他……並可因此擔保大家安全等語」。黃紀男、黃玲珠，前揭書，頁376。

67 《雷集》，第3冊，頁180。

68 李筱峰，1987，前揭書，頁81-82。

69 1989年8月21日，《聯合報》。

陳誠的背書[70]。美國駐華大使莊萊德在《自由中國》事件發生後，曾與臺北當局討論南韓大統領李承晚遭到政變時美國的立場，而臺北堅信這是美國勢力介入的結果，而且不同意美國的立場。因此莊萊德不願再與臺北當局討論南韓政變的意義，也避免與陳誠討論該事，因為「可以確定的，他知道我們的立場；但他除了支持他的領袖之外別無選擇。他的政治地位最近顯得不穩，如果他支持我們的立場，那他的地位更難保，依我的看法，他替美國人說話的機會幾乎是零[71]。」

　　從莊萊德對美國國務院的報告中，很顯然的說明陳誠在蔣介石總統的威權體制下，本身自主性受到束縛，也由於陳誠與胡適、蔣勻田、王世杰（時任政務委員）等人的交往，而觸怒了中樞領導的敏感神經。從莊萊德的報告中，也說明美國的重大政策只會與蔣介石討論，不會也不敢與陳誠單獨溝通，因為陳誠無法挑戰蔣介石的威權。張群時任總統府祕書長，也告訴莊萊德雷震等人被捕事件，是在政府的安全系統敦促下，由蔣介石總統下令鎮壓及逮捕。而蔣經國在取得他父親的同意所採取的行動中，扮演了積極的角色[72]。

　　《自由中國》事件爆發於1960年9月4日，10月8日雷震以包庇匪諜罪被判刑10年，傅正交付感化3年（實為9年）[73]，而陳誠內閣也於同年局部改組，連震東（內政）、沈昌煥（外交）、黃季陸（教育）、鄭彥棻（司法行政）、沈怡等5人入閣，取代田炯錦、黃少谷、梅貽琦、谷鳳翔、袁守謙[74]；其中連震東、沈昌煥、鄭彥棻3人出身中央改造委員。雖然陳誠的好友梅貽琦被取代，但仍看不出內閣整體變動對陳誠的影響，反倒是連震東以第一位臺籍人士身分接掌內政部，或可視為政府逐漸重視內閣中省籍平衡的一個端倪。

---

70 同上。

71 王景弘，前揭書，頁295-296。

72 同上，頁296。根據國史館的解密資料，當時雷震案主要是反對蔣介石延長任期，高唱反攻無望論和準備組黨而被捕入獄，蔣永敬教授認為「反攻無望論」是被逮的導火線。1960年10月8日宣判當天，蔣總統指示「刑期不得少於10年」、「複判不能變更初審判法」。見2002年9月4日，《聯合報》，第2版。

73 楊碧川，1988，《臺灣歷史年表》，頁86，臺北：自立晚報出版社。

74 薛化元，《臺灣歷史年表——終戰篇I》，前揭書，頁334。

1959年行憲後第二任總統任期屆滿，按憲法規定，總統不得連任[75]。此時，陳誠呼聲極高，但有研究指出當時以蔣經國為首的「太子系」在黨內積極活動，以金門局勢緊急為由，要求修改憲法，以便蔣介石連任。當時胡適等人曾面見陳誠，建議陳誠與蔣介石對話，說明利害，要求蔣介石公開表態，但遭陳誠拒絕。陳誠認為蔣不會將總統職位交予他，也不宜與蔣就三連任之事進行對話，否則將有如「逼宮」之舉[76]。

總之，陳誠在施政上必須配合蔣介石的指揮，也沒有足夠的權力挑戰蔣總統[77]。而在當選連任之後「蔣／陳」體制仍繼續運作，至於陳誠能否順利接班，雖然有憲法的保障[78]，但最後的關鍵在於蔣介石是否支持與客觀環境的變化。

第二節　臺獨運動挑戰

1960年，《自由中國》事件落幕，象徵一群以大陸省籍為核心的自由主義知識分子，從事體制內改革運動的失敗，其結果是以臺灣省籍人士所領導的反對運動展開，

---

75 憲法第49條之規定：「總統副總統之任期，均為六年，連選得連任一次。」亦即限制總統做兩次以上連任。

76 方知今，1995，《陳誠大傳》，頁422，臺北：金楓出版公司。

77 陳誠雖然是國家的副總統兼行政院院長，也是中國國民黨的副總裁，但憲法第36條規定：「總統統率全國陸海空軍」，另在1950年3月15日總統命令中，「對參謀總長及國防部長權責畫分很清楚，即明令軍令全屬於統帥系統」，而參謀總長為總統幕僚長。隸屬於行政院的國防部長則掌理軍費的籌畫、軍事的編制、軍隊的徵集、軍隊的訓練、給養、退役、撫恤等事項。另依據國防參謀本部組織法第9條規定：「參謀總長，在統帥系統為總統之幕僚長，總統行使統帥權上，陳誠關於軍隊之指揮，直接經由參謀總長下達軍隊」。故在實際上黨、政、軍、情治大權上，陳誠是不足以與蔣總統對抗的。楊敏華，1990，《中華民國憲法論》，頁138，臺北：長弘出版社。

78 1960年3月11日，第一屆國民大會第三次大會，增加第一次修正臨時條款，第3條規定：「動員戡亂時期總統、副總統得連選連任，不受憲法第47條連任一次之限制。」齊光裕，1998，《中華民國的憲政發展》，頁369，臺北：揚智出版。另憲法第49條規定：「總統缺位時，由副總統繼任，至總統任期屆滿為止。總統、副總統均缺位時，由行政院長代其職權……」陳誠身為副總統並兼任閣揆，如蔣介石總統退休或因故不能視事，按照憲法當然是繼任人選；但蔣總統在任滿後，如想一併「強拉」陳誠下臺，那就取決於雙方的政治實力了。

其對體制的衝撞及「中國」意識型態的挑戰，是國民黨須逐漸面對的事實[79]。

　　1964年，在國際關係和國內政治方面的連串不利發展，對國民黨的政權構成一定程度的挑戰。在外部的國際關係方面，該年法國承認中共，且中共核武試爆成功[80]，不但使我在聯合國的席次因法國及法語系非洲國家轉向中共而大受影響[81]，且中共核武試爆成功前後，也使蔣介石有所戒心，而有加緊說服美國之行動。蔣介石曾經許諾1963年是「反攻年」，並逐漸認定如果1963年不反攻，便再也沒有機會了；然而美方1963年1月16日便把國府所擬、對大陸的攻擊計畫評估退還，認為國府缺乏足夠的海軍攻擊武力，也缺乏空中掩護、補給和一切美國認為登陸成功所需的條件[82]。自1960年起，由於中共實施的「大躍進」計畫失敗，造成大陸嚴重的饑荒和政權動盪[83]，因此國府也針對反攻大陸提出「國光計畫」[84]。當時擔任副參謀總長，負責督導作戰的賴名湯，曾回憶1962年於北投復興崗召開的「反攻大陸誓師會議」：「會議的最後一天，總統發表閉幕講話之前，全體與會人員起立向總統宣讀了大會決議文，決議文的主旨，就是宣誓反攻大陸，說明在反攻開始時，大家如何來遵守大會的一切決議。當時會場的氣氛莊嚴肅穆，顯示大家的心情非常沈重。總統站在臺上，一個字一個字的講完大

---

79 薛化元，《「自由中國」與民主憲政》，前揭書，頁237-251。《自由中國》的外交立場在本質上就是反對中共政權，而主張中華民國政府是全中國唯一合法的代表。直到《自由中國》停刊為止，此一立場在本質上並沒有太大的轉變。

80 薛化元，《臺灣歷史年表——終戰篇I》，前揭書，頁410。

81 同上，頁412、422。計有剛果、中非、塞內加爾（1964年）、達荷美（1965年）等國家轉向承認中共。

82 王景弘，前揭書，頁255。

83 許多旅美中年知識分子都說當時大陸同胞皆以為蔣介石會打回來，大家都恨透了毛澤東的倒行逆施，結果因為美國反對，而不見國民黨軍隊的蹤影。林博文，2000年5月26日，〈美國是必要之惡〉，《中國時報》。

84 國光計畫開始於1961年4月1日，總共提出包括敵前登陸、敵後特戰、敵前襲擊、乘勢反攻、應援抗暴等5類共26項作戰計畫，到了1965年6月17日，蔣介石於陸軍官校召集國軍基層幹部，進行精神講話，預備發動反攻，所有幹部都已預留遺囑，軍方同時選擇最適合登陸戰發起的D日。不過後來因為制海權優勢喪失（「八六海戰」，我方海軍劍門、章江軍艦遭中共魚雷快艇擊沈，殉難官兵共兩百餘人），加上退出聯合國，反攻大陸難獲國際認同，使反攻大陸計畫成為絕響。見2009年4月20日，《中國時報》，第A11版。

會決議文之後，從他的神情，可以看出他也是異常感動。這是我們政府播遷臺灣以來，歷次軍事會議最莊重，也是大家心情最沈重的一次會議。大會結束以後，回到家裡，內心沈重的感受仍未稍減，只是心想，我們苦等多年的反攻大陸的時機快要來了[85]！」

面對中華民國這項計畫，中共方面也有所因應，只是沒想到美國也願意「配合」來阻止臺灣方面的一切軍事行動。中共參加華沙會談前代表王炳南，在其回憶錄中有詳細記載：「1962年5月底，我正在國內休假。有一天，總理親自約我談臺灣海峽的局勢。他說，蔣介石認為目前是進犯大陸的好時機，在外中共與蘇聯不和，在內有嚴重的自然災害，真是千載難逢，蔣介石是下決心要大幹一場了。有關這方面的情況，他囑我去找羅瑞卿總參謀長談。我隨即給羅總長打了電話，約見他。他請我去總參辦公室談話。羅總長向我談了很多情況。他拉開牆上一張大型地圖的帷幕，指點了蔣介石集團的軍事狀況。他說現在不是打不打的問題，而是怎麼打的問題，是拒敵於大陸之外，還是誘敵深入，這兩種意見正在討論。我聽了後，確實感到局勢十分嚴重。又一天，總理緊急找我談話，他讓我立即中斷休假，返回華沙。他說經中央認真研究，認為蔣介石反攻大陸的決心很大，但他還是存在著一些困難，今天的關鍵問題是要看美國的態度如何，美國是支持還是不支持，要爭取讓美國來制止蔣介石反攻大陸的軍事行動。」王炳南隨即返回華沙，約見美國的會談代表卡伯特，可是在見面的前一天，王又接到中國方面來電，要他裝病延遲會談時間，害得他好幾天不敢出大使館的門，原來是中國國內正在調派兵力向福建集結，但因南方大雨，一些重要橋梁被沖斷，部隊集結受阻。6月23日，兩人會面時，王炳南用警告的口吻向卡伯特說：「我可以斷定，蔣介石竄犯大陸之日，就是中國人民解放臺灣之時！」出乎王炳南意外的是，卡伯特竟向王炳南說：「如果蔣介石要行動，我們兩家聯合起來制止他[86]。」

美國總統甘迺迪於6月27日的記者會上重申美國的立場，強調美國對中華民國的承諾只是防禦性質，並不支持所謂的「攻擊」行動[87]。從國府遷臺後，美國對兩岸關

---

85 賴暋，1994，《賴名湯先生訪談錄（上）》，頁206-207，臺北：國史館。

86 王炳南，1985，《中美會談9年回顧》，頁86-90，北京：世界知識出版社。

87 Hungdah Chiu, ed., 1979，《China and the Taiwan Issue》，頁173，New York: Praeger Publishers。

係的思考模式，可以清楚的看出美國在與大陸、臺灣的三角關係中，美國支持中華民國以圍堵中共等共產集團的「赤禍蔓延」，另一方面則盡力維持臺海和平，避免國、共內戰再起或衝突擴大，拖美國下水[88]。但蔣介石面對中共逐漸增強的實力別無他法，只有要求美國支持，趁中共實力還在國府評估尚可掌握的範圍內，放手一搏。為了掌握最後的反攻機會，而有了蔣經國（時任行政院政務委員）於1963年9月6日至13日的華府之行[89]。

在蔣經國的華府之行，甘迺迪總統對古巴的教訓念念不忘，他指出對古巴作戰失敗即基於「希望多於實際」的兵力評估，美國必須冷靜評估，不能再度介入失敗的作戰。因此甘迺迪以「情報不足」、雙方應加緊合作以取得更多、更確實可信的情報為由，擋掉了蔣經國的「推銷」[90]。

1965年9月19日，蔣經國再度以國防部長的身分訪美[91]，當時的美國總統是詹森。蔣經國在9月22日會晤美國國防部長麥那瑪拉，陪同者有外交部長周書楷及擔任翻譯的新聞局長沈劍虹。蔣經國提出蔣介石以攻占廣東、廣西、雲南、貴州及四川等西南

---

88 在1954年簽署的《中美共同防禦條約》第六條表明對條約中的領土範圍，就中華民國而言，應指臺灣與澎湖。而美國參議院在通過此項條約時也做出解釋，認定「締約任何一方自中華民國控制下的領土上採取軍事行為需獲得雙方一致同意」。這表示未經美國同意，中華民國不得將臺澎軍隊調離至外島，任何臺澎地區以外的軍事行動也必須經過美國認可。見 Hungdah Chiu，ed.，《China and the Taiwan Issue OPCIT》，Document 12，頁232。而中共在攻陷一江山後，美國國會在1955年1月底通過〈臺海決議案〉（Formosa Resolution），授權美國總統在必要時可不經立法程序，動用武力防衛臺澎，而且授權範圍還包括保衛臺澎而必須防衛的地區，為防衛金馬預留餘地。1955年2月，大陳撤軍，2月9日美國國會正式通過《中美共同防禦條約》，中華民國交出了國家主權中的軍事行動權力，換取對金馬外島的實質管轄權。張亞中，1998，《兩岸主權論》，頁37-40，臺北：生智文化。

89 薛化元，《臺灣歷史年表——終戰篇I》，前揭書，頁402。

90 王景弘，前揭書，頁264-265。在甘迺迪政府內的「蘇聯通」，如包仁和湯普森均反對美國與中共改善關係，深恐傷害美蘇之間的關係，1962年的美國主流民意，甚至對當時美國能否將剩餘穀物出售中共，也堅決加以反對。戴萬欽，1989，〈甘迺迪政府對中蘇共分裂之認知與反應〉，頁409，淡江大學美國研究所博士論文。因此，國府想利用美國的反中共政策及主流民意以遂其反攻的目的，但還是為甘迺迪總統所拒絕。

91 同注89，頁438。

5省，切斷中共援助越南的補給路線計畫作為重點[92]。麥那瑪拉則批評「反攻大西南」的建議與登陸古巴的「豬玀灣事件」一樣，都預期會有大批人民起義；但蔣經國仍重申西南5省反共民意最堅強、中共軍事部署最脆弱、蔣介石聲望最高，而與「豬玀灣事件」組織不足和沒有政府領導的情況不一樣[93]。

9月23日，蔣經國會見詹森總統，面交蔣介石總統的信函，但詹森只要求蔣經國向蔣介石轉達：「美國感謝中華民國支持雙方共同目標所做的努力，美國仍是中華民國的忠實盟國。」卻一句也不提臺灣的「反攻大西南」計畫，或臺灣協助美國打越戰等問題[94]。1966年1月25日，美國駐臺北大使館代辦恆安石把美方對「反攻大西南」計畫的建議回覆給蔣經國，「蔣經國很失望及不快」，並要求恆安石提出美國對反攻大西南的書面反應，以便他能更正確的向蔣介石報告。1月28日，美國國務卿魯斯克一封電報訓令指出，美國最高軍事當局仔細研究國府所提出的反攻大西南計畫後，認為此概念有兩個基本弱點，較難實行成功[95]。魯斯克要恆安石向蔣氏父子保證，美國願意擴大「藍獅」的磋商[96]，以包括應付共黨對東南亞威脅的構想與戰略[97]。

1966年，美國已經非常清楚的向臺北傳達不支持國府的反攻大陸計畫。對美國而言，越戰已經帶給美國政府沈重的壓力，因此根本不願介入國、共之間的內戰；對臺北而言，反攻大陸的計畫在沒有美國全力支持下，根本不可能成功；對蔣氏父子而言，國民黨或許在很長時間之內無法，甚至根本就不可能再回到大陸故土。此後，如

---

92 同注90，頁267。

93 同上，頁269。

94 同上，頁270。

95 同上，頁276。美國最高軍事當局認為兩個基本弱點為：一、美國空軍對大陸的空襲會引發美國與中共的戰爭，美國不準備這樣做。另一方面，如果沒有美國空軍攻擊中共的補給基地，將無法保護中華民國的反攻部隊，以應付中共空中及海上的攻擊。二、美國情報界所能得到的大陸情勢情報，不足以證實西南5省人民，甚至只是實質多數人民，會起義支持中華民國反攻。

96 同上，頁266-267。所謂「藍獅」就是「反攻大陸」計畫的代號，這項方案使得美國駐臺北大使與中華民國政府高層官員得以經常交換意見。但是因為關切層次不同，使得委員會開的次數大減。而「藍獅」委員會其實是美國人的花樣，目的在透過磋商藉以說明登陸戰爭之困難，使國民黨對「反攻大陸」知難而退。

97 同注90，頁276。

何在臺灣「落地生根」、「永續經營」，反而變成其主要的政策取向，而對島內異議人士，尤其是本省籍人士的反抗行動，或許將採取更嚴肅的對待方式，以免危及國民黨在臺灣的統治基礎。1964年9月20日，彭明敏和他的學生謝聰敏、魏廷朝等經過長期計議之後發表〈臺灣人民自救運動宣言〉，因此遭到逮捕[98]，他們的行動很清楚的指出新一波國民黨內部挑戰危機的開始。

雷震的《自由中國》這份刊物及參與者，與彭明敏的〈臺灣人民自救運動宣言〉有相當不同之處。《自由中國》的成員主要是大陸來臺的自由派知識分子，他們初期的願景，是在反共的大前提之下，團結蔣介石總統與胡適的力量與中共對抗；但隨著對冷戰局勢逐漸認知，明白軍事反攻已是遙遙無期的情形下，對國民黨以反攻大陸為名所做的許多侵害民主自由的權宜措施，提出更多的批判，也消除了擁蔣的必然性，在反對蔣介石總統三連任之後，終於遭到逮捕[99]。大體上來說，《自由中國》的外交立場從一開始就是反對中共政權，而主張以中華民國政府作為全中國的唯一合法代表。蔣勻田就曾經指出：「臺灣並無民族問題，只有人民對政府施政不滿而無可代替的問題[100]。」換言之，蔣勻田似乎將問題以中華民族主義涵蓋，並忽略了臺灣民族主義的內在發展性。

彭明敏的背景與上述《自由中國》等大陸省籍知識分子之間，存在著某些根本上的差異，他的父親彭清靠是日本治臺期間的「臺灣新貴」，相對於中國的發展落後，他反而慶幸日本統治帶給臺灣的進步[101]。1946年，彭明敏從日本返臺，在國立臺灣大學求學期間，一直受到外省籍教授薩孟武、胡適等人器重。1954年取得法國巴黎大

---

98 薛化元，《臺灣歷史年表——終戰篇I》，前揭書，頁420。彭明敏時任臺大教授，謝聰敏擔任《今日的中國》雜誌編輯，魏廷朝任中央研究院研究助理，以叛亂罪嫌被捕。

99 薛化元，《「自由中國」與民主憲政》，前揭書。

100 Chester Bowles著，蔣勻田譯，1960年8月1日，〈重新考慮「中國問題」〉，《自由中國》，第23卷，第3期，頁11，臺北：自由中國社。Bowles主張在「北京政府雖仍困難重重，但是已穩定握有中國大陸」，與「住在臺灣800萬臺灣人與200萬大陸人應有權力要求安全、獨立存在和發展文化，魏然於共黨勢力圈之外」這樣的前提之下，主張以「獨立的中臺國（An Independent Sino-Formosan Nation）」來解決臺灣海峽兩岸的定位問題。此處乃引自文內蔣勻田所寫之譯後感。

101 賴澤涵，1993，《悲劇性的開端——臺灣228事變》，頁50，臺北：時報出版公司。

學法學博士學位後，彭明敏回臺灣大學政治系任教，1961年升任系主任，並被派任為聯合國大會中華民國代表團顧問[102]。但蔣介石政府刻意提拔彭明敏「作為臺灣人的榜樣」[103]，反而使彭明敏覺得「當官方對我愈表信任時，正是我心裡對於整個政局的疑慮加深時[104]」。

1964年初，彭明敏和學生魏廷朝、謝聰敏等決議起草一份文件，「將臺灣的處境和所面臨的問題，分析清楚，分發給臺灣人和大陸人」[105]。但在印刷廠印刷的過程中，便被印刷廠老闆密告，9月23日，3人同時以叛亂罪被捕。1965年11月，彭明敏獲特赦出獄（本刑8年），其他兩人也各減刑一半[106]。相較於雷震及傅正等人繫獄多年，可看出當局對待本省異議人士時因顧忌省籍衝突，而顯現得較為寬容；此外，這份宣言的內容，也與《自由中國》在基本理念上有所不同。

〈宣言〉中強調「國家只是為民謀福利的工具，任何處境相同、利害一致的人們都可以組成一個國家」；「10餘年來，臺灣實際上已成為一個國家，就人口面積、生產力、文化水準條件來看，在聯合國110餘國中，臺灣可排在第30餘位」；「但是我們不能不想，走到窮途末路的蔣政權，將臺灣交給中共。我們更不能不憂慮，臺灣將被國際上的權利政治所宰割，所以說我們絕不能等待」；「絕不能妄想『和平轉移政權』而妥協」。〈宣言〉提出三項運動的目標：一、確認「反攻大陸」為絕不可能，推翻蔣政權，團結1,200萬人的力量，不分省籍，竭誠合作，建設新的國家，成立新的政府；二、重新制定憲法，保障基本人權，成立向國會負責且具效能的政府，實行真正的民主政治；三、以自由世界的一分子，重新加入聯合國，與所有愛好和平的國家建立邦交，共同為世界和平而努力。〈宣言〉最後呼籲：「多少年來，中國只有兩個是非，一個是極右的國民黨是非，一個是極左的共產黨是非，真正的知識反而不能發揮力量。我們要擺脫這兩個是非的枷鎖，我們更要放棄對這兩個政權的依賴心理，在

---

102 彭明敏，1988，《自由的滋味——彭明敏回憶錄》，頁104，臺北：前衛出版社。
103 王育德，1993，《臺灣——苦悶的歷史》，頁213，臺北：自立晚報出版社。
104 同注102，頁117。
105 同上，頁136。
106 同注103，頁214。

國民黨與共產黨之外，從臺灣選擇第三條路——自救的途徑[107]。」

在這份〈宣言〉中，彭明敏公開提倡推翻蔣政權，這是一種激進的革命心態，與《自由中國》倡言體制內的改革有很大的不同。彭明敏要求建立一個新國家、新政府的主張，也與《自由中國》倡議的一個中國的立場相違背。《自由中國》一直反對中共政權，並堅持一個中國即中華民國[108]。對彭明敏而言，臺灣人的祖先早就被清朝遺棄，由於中國「令人忍無可忍」的情勢，迫使人民遷移到這個疾病叢生而又不文明的島嶼。再者，政府「反而把臺灣看做蠻夷島，住的都是叛徒、土匪、海盜、怪人和鴉片中毒者[109]」。由於1895年馬關條約割讓臺灣予日本，日本又統治臺灣達半世紀之久，「其間，臺灣在政治和文化上，與中國完全斷絕關係[110]」。1949年共產黨統治大陸後，類似的斷絕情形又再次發生。從1895到今天，「臺灣和中國政治統一只有4年，即1945年到1949年[111]」。

彭明敏在其回憶錄中所透露的思想，認定臺灣與大陸的歷史關聯性幾乎已經「消失」，而國民黨治理臺灣的方式和日本殖民時期的行政效率相較，其對比真是令人羞慚。「任何非傳統性行為、批評性思考、獨立的精神，不但受到限制和反對，甚至受到處罰。國民黨要使臺灣人民回復古代中國的狹隘和固守，其後果是可怕的[112]」。彭明敏也認為土地改革只不過更進一步加深1947年的恐怖政策，欲使受到良好教育的地主和中產階級窮困[113]。然而彭明敏的父親是大甲地區醫生，行醫18年的積蓄都投資於土地，他一共買了約40甲田，成為富甲一方的大地主。在彭的成長過程中，日本殖民時代使他們成為臺灣新貴，彭家也成為一個超過20人得到醫學學位的大家庭[114]；但當

---

107 同注102，頁136。

108 薛化元，《「自由中國」與民主憲政》，前揭書，頁251。大體上，《自由中國》的外交立場始終堅持中華民國是全中國唯一合法的代表。

109 彭明敏，《自由的滋味——彭明敏回憶錄》，前揭書，頁250。

110 同上，頁251。

111 同上。

112 同上，頁118。

113 同上，頁120。

114 同上，頁10。

國民黨政府接收臺灣後，彭明敏相對感受低效率政府的惡劣施政品質，加以同儕菁英被殺害[115]、地主階級因為土地改革蒙受重大損失等因素，使他益發不相信中華民國政府。

　　彭明敏認為中華民國是一個衰弱的政府，依靠美國生存，走到窮途末路時，會將臺灣賣給中共[116]。同時，中華民國是一個不合法的政府，既不能代表臺灣，也不能代表大陸人民，因為「大陸人民已選擇了另外一個政府[117]」。而唯一的解決辦法，就是加速摧毀蔣介石的暴政[118]。要之，彭明敏將臺灣與中國之間的歷史淵源減至最低，相較於日本及西方文化的優點，中國帶給臺灣的影響只有害處而沒有利益，並要求以革命推翻國民黨政權，把臺灣建設成一獨立的新國家。換言之，是要消滅中華民國政府。

　　彭明敏與雷震等人相較，雙方在對中國歷史文化的認知、中華民國政府的存在、改革的手段等方面，都呈現極大的不同。雷震的被捕，代表一種以外省知識分子為主的體制內改革勢力沒落；但彭明敏的被捕，卻是一種以本省籍知識分子為主，挑戰現有政權，不惜以革命為手段，並且對中國認同持否定態度的反對運動在島內崛起的濫觴。這種以從事體制外革命為訴求的反對運動，在60年代逐漸起領導的作用，並形成反對運動的主流。

　　在整個1960年代中重要的政治事件，請參考表一。

---

115 同上，頁120。
116 同上，頁137。
117 同上，頁133。
118 同上，頁140。

年代	事件
1961.9.24	蘇東啟事件——雲林縣議員蘇東啟等素有臺灣獨立思想，以「企圖顛覆政府」罪名被捕，300餘人被處重刑
1962.7	高雄等地軍官學生臺灣獨立運動事件——高雄學生等從事獨立運動被捕30餘人，施明德（砲兵學校候補軍官班第13期生）被處無期徒刑
1967.8.20	林水泉事件——臺北市議員林水泉、顏尹謨、黃華、許曹德等熱中於臺灣獨立運動，企圖武裝起義，被捕247人
1967.12	臺灣大眾幸福黨事件——宜蘭地方一群熱中於臺灣獨立運動的知識青年，認為議會主義無法解放臺灣，1965年祕密成立「臺灣大眾幸福黨」，因與林水泉等素有聯繫，故被牽連破獲
1968.2	留美學生陳玉璽由日本被強制送回臺灣後，以參加臺獨罪名被處徒刑7年
1968.3.27	「臺灣青年獨立聯盟」盟員柳文卿被日本強制送回臺灣，盟員到機場阻擋，被日警逮捕數人
1968.4	戴榮德（屏東人，水電技工）以臺獨罪名被判7年
1968.6	筆劍會事件——熱中於臺灣獨立的一群青年學生，祕密成立「筆劍會」被捕
1968.7	民主臺灣聯盟事件——反蔣民主主義者陳永善（筆名陳映真）等籌組「民主聯盟」（1967年成立），被捕36人
1969.2	留日學生陳中統（日本岡山醫大學生）返臺後，以「參加臺灣獨立運動」罪名被捕，被處15年徒刑
1969.3	統中會事件——一群以臺大、政大為主的學生，籌組「統一中國促進委員會」，被捕37人
1969.4	山地青年團事件——桃園的山地同胞被捕
1969.9	柏楊（郭衣洞）以「匪諜」罪名被捕，被處徒刑12年

資料來源：管碧玲，1994年7月，《民族主義與臺灣政黨政治》，頁115，臺北：國立臺灣大學政治研究所博士論文。

　　薛化元，《臺灣歷史年表——終戰篇I、II》，前揭書。

　　楊碧川，1996，《臺灣現代史年表》，臺北：一橋出版。

　　從表一來看，1960年代的政治獄，除少數個案之外，大多數的案件是以臺獨的罪名遭逮捕、起訴。其中，以蘇東啟和施明德等人的事件對往後臺灣反對運動有較深遠的影響[119]。蘇東啟在日據時期，因為不滿日本人強征臺人赴中國戰區與同宗相殘，遂

---

[119] 施明德曾領導1979年高雄美麗島事件，後出任民主進步黨黨主席，但1999年9月退出民進黨，2000年11月14日正式對外宣布。2000年11月15日，《中國時報》，第5版。

於1942年假道泰國、寮國,抵達雲南,赴重慶投奔中國國民黨的抗日陣營。1946年蘇東啟返臺,1952年連任4屆雲林縣議員[120]。在涉入武裝臺獨叛亂事件後坐牢15年,出獄後他曾談到對臺灣獨立的看法:「臺灣獨立並不表示背叛祖國,因為孩子長大必定要分家,何況政治思想、生活方式不一樣,勉強生活在一起不是很痛苦嗎[121]?」很明顯的,蘇東啟與彭明敏是兩個不同典型的臺籍反對運動者。蘇東啟在日據時期因仇日而赴重慶,是「半山」的背景,雖然在雲林縣議員任內因不滿政府而痛予抨擊,在民間博得「蘇大砲」之美譽[122],但是他也是祖國論與臺灣獨立論的辯證統合者。

至於施明德的背景與彭明敏頗為相似,雖然年齡有所差距,但雙方家庭都曾因國民政府來臺而蒙受不同程度的損失。施明德的父親施闊嘴本是南臺灣最有名的「拳頭師父」,也是日據時期高雄州唯一有執照的中醫師。他用行醫所賺的錢大量購買土地,擁有高雄前後火車站大片土地,是高雄的富豪之一[123]。1951年初,因為228事變遭人檢舉,不但遭受刑求且廉價售地贖身,1952年過世時,累積的財富很快便失散大半[124]。另一方面,施明德在6歲親眼目睹228事變後,在內心形成始終揮之不去的陰影,他說:「228使我將日據時代末期的美軍轟炸臺灣,與大陸人來臺連起來,同樣是外來政權,同樣在屠殺臺灣人。臺灣人要解放,就需要有自己的國家。」在施明德初中時期,這樣的思緒便已逐漸成形[125]。

1962年初,陳三興、蔡財源及施明德的代表張茂雄等人在高雄市體育場討論發動政變的時機[126],蔡財源主張「如果國民黨政府在聯合國喪失了代表權,國內勢必哄

---

120 張讚合,1996,《兩岸關係變遷史》,頁216,臺北:周知出版。
121 馬起華,1988,《臺獨研究》,頁21,臺北:中華民國公共秩序研究會。
122 同注120,頁216-217。
123 李昂,1993,《施明德前傳》,頁7,臺北:前衛出版社。
124 同上,頁18-19。
125 同上,頁11-12。
126 陳三興於1958年組成「臺灣民主聯盟」,目的在推翻國民黨,建立「臺灣民主共和國」;在中正中學念書的施明德、蔡財源組織了「亞細亞同盟」,他的構想是臺灣獨立後,征服大陸,再聯合亞洲國家成立亞洲聯盟。1959年底,這兩個組織合併成「臺灣獨立聯盟」,施、蔡兩人分別考入陸軍砲兵學校及陸軍官校,陳三興則到社會上吸取社會人士。張讚合,前揭書,頁218。

亂不安，我們要利用這一難得的時機發動暴動，占領電臺，向全世界廣播，並呼籲同胞的支持[127]。」但他們的組織因為成員之一的李植南向治安機關自首而遭破壞，1962年5月8日，組織成員紛紛被捕，逮捕行動長達1個多月，有臺共背景的宋景松被判死刑，陳三興、施明德被判處無期徒刑，本案共涉及180人[128]。

60年代政治獄案中，雷震《自由中國》與彭明敏〈臺灣人民自救運動宣言〉，在本質上存在著極大的差異，但雷震與彭明敏兩人也有背景相同之處。首先，兩人都是知識分子，雷震早年留學日本，曾任中央大學法學院教授、經濟動員策進會主任委員、行政院政務委員等要職[129]；彭明敏在34歲（1957年）即已升任臺灣「戰後大學歷史上最年輕的正教授」，也曾被委任為聯合國大會中華民國代表團顧問。兩人周遭的朋友及工作夥伴也大都是知識分子，他們從知識階層所產生的思維模式，提出對當前局勢的解決之道，但對一般社會大眾的影響，恐怕不如蘇東啟、施明德等民間草根型人物走群眾運動方式要來的有效。

蔣經國在1966年邀請彭明敏（1964年出獄）到國防部長辦公室晤談，彭表達想回大學任教的想法，不久後，蔣邀請彭到其「智庫」——國際關係研究所擔任研究員，雖然彭明敏謝絕，但在往後數年中，蔣經國仍不時派出情治人員向彭表示，「國民黨內的自由派」依然希望說服他參與體制內的改革運動[130]。

蔣經國對於臺灣的反對運動，尤其是以本省籍人士為主的活動，對國民黨政權威脅的嚴重性，比當時政府某些高層外省籍官員先一步洞察及了悟。他曾在日月潭的高階將領會議後，力勸某些將領將本省籍軍官晉升到高階，他說：「各位，這是一個嚴肅的題目，如果我們不把本省人當中國人看待，我們的麻煩就大了[131]。」

1965年5月，長年在東京領導臺獨運動的廖文毅公開揚棄臺獨運動，飛回

---

127 同注126，頁218。
128 林樹枝，1992，《出土政治冤案》，第1集，頁128-138，出版者不詳。
129 陳賢慶、陳賢杰，1997，《民國軍政人物尋蹤》，頁349，江蘇：新華書店。
130 陶涵（Jay Taylor），前揭書，頁307-308。
131 同上，頁308。這是Lodge Loh在1995年9月13日在臺北接受Jay Taylor訪談時所說。

臺灣[132]。當局旋即把向廖文毅及其家人沒收來的財產發還，相信這是廖文毅和蔣經國協議的一個重要條件[133]。1966年，國民大會選舉蔣介石為第四任總統，同時通過由蔣經國強力催生的一項臨時條款修訂案，允許辦理中央民意代表補選，以反映臺灣地區人口成長的實際狀況[134]。

國民黨在蔣經國的指導下，已經採取爭取省籍政治人物的第一步，要讓占人口多數的臺灣人在中央民意機關裡擁有若干代表席次。

1970年，蔣經國以行政院副院長身分訪美。4月24日，蔣經國到紐約市廣場飯店，發生黃文雄開槍行刺未遂的事件[135]。這是由美國「臺灣獨立聯盟」（World United Formosans for Independence，簡稱WUFI，1970年成立）所策畫的暗殺行動，但事後卻因為該由組織抑或個人來承擔暗殺事件的法律責任，造成內部的恩怨與爭論[136]。這一次的暗殺行動，使反對運動逐漸由知識分子而深入民間，由書生紙上論政變成實際行動，甚至武力暗殺。這些在蔣經國正式接掌行政院後，遂於他逐漸體會及重視「本土化」的過程中，扮演了重要分量的催化劑。

第三節　退出聯合國

1949年，中國共產黨在大陸建政，成立「中華人民共和國」，而國民政府則退據臺澎金馬，堅持「中華民國」主權及於全中國地區。就國際法而言，中國雖然因內戰

---

132 曾為臺灣共和國臨時大統領的廖文毅在1965年5月14日返回臺灣，經安排出任曾文水庫興建委員會副主委之後，臨時政府在不久之後瓦解。此後，王育德（日本明治大學講師）領導力量成了日本臺獨運動的主流。陳銘城，1992，《海外臺獨運動40年》，頁12、13、15，臺北：自立晚報出版社。

133 同注130，頁308。

134 同上。這次補選在1969年舉行，只有26名立法委員的名額待選舉重新產生，大約占整體委員中的5％。

135 薛化元，《臺灣歷史年表——終戰篇II》，前揭書，頁110。

136 陳銘城，前揭書，頁139-147、149-150。在槍擊事件之後，黃文雄、鄭自才（黃的妹婿）被美國警方逮捕，當時臺獨聯盟重要幹部張燦鍙、蔡同榮為了保護組織及成員，對外宣稱這是盟員個別英勇行為；但鄭自才等認為聯盟應負擔責任，為此內部存在許多恩怨與爭論。蔡同榮在1972年元旦任滿2年主席後辭職，由彭明敏繼任。但彭明敏因不適應內部紛擾，1973年起由張燦鍙接任臺獨聯盟主席。

而分裂，但由於臺北和北平兩個政府皆反對任何分裂國土之「兩個中國」的主張，因此中國在國際法上只有一個。而聯合國內「中國代表權」問題的由來，關鍵在於世界上大多數國家只承認臺北或北平為中國唯一合法政府[137]。

1949年11月18日，中共外長周恩來致函聯合國祕書長及聯大主席，要求由「中華人民共和國」取代中華民國在聯合國的席次。當時聯大主席並未立即採取行動，原因在於聯大證書審查委員會已通過由臺北政府派遣之代表出席聯大的合法資格。11月25日，蘇聯及其共產集團代表，於聯大第四次大會第一次委員會開會時，對臺北政府代表出席該委員會提出抗議，認為中華民國已失去大陸地區，無權代表全中國，這是聯合國第一次對中國代表權問題發生爭論[138]。

1950年6月25日韓戰爆發後，美國對中共的政策由「等待觀察」改變為圍堵，因此堅決反對由北平取代臺北的聯合國席次。11月3日，聯合國大會又通過聯合維持和平決議案，將安理會維持世界和平的權力移至大會，避免蘇聯在安理會行使否決權。12月14日，大會再通過英國所提出的處理會員國代表權的決議案，為避免聯合國各機構對某一會員國的代表資格作出不同決定，今後須以大會的決議為決議。此案獲通過後，往後20年間此一聯大決議乃成為辯論及表決臺北代表權案的等同憲章之規定，換言之，只要臺北政府繼續獲得每年聯大表決的勝利，即可維持會籍。

1951年2月1日，聯大通過由美國及其友邦所提出的決議案，譴責中共為韓戰侵略者（中共於1950年11月6日派大軍入北韓並攻擊聯軍）。由於中共被聯合國指名為侵略者，以致多數反對中共代表中國的會員國代表團皆稱北平政權違反憲章所規定的入會先決條件——「愛好和平」，因此沒有資格代表中國。此時原本主張「會籍普遍化」原則的聯合國祕書長賴伊也改變立場，認為永久會員國與新會員國一樣，其會籍

---

137 王國璋，1993年5月，〈中共如何取代我國在聯合國之席位〉，《問題與研究》，第32卷，第5期，頁11-23，臺北：國立政治大學國際關係研究中心。

138 UN yearbook，（1948～1949），頁295。

及代表權，同樣須受聯合國憲章第4條——「愛好和平」的考驗[139]。

1970年，隨著文化大革命逐漸趨緩，中共開始在國際間爭取承認支持，且透過加拿大表明願意代表全中國參加聯合國。1971年9月16日，尼克森總統宣布：「中國在安理會席次由中華人民共和國取代，但中共入會將不得排除中華民國在大會的代表權[140]。」

而臺北方面，深感聯合國的會籍保衛戰日趨艱辛。儘管蔣介石抱怨尼克森的雙重代表案，並強調「寧為玉碎，毋為瓦全」，可是臺北還是準備同意順應時勢，在實質上接受丟掉安理會席次，以保住聯合國會員身分的方案。由於蔣總統健康迅速惡化，這個重大的決定基本上由蔣經國裁決[141]。除了蔣經國之外，當時的外交部代理部長楊西崑、國家安全會議祕書長黃少谷、駐黎巴嫩大使繆培基、行政院祕書長蔣彥士等人都同意政府採取「彈性」的立場。蔣彥士在7月22日告訴美國駐華大使馬康衛，他主張中華民國政府即使失去安理會席次，也應留在聯合國[142]。

1971年9月16日，中共副主席林彪夫婦因密謀武裝起義失敗，倉卒逃走，在外蒙古墜機身亡。尼克森預定要在次春訪問大陸，會晤毛澤東，由於深怕「中」美尚未建立的關係生變，所以不顧聯合國投票在即，派國務卿季辛吉去見周恩來，打聽大陸究

---

139 由於安理會各理事國將外交承認與代表權問題視為一體兩面之事，故未能解決中國代表權問題；而聯合國祕書長也怕共產集團退出聯合國，另組一國際組織與聯合國對抗，且他深信會籍普遍化原則，主張應讓中共入會。1950年3月8日，賴伊公布一份備忘錄，乃從法律的層面，就聯合國代表權與會員國家間的外交承認問題作一說明，要點是：代表權問題的難以處理，乃因會員國將外交承認與聯合國代表資格視為一體所造成。承認一個新國家或新政府，是一國政府的片面行為……而一國在聯合國的會籍及其代表資格，是由聯合國各機構集體所決定的……至於代表權，則由各機構審查後投票決定各國代表的資格書是否有效。請參閱1950年3月9日，UN doc. s-1466。

140 President Nixon's News Conference of Sept. 16，1971，in public papers of the presidents of the United States，頁950，1971（Washington，D.C.：GPO, 1972）。

141 陶涵（Jay Taylor），前揭書，頁335。另據蔣介石侍從醫官熊丸生前透露，1968年在陽明山的一次車禍之後，蔣介石心臟大動脈出現雜音，自此精神就沒以前好，同時攝護腺也出了問題。由於健康惡化，1972年至1975年，蔣經國每晚都會跟蔣介石長談，而很多國家大事都已經由蔣經國透過老總統的名義處理。2000年12月22日，《中國時報》，6版。

142 王景弘，前揭書，頁351-353。

竟是誰在當家[143]。但看在美國的友邦眼裡,無疑是傳達美國支持中華民國的立場已經鬆動的訊息。第26屆聯大於1971年9月21日開幕,代表團有外交部長周書楷,正代表有謝東閔、劉鍇等5人,副代表有林挺生、張純明等5人,顧問團多達32人,有馬樹禮、錢復、陸以正等人。而中共外交部為阻止雙重代表權一事成立,早在8月就發表聲明,如果聯大通過任何「兩個中國」或「一中一臺」的決議,大陸絕不接受[144]。

相對於中共強硬的態度,1971年蔣介石總統終於在大環境的變遷下,於最後階段勉強同意雙重代表權。於是,在外交部給所有駐外使節的訓令中,既促請友邦反對阿爾巴尼亞提案,又表示如果友邦贊同美國領銜的雙重代表權提案,我方也能理解。為避免駐外使節與駐在國交涉時,用字遣詞有誤,外交部還準備一份英文說帖,指令駐使在與對方外長磋商時,照文宣讀,一個字也不能更改[145]。

1971年9月聯大常會開會時,有關我國代表權有三個提案等待辯論及表決,其一為例行之阿爾巴尼亞排我納中共案;其二為美國及我友邦所提出的「開除中華民國代表權」乃重要問題案;其三亦為美所提案,建議大會決定中華人民共和國及中華民國皆在聯合國有代表權,但由中華人民共和國取代我在安理會的席次[146]。由於我政府拖至最後關頭始同意美國上述提案,致阿案先造勢成功,再加上表決時,美國國務卿季辛吉正在大陸商談尼克森訪問中共之日程和議程,使得10月25日聯大先就重要問題程序案表決時,55票贊成,59票反對,以4票之差失敗,我代表團見大勢已去,立刻聲明退出聯大。當周書楷大使步出會堂後,大會隨即以76票對35票通過聯合國〈第2758號決議案〉[147],承認中共取得在聯合國中代表中國之權。這等於向世界宣告,中華民國這個聯合國創始會員國如今在聯合國眼中,已經不是一個具有國家人格的主權國家了。雖然在20多年後,有學者開始討論此決議案的合法性[148],但不論是否合法,這個

---

143 陸以正,2000年10月25日,〈回憶1971年聯合國席位的最後一戰〉,《聯合報》,第6版。

144 陸以正,同上。

145 陸以正,同上。

146 UN doc. A ——L. Sept. 29, 1971。

147 鐘聲實,1996年11月,〈從國際組織法觀點分析聯大第2758號決議〉,《問題與研究》,前揭書,第35卷,第11期,頁2。

148 鐘聲實,〈從國際組織法觀點分析聯大第2758號決議〉,前揭書,第1-14頁。

冷戰時期的產物對中華民國的國際人格產生了重大影響。〈第2758號決議案〉稱：

　　大會基於聯合國憲章的原則，認為恢復中華人民共和國的合法權利對於維護聯合國組織以及依據憲章所必須之行為均屬必須。承認中華人民共和國政府的代表是中國在聯合國的唯一合法代表，以及中華人民共和國為聯合國安全理事會5個常任會員國之一。茲決定恢復中華人民共和國之所有權利，以及承認其政府代表是聯合國之唯一正當性代表（The Only Legitimate Representatives of China），並立即將蔣介石的代表從其在聯合國及其所屬的一切組織中所非法占據的席次上驅逐[149]。

　　〈2758號決議案〉讓中華民國不僅失去代表整個中國的合法性，也使作為一個主權國家的國際人格「正當性」都被剝奪了。當時代表團中的陸以正則認為，假設當年美國所提的雙重代表權案獲得多數支持，在那年中共肯定拒絕加入。因為聯合國是以國家為單位的競技場，大家玩的是實力政治（Realpolitik），因此最多再拖1、2年，我國仍然會被趕出聯合國[150]。

　　退出聯合國之後中華民國可謂遭逢巨變，國內政局因此產生若干重大的影響，概略如下：

一、菁英立場轉趨務實

　　面對國際局勢的轉變，從蔣介石到權力菁英之間，對於如何因應聯合國中國代表

---

[149] 2758號決議案（Resolution on Representation of China）（United Nations General Assembly, Oct.25, 1971. G.A. Res.2578, 26 GAOR Supp.29（A/8429）, at 2.）原文為："The General Assembly, Recalling the principles of the Charter of the United Nations, Considering that the restoration of the lawful rights of the People's Republic of China is essential both for the protection of the Charter of the United Nations and for the cause that the United Nations must serve under the Charter, Recognizing that the representatives of the Government of the People's Republic of China are the only lawful representatives of China to the United Nations and that the People's Republic of China is one of the five permanent members of the Security Council, Decides to restore all its rights to the People's Republic of China and to recognize the representatives of its Government as the only legitimate representatives of China to the United Nations, and to expel forthwith the representatives of Chiang Kai-Shek from the place which they unlawfully occupy at the United Nations and in all the organizations related to it.

[150] 同注139。

權問題，雖然有各自不同的認知與考慮，但在1971年面臨聯合國中共挑戰的最後關鍵時刻，都接受美國所提的「雙重代表權」提案[151]。儘管楊西崑認為中華民國在聯合國遭遇失敗，有一部分原因在於「蔣總統拖延不作必要痛苦的決定[152]」，但蔣總統審慎情勢之後，在1971年6月15日的國家安全會議中，針對美國的態度提到：「如果今天看到某些國家短視近利，違反理性，蔑視正義，侈言和平而實在葬送和平的作為，吾人即為其所激怒，或為其所沮喪，甚至為其所脅迫，而不能『持其志毋暴其氣』，那就正是在『自毀其壯志』 只要大家能夠莊敬自強，處變不驚，慎謀能斷，『堅持國家及國民獨立不撓之精神』，亦就是鬥志而不鬥氣，那就沒有經不起的考驗、衝不破的難關，也沒有打不倒的敵人 而這亦就是告訴了大家『形勢是客觀的，成之於人；力量是主觀的，操之在我』的道理[153]。」此後，「莊敬自強，處變不驚」的標語貼遍臺灣各個角落，在風雨欲來之前，給人民一劑強心針。事實上，這個挫敗反倒使臺灣產生一種穩定的效果，強烈突顯出外省人與本省人風雨同舟的命運共同體之感。其次，美國在聯合國大會上積極為中華民國拉票也產生效果，使臺灣人民尚未喪失對美國的保證的信心。甚至美國與中共的接觸，實際上也減緩了中共對臺軍事威脅的壓力。

二、知識分子運動再起

1971年，《大學雜誌》奉准出版，這是由臺大教授楊國樞擔任編輯的刊物，支持者是一批本省籍與外省籍的自由主義派知識分子，刊登主張振興國力結構、明白要求全面改選中央民意代表機關的文章。《大學雜誌》也尖銳批評政府，在美國把沖繩交

---

151 王景弘，前揭書，頁352、353。當時代理外交部長楊西崑透露，總統府祕書長張群在受他影響下，開始能理解中華民國不得不接在受中共入安理會，但我方可保有大會席次的所謂「雙重代表權案」。而楊氏也聲稱國家安全會議祕書長黃少谷也對他的看法（即不輕言退出）「百分百同意」。行政院祕書長蔣彥士在1971年7月22日也告訴美國駐華大使馬康衛，他主張中華民國政府即使失去安理會席次，也應留在聯合國。蔣彥士暗示蔣經國也反對退出聯合國，即使放棄安理會席次亦然。

152 同上，頁400。但陸以正認為中共也不會同意「雙重代表權」並加入聯合國。我個人同意陸以正的看法，臺北不論在處理外蒙古入會、聯合國代表權案等有關「一個中國」問題上，態度反而較具彈性且務實，非保守或「漢賊不兩立」等以往予人的錯誤刻板印象。

153 1987，《先知先導：先總統蔣公駁斥共匪統戰陰謀之指示》，頁39-40，臺北：近代中國出版社。

還日本時，竟然未能阻止美方不要把釣魚臺列嶼一併交出[154]。主流媒體和立法院、監察院若干民意代表也加入批評陣營。全臺各大專院校紛紛成立保釣委員會，這可說是政府遷臺後，校園知識分子捍衛中華民國主權史無前例的狂飆運動。蔣經國命令安全單位和警備總部對保釣運動嚴密監控，但未採直接干預行動。為警告知識分子不要超越威權體制的許可範圍，在1973月間，下令逮捕一位著名外省籍知識分子李敖，以及彭明敏的學生謝聰敏、魏廷朝等人，以為殺雞儆猴之示[155]。1971年10月15日，與《大學雜誌》有關的師生發表〈國是宣言〉，主張厲行法治，要有多元、開放的社會，譴責「特權集團」、「傲慢、老邁……脫離群眾」。臺灣大學出現前所未有的討論言論自由的集會，然而蔣經國非但未採取鎮壓行動，反而邀請《大學雜誌》主要成員參加座談會，並在會中宣稱「青年應該多講話，多關心國是[156]。」臺灣在退出聯合國之後，知識分子之間產生一種類似1919年「五四運動」所激發的民族或是國家主義，在維護國家主權的前提下，在現有的政治體制內進行快速的改革以挽救國家生存，這種「革新保臺」、「起用青年」的呼籲在蔣經國即將組閣之際，勢必產生因勢利導的作用[157]。

三、臺灣自決運動

與上述運動不同的是臺灣長老教會於1971年12月29日，以議長劉華義、總幹事高

---

[154] 陶涵（Jay Taylor），前揭書，頁335-336。1971年4月，大學生分別至日本及美國大使館呈遞抗議書，抗議有關釣魚臺主權的問題。6月17日，近千名臺大學生示威遊行，也分別至美、日使館呈遞抗議書。薛化元，《臺灣歷史年表——終戰篇II》，前揭書，頁140、144。

[155] 謝聰敏日後告訴Jay Taylor，他被三大情治單位審問、拷打，最後頂不住而屈服，誣攀李敖從事反政府陰謀活動。陶涵（Jay Taylor），前揭書，頁336。

[156] 同上，頁337。

[157] 1971年12月7日，《大學雜誌》刊登，由臺大法代會舉辦，周道濟、陳少廷主編的〈全面改選中央民意代表辦論〉紀錄。薛化元，《臺灣歷史年表——終戰篇II》，前揭書，頁157。陳少廷在辯論中直指「以2,000人代表法統，而犧牲1,400萬人權利」、「對本省人不公平」。由於省籍意識介入，使《大學雜誌》的成員中，被歸類為「中華民族主義者」的成員在1975年10月10日集結在《中國論壇》；而所謂「臺灣民族主義者」，則同樣集結在1975年先於《中國論壇》創刊的《臺灣論壇》。管碧玲，前揭書，頁129。

俊明名義所發表的〈臺灣基督長老教會對國是的聲明與建議〉[158]。在這份中華民國退出聯合國後對國際的聲明中，強調「我們絕不願在共產極權下度日」、「我們反對任何國家罔顧臺灣地區1,500萬人民的人權與意志，只顧私利而作違反任何人權的決定」。其中一句話「人權即是上帝所賜予，人民有權決定他們自己的命運」，對日後反對運動形成產生重大影響。在其向國內的建議中，提出「我們切望政府於全國統一之前能在自由地區（臺、澎、金、馬）做中央民意代表的全面改選，以接替20餘年在大陸所產生的現任代表。例如德國目前雖未完成全國統一，但因德國臨時制憲使自由地區人民得以選出代表組成國會，可供我政府參考。且該國雖未成為聯合國會員，卻因這種革新而贏得國際上的敬重[159]」。

在這篇聲明中，明確提出「人民自決」的概念，開啟了此後基督長老教會的「臺灣人民自決運動」；另一方面，它與《大學雜誌》都提出針對中央民意代表機關全面改選的議題。這兩個基本概念，對以蔣氏父子為核心的國民黨外省菁英統治階層而言，必須意識到知識分子對國政改革的迫切願望，以及所謂「臺灣人意識問題」。

第四節　蔣經國組閣

1972年5月26日，立法院以93.38％的高票率，同意由蔣經國出任行政院院長[160]。29日，總統發布新內閣命令，副院長徐慶鐘、祕書長費驊、內政林金生、外交沈昌煥、國防陳大慶、財政李國鼎、教育蔣彥士、司法行政王任遠、經濟孫運璿、交通高玉樹、蒙藏崔垂言、僑務毛松年，至於不管部會政務委員有葉公超、李連春、連震東、俞國華、周書楷、李登輝、郭澄等人[161]。蔣經國的內閣人員的簡歷參見表二。

---

158 薛化元，《臺灣歷史年表》，前揭書，頁156。

159 陳南州，1991，《臺灣基督長老教會的社會、政治倫理》，頁365-366，臺北：永望出版社，頁365-366；黃武東，1988，《黃武東回憶錄》，頁341-342，臺北：前衛出版社。

160 薛化元，《臺灣歷史年表——終戰篇II》，前揭書，頁172。

161 楊碧川，《臺灣現代史年表》，前揭書，頁132。同日，謝東閔與張豐緒兩位省籍人士也分別出任省主席及臺北市長。6月8日，蔣經國指示10項革新政風指示。29日，公布中央民代增加選舉辦法。

表二　蔣經國內閣人員簡歷（1972～1975）

姓名	出生年	入閣年齡	籍貫	黨籍	入閣前經歷	入閣職務	離閣出路
蔣經國	1910	62	浙江	國民黨	1969任行政院副院長	行政院長	總統
徐慶鐘	1906	66	臺北	國民黨	1966任內政部長	副院長	總統府資政
費驊	1902	60	江蘇	國民黨	1960-1969任交通部次長	行政院祕書	1976任財政部長
林金生	1916	56	臺灣	國民黨	1970任中央委員會副祕書長	內政部長	1976任交通部長
沈昌煥	1913	59	江蘇	國民黨	1960任外交部長 1966任駐教廷大使	外交部長	國家安全會議祕書長
陳大慶	1904	68	江西	國民黨	1969任臺灣省主席	國防部長	逝世
高魁元	1907	66	山東	國民黨	1970任總統府參軍長	國防部長	戰略顧問
李國鼎	1910	62	南京市	國民黨	1969任財政部長	財政部長	1976-1980任政務委員
蔣彥士	1915	57	浙江	國民黨	行政院農發會委員	教育部長	1978-1979任外交部長
王任遠	1910	62	河北	國民黨	國民黨政策會副祕書長	司法行政部長	國策顧問
孫運璿	1913	59	山東	國民黨	1967任交通部長 1969任經濟部長	經濟部長	1978-1983任行政院長
高玉樹	1913	59	臺北市	無	臺北市長	交通部長	1976任政務委員
崔垂言	1906	66	吉林	國民黨	黨史會副主任	蒙藏委員長	國策顧問
毛松年	1911	61	廣東	國民黨	1963任臺灣銀行總經理	僑務委員長	國策顧問
葉公超	1904	68	廣東	國民黨	1961任政務委員	政務委員	總統府資政
李連春	1904	68	臺灣	國民黨	糧食局長	政務委員	國策顧問
連震東	1905	67	臺灣	國民黨	1960任內政部長 1966任政務委員	政務委員	國策顧問 總統府資政
俞國華	1914	58	浙江	國民黨	1967任財政部長 1969任中央銀行總裁	政務委員	1977政務委員兼經建會主委
周書楷	1913	59	湖北	國民黨	1971任外交部長	政務委員	駐教廷大使
李登輝	1923	49	臺灣	國民黨	1968農復會技正兼臺大教授	政務委員	臺北市長
郭澄	1907	65	山西	國民黨	國民大會祕書長	政務委員	研考會主委

資料來源：從本章節正文中所引述口述歷史、傳記、專書等資料整理而成。

　　蔣經國在接任閣揆之前，美國總統尼克森已經與中共簽署了「上海公報」[162]，而當尼克森由上海飛回美國時，主管東亞事務助理國務卿葛林（Marshall Green）和季

---

[162] 楊碧川，《臺灣現代史年表》，前揭書，頁133。在「上海公報」中，基本上是各說各話的局面。中共主張中華人民共和國才是中國的唯一合法政府，臺灣是中國的一省。美國方面，則表示美國認識（Acknowledge）到臺灣海峽兩邊的中國人都認為只有一個中國，臺灣是中國的一部分……美國也同意等到該地區緊張情緒趨於緩和，將階段性削減在臺灣的美國軍隊。

辛吉助理何志立，銜命到臺北向臺灣領導人簡報訪問經過。蔣經國出奇的鎮靜，向美方強調只要遵行「共同防禦條約」和美國軍事持續援助，他就「不太困擾」[163]。當上海公報發布後，外交部長周書楷在赫斯特報系記者問到臺灣是否會改打蘇聯牌之問題時，周部長表示中華民國現在不排除「與魔鬼握手」，臺北和莫斯科之間可以舉行類似華沙會談的接觸。3個月之後，周書楷下臺[164]。這個人事調整，顯示蔣氏父子仍然以美國為主要的依恃力量。在蔣經國正式接掌閣揆之後，38歲的錢復出任新聞局長。錢復一上臺，就停止前局長魏景蒙的一些祕密外交活動，包括與蘇聯籍的「倫敦晚星報」（London Evening Star）駐俄特派員維多·路易（Victor Louis）的接觸[165]。

另一方面，蔣經國將有意爭取行政院長一職的周至柔予以排除[166]，並著手逮捕周至柔的智囊——時任《大華晚報》董事長的李荊蓀。李荊蓀從1957年8月～1970年11月止，在《大華晚報》上的「星期雜感」發表一系列批評政府的文章，加上其捲入蔣、周二人行政院長職務之爭而被逮捕，周至柔與黃少谷曾向蔣經國求情，但李仍被判處無期徒刑[167]。

在1972年6月，新內閣成立時，為了因應國際及國內時勢變化，以及國民黨逐漸重視並尋求內部統治的正當性，蔣經國內閣大量啟用臺籍人士，計有徐慶鐘、林金生、高玉樹、李連春、連震東、李登輝等6人，在全體內閣成員21位之中占有29％，居政府遷臺後各屆內閣之冠，行政院副院長一職則由嚴家淦內閣內政部長徐慶鐘升

---

163 陶涵（Jay Taylor），前揭書，頁338。

164 同上，頁338-339。

165 同上，頁315-318。路易（又名維他利·葉夫金尼耶維契Vitaly Yevgeniyevich）經臺灣情報機關確認是KGB的特務。蔣經國同意路易來訪，並要他的好友魏景蒙作為接待的窗口。1968年10月29日，兩人見面並以俄語交談，蔣經國向路易談起，一旦國民政府光復大陸，可以「考慮對美關係」，或許他已預見在「上海公報」簽訂之後，臺灣與美國之間要發展長期的戰略夥伴關係，已經不太可能實現了。而國府此番人事上的調整，應該是基於美方的壓力，或者是做給美國人看而已。

166 王作榮，1999，《壯志未酬》，頁362，臺北：天下文化出版。

167 陸鏗，1997，《陸鏗回憶與懺悔錄》，頁472-480，臺北：時報出版公司。直到1980年初，包括卜少夫等立法委員與新聞界重要人士，都曾經寫信給蔣經國及國防部長宋長志，希望李荊蓀可以「保外就醫」或「提前開釋」，均未如願。

任。徐慶鐘出身臺北萬華地區，1931年大學畢業論文「黃麻硬實之研究」轟動整個臺北帝國大學，隨後於農業試驗所中成功培育一種新麻品種，日本學界命名為「鐘麻」，以紀念他的功勞。徐慶鐘也是本省農學家在日據時代唯一得到臺北帝國大學農學博士學位的學者[168]。其在內政部長6年任內，研訂臺灣地區社會建設4年計畫，訂定人口政策、勞工職業訓練制定、公布勞工職業金條例、醫師法及藥商品管理法等，將科學精神帶進內政部，有諸多新猶[169]。徐慶鐘是政府遷臺後第一位本省籍行政院副院長，不但是當局重視的農經專才，也扮演象徵本土菁英的角色。

祕書長一職由費驊擔任，費驊1902年出生於江蘇省，畢業於交通大學，並獲得美國康乃爾大學工程碩士學位，政府遷臺後，先後擔任臺灣公共工程局長（1945年）、臺灣省鐵路局副局長（1948年）、行政院經濟安定委員會委員（1953年）、美援會第二處處長（1958年），在1960～1969年擔任交通部次長，先後歷經過沈怡、孫運璿等部長[170]。費驊是蔣經國在經合會擔任主委時的副主委兼祕書長，由此可見當局對他的信賴及倚重[171]。

內政部長由林金生擔任。自陳誠第二次組閣以來，連震東和徐慶鐘皆以臺籍菁英身分相繼擔任內政部長，內政部長一職由臺籍人士擔任似乎已是慣例。林金生1916年出生於臺灣嘉義，畢業於日本東京帝國大學法學院。他擔任過嘉義首任縣長（1951年～1954年）、雲林縣長（1957～1964年）、澄清湖工業給水廠廠長（1964～1966年）、臺灣省政府委員（1966～1967年，1967年起兼省黨部書記長）等地方首長職務。在黨職方面，曾經擔任雲林縣黨部主委（1954～1957年）、臺北市黨部主委（1969年）、中央黨部第一組副主任（1969年）、中央黨部副祕書長（1970年）[172]。

---

168 王春祝，1988，〈中華民國歷任行政院副院長〉，《中華民國內閣名人錄》，頁59，臺北：洞察出版。

169 同上，頁58。

170 陳賢慶、陳賢杰，前揭書，頁363。

171 陳子揚，1986，〈迎接技術統治的時代——中央常會中的技術官僚〉，《透視黨中央》，頁110，臺北：風雲論壇出版社。費驊在1984年2月29日因車禍逝世，終止在仕途上更上層樓的機會。

172 1978年5月29日，《民族晚報》。

這也是國民黨遷臺以來，自謝東閔（第7屆）、連震東（第8屆）、徐慶鍾（第9屆）以後，第四位臺籍副祕書長[173]。

在美國國務院對「蔣經國的臺灣人」的一份評估情報中，分析指出「林金生在中華民國政府內的成功，被歸功於1950年背棄反叛的臺灣人，投向政府軍隊。有些政治觀察家相信，林金生像一些其他與國民黨合作的臺灣人一樣，誠心認為他自己是要使政府政權和平轉移給臺灣人控制的先驅[174]」。

外交部長由前外長（1960～1966年），時任駐泰國大使（1969～1972年）的沈昌煥擔任[175]，以接替曾表示「不惜與魔鬼（指蘇聯）握手」的周書楷[176]。

國防部長由黃埔軍校一期畢業生陳大慶接任。陳大慶1904年出生於江西省崇義縣，在大陸時期，曾擔任集團軍總司令。政府遷臺後，歷任國家安全局副局長、局長（1947～1959年）、臺灣警備總司令兼軍管區司令（1963～1967年）、陸軍總司令（1967～1969年）、臺灣省政府主席（1969年7月～1972年6月）等職務[177]。1973年7月30日，總統公布新的人事命令：高魁元任國防部長，黎玉璽任總統府參軍長，而陳大慶因健康原因調任總統府戰略顧問[178]。

高魁元1907年出生於山東嶧縣，是黃埔軍校第四期畢業生（1926年）。在軍中，由基層連隊歷經陸軍總政治部主任、陸軍總司令、參謀總長、總統府參軍長等要職，1973年7月接任國防部長[179]。1949年，高魁元擔任第18軍軍長戍守金門，重創來犯共軍，俘虜5,000餘人，史稱「古寧頭大捷」。他是蔣經國最信任的國軍將領，因此能擔任參謀總長及國防部長，是政府遷臺後第一位能先後出任軍令及軍政系統領導者的將領[180]。

173 李雲漢，1994，《中國國民黨職名錄》，臺北：中國國民黨中央委員會黨史委員會。
174 王景弘，前揭書，頁436，
175 魏貽君，1989年9月，《臺灣政治將士象》，頁78-79，臺北：自立報系文化出版部。
176 陶涵（Jay Taylor），前揭書，頁338。
177 1988年6月，《國史館現藏民國人物傳記史料彙編》，第1輯，頁455-458，臺北：國史館。
178 薛化元，《臺灣歷史年表——終戰篇II》，前揭書，頁208。
179 傅立德，〈臺灣防禦的關鍵人物——中華民國歷任國防部長〉，《中華民國內閣名人錄》，前揭書，頁158-159。
180 風雲論壇編輯委員會，1987年1月，《蔣夫人與元老派》，前揭書，頁169-170，臺北：風雲論壇出版社。

財政部長由李國鼎留任。李國鼎早期受知於蔣介石總統、陳誠副總統、尹仲容等人，其在經濟及財政部長任內所提拔的青年才俊包括：徐立德、王昭明、李模、金唯信、白培英、王建煊、阮大年、何宜慈、石滋宜、張忠謀、楊世緘等財經及科技人才[181]。這些財經、科技界人才，被歸納為所謂的「KT派」（國鼎的英文縮寫）。但由於李國鼎建立的聲譽不凡，使美國國務院分析蔣經國之所以任命一個臺灣人副院長（徐慶鐘），目的就在於擋掉李國鼎這位外省籍的可能挑戰者[182]。

教育部長由嚴內閣時期的祕書長蔣彥士接任。蔣彥士與嚴內閣4位教育部長相較，並無大學校長的資歷[183]，但他與蔣經國私交甚篤，1969年蔣經國任行政院副院長時，力薦他出任祕書長，在其往後的政壇發展上，都頗為順利[184]。

司法行政部長由嚴內閣的王任遠部長留任。在歷任的法務部長中，大多由法學專家出任。在行憲初期，黨國大老謝冠生、梅汝璈、張知本等憲法專家都出任過該職。在政府遷臺後，林彬是早年的制憲和制法專家；谷鳳翔及王任遠都曾經擔任過國民黨政策會祕書長，對於黨務運作和立法事務均十分熟悉[185]。

經濟部長由原嚴內閣之交通部長孫運璿轉任。孫運璿一生大半與電力工程事業有不解之緣，在陶聲洋遽逝之後，在任不滿兩年的孫運璿轉任經濟部長。

[181] 魏子凡，〈參贊財經科技的三朝元老——李國鼎〉，《蔣夫人與元老派》，前揭書，頁47-49。

[182] 同注174，頁435。王作榮認為李國鼎在1969年由經濟部轉任財政部的一個重要理由就是「李家班」的凸顯，使蔣經國決定拔除此派系，故調任其為財政部長。王作榮，〈李國鼎先生在臺灣經濟發展中的定位〉，《傳記文學》，第79卷，第1期，頁43-45。李國鼎自己則認為蔣介石總統及陳誠副總統非常尊重及支持財經技術官僚的意見，尤其蔣介石頭腦很好，觀念也很新；但蔣經國不同，他對財經問題並不十分了解，卻很固執。見康綠島，2001，《李國鼎口述歷史——話說臺灣經驗》，頁211，臺北：卓越出版。

[183] 彭懷真，〈主管百年樹人的園丁——歷任教育部長的出身〉，《中華民國內閣名人錄》，前揭書，頁196。

[184] 胡煜嘉，〈從絢爛歸於平靜的國士——總統府國策顧問素描〉，《蔣夫人與元老派》，前揭書，頁86-88。蔣彥士在1978蔣經國就任第六任總統時，出任總統府祕書長，旋出任外交部長，1979年又出任中國國民黨中央委員會祕書長。後也曾為李登輝總統重用，擔任總統府祕書長。

[185] 吳淑美，〈中華民國歷任法務部長〉，《中華民國內閣名人錄》，前揭書，頁209。

交通部長由臺北市首任院轄市長高玉樹接任。高玉樹1913年出生於臺北市，畢業於日本早稻田大學機械工程系。在其從政生涯中，曾擔任臺北市第2屆民選市長（1954～1957年）、第5屆市長（1964～1967年）、首任院轄市市長（1967年7月～1972年5月）[186]。根據美國國務院分析蔣經國任用高玉樹出掌交通部的目的，是調離高玉樹這位可能的競爭者，使其脫離擁有群眾基礎的地盤[187]。而另一臺籍人士張豐緒被蔣經國提拔，其於屏東縣長任滿後接掌臺北市，目的是打破高玉樹在市府的官僚地盤[188]。蔣經國在人事命令發布前，曾經先行召見高玉樹，邀請他入閣，表示預備推動10大建設計畫，其中6項是交通建設，需要借重高玉樹的才幹。高玉樹無法推辭，只好接受新職務[189]。

蒙藏委員長由崔垂言接任。崔垂言1906年出生於吉林省，畢業於北京大學英文系、清華大學研究所碩士。曾任國民參政員、吉林省政府祕書長；政府遷臺後，曾任革命實踐研究院研究所長、黨史會副主任[190]。

僑務委員長毛松年1911年出生於廣東省，畢業於國防研究院。1936年任陸軍官校教授、廣東賦稅局長（1941年）、廣東財政廳長（1948年）、廣東銀行董事長（1949年）、中央銀行祕書處長（1961年）、臺灣銀行總經理（1963年）[191]。由其背景資歷分析，毛松年接掌僑委會應基於兩個考量：

一、廣東省籍，使他與海外廣大粵籍僑胞較易產生情感上的共鳴。

二、他具備優秀財經專長和資歷，對內閣財經人才補強會有很大的助益。

三、他是蔣宋美齡推薦的人才[192]。

---

[186] 孫夢承，〈30年內閣權力結構的變遷大勢〉，《中華民國內閣名人錄》，前揭書，頁36-37。

[187] 王景弘，前揭書，頁435。

[188] 同上，頁437。

[189] 陶涵（Jay Taylor），前揭書，頁339。

[190] 彭懷恩，1986，〈中華民國的政治菁英——行政院會議成員的分析（1950～1958）〉，頁282、310，臺北：國立臺灣大學政治研究所博士論文。

[191] 同上。

[192] 艾思明，1987，〈蔣夫人的風雲一生〉，《蔣夫人與元老派》，前揭書，頁19。毛松年在卸下僑委會主委後，又被委以駐日代表重任，可見蔣經國對蔣（宋美齡）夫人人馬的尊重。

1972年6月1日，在新內閣成立之後，總統發布人事命令：謝東閔為臺灣省主席，張豐緒為臺北市長，錢復為新聞局長，陳桂華為人事行政局長。謝東閔成為政府遷臺後第一位本省籍的省主席[193]。

在行政院不管部政務委員方面，葉公超、連震東、周書楷、俞國華4人是嚴內閣時的成員，其中葉公超及周書楷都曾擔任外交部長。葉公超在8年9個多月（1950年1月～1958年10月）的外長任期中，穩固我國在聯合國的地位、簽署中美共同防禦條約，對政府遷臺初期的國際地位和外交局面的擴展，貢獻最大[194]。1958年被外放為駐美大使，1961年因聯合國「外蒙古入會案」，結束其外交生涯，轉任政務委員。在外蒙入會立場上，臺北採彈性立場不予否決，但交換條件是美國甘迺迪總統公開聲明「堅決反對中共入會」[195]。而葉公超被解職是因為蔣經國從美國獲得密電，指出葉公超在美國某處發表談話，以極惡劣的用語批評蔣總統，蔣總統遂將之解職，且在爾後「讀訓」場合，公開痛斥駐外使節在外人面前批評自己國家的領袖為喪失國格及人格

---

193 薛化元，《臺灣歷史年表——終戰篇II》，前揭書，頁174。臺灣省歷屆省主席有魏道明、陳誠、吳國楨、俞鴻鈞、嚴家淦、周至柔、黃杰、陳大慶等人出任，其中謝東閔是第九任省主席，也開啟本省籍人士出任該職之慣例，其後，林洋港、李登輝、邱創煥、連戰等都是臺籍人士；但宋楚瑜卻是本土化後唯一的外省籍人士及末代（也是唯一）的民選省長。

194 楊其琛，〈外交風雲30年——中華民國的歷任外交部長〉，《中華民國內閣名人錄》，前揭書，頁105-109。

195 黃天才，1998年8月9日，〈解密：37年前外蒙入會案真相〉，《聯合報》。在蔣介石於1961年10月21日所主持的中常會上，谷正綱及張道藩兩位中常委堅決反對外蒙入會，堅持毋為瓦全的決心；但蔣介石卻表明，以讓外蒙入會，換取不讓中共加入聯合國的真正目的。蔣介石說：「聯合國代表權是我們當前在國際外交戰場上必須堅守的一個據點，一個非守住的堡壘……如今聯合國會員國增加至近1百國，意見分歧，不像以往單純……我們以美國既對我國有所要求（允許外蒙入會），則我國自亦可要求美國有所回報，遂透過外交管道，向甘迺迪總統明白表示『可以考慮不使用否決權』，但要求甘迺迪總統公開表明對我代表權的堅定支持。必要時，並將使用否決權以拒阻中共進入聯合國。」蔣介石接著表示「由於我們多方動員，展示全國一致的決心……一致支持否決外蒙到底……要不是我們展示這種寧為玉碎，不計後果的決心，能贏得甘迺迪總統『強烈反對中共進入聯合國』的這樣公開聲明嗎……」在中常會上，蔣介石也非常理性的承認外蒙已經在1945年公民投票後獨立，並具備主權國家的身分及事實（這是當年中央日報社長陶希聖的轉述）。從蔣介石處理外蒙入會的態度及判斷來看，蔣總統對當時國際情勢、美國政府對華政策掌握等都非常清楚及務實，並以極富彈性的外交手腕來確保美國支持，以穩住聯合國的席次。

的行徑[196]。

　　周書楷（外長任期1971年4月～1972年6月）接任外長，適值中華民國外交最艱困時期，他參與聯合國會籍保衛戰，自1972年起不斷出訪邦交國，以免產生骨牌效應；同時，周書楷領導外交部門留意新獨立的小國，成為日後外交工作的一大特色[197]。雖然周書楷因為主張打蘇聯牌而下臺，但當年（1968年10月20日～31日）蘇聯記者路易訪臺，會晤許多高層人士（包括時任國防部長蔣經國），在獲得蔣介石總統的同意下，新聞局長魏景蒙兩度（1969、1970年）赴維也納，洽商雙方對付中共的戰略合作[198]。因此，周書楷之所以下臺，應該是美方施加的壓力，而在蔣經國組閣後，又將他及葉公超網羅至不管部會，借助二人的外交長才，以穩固中華民國逐漸惡化的外交形勢。

　　郭澄是資深黨工，曾任臺灣省黨部主委、中央黨部副祕書長、中央政策會祕書長。在行政資歷方面，郭澄曾繼唐縱擔任省府委員兼祕書長一職長達6年之久，先後襄助省主席周至柔、黃杰主持臺灣省政[199]。俞國華在嚴內閣時期曾經擔任財政部長，此次重新入閣，仍兼任國民黨中央黨部財務委員會主任委員。

　　在2位新入閣的臺籍不管部政務委員方面，李連春1904年出生於臺灣，畢業於日本神戶商業學校。1937年，擔任米穀局參事事業部長，1946年起擔任臺灣省糧食局副局長、局長[200]。李連春在省府任內主管稻米及肥料長達20年，是農業專家。

　　李登輝1923年出生於淡水三芝鄉，1940年日本在臺灣推行皇民化運動時，曾改名為岩里正男。1943年，赴日就讀京都帝國大學農林學部農林經濟學科，1944年在日本

---

196 黃天才，1998年8月10日，前引文，《聯合報》。

197 楊其琛，〈外交風雲30年——中華民國的歷任外交部長〉，前揭書，頁123。

198 1995年5月21日，《聯合報》。這是前新聞局長魏景蒙的日記「王平檔案」所揭露的祕辛。據日記記載，雙方曾談到中華民國如果反攻大陸，莫斯科將視之為中國內戰，採取中立態度，甚或以飛彈攻擊中共之軍事基地；臺北方面則一度想使用俄國海空軍的武器，向大陸進擊。在外交上，據魏景蒙說，蔣介石總統已在考慮承認外蒙，與之建立外交關係，以對毛共施加壓力。

199 劉紹唐，1975，《民國人物小傳》，第4冊，頁302-303，臺北：傳記文學出版社。

200 彭懷恩，〈中華民國的政治菁英——行政院會議成員的分析（1950～1958）〉，前引文，頁181、307。

入伍服役，為帝國陸軍少尉。1949年完成臺灣大學農業經濟系學業，留校任教。1953年擔任省農林廳技士，1957年擔任中國農村復興聯合委員會農村經濟組技士，1972年入閣擔任行政院政務委員兼農復會顧問，負責制定重要農業政策[201]。

李登輝也是政府遷臺以來，第一位被警備總部約談的內閣閣員。在遷臺初期，以李登輝所涉及的「匪臺灣省工委會臺大法學院支部葉松城叛亂案」的前科，是不可能入閣的，因此在警總約談期間，一位警總人員對李登輝留下一句耐人尋味的話「像你這種人也只有蔣經國敢用你[202]」。美國國務院分析李登輝的「與眾不同」，在於他與《大學雜誌》中主張改革的臺灣人有往來，而這些人在學生及知識分子之間很有影響力，因此李登輝的任命可能表示蔣經國有意爭取這個團體的支持。此外，李登輝與徐慶鐘的友誼可能也有助於他的任命[203]。

由於蔣介石總統於1975年4月5日病逝，故蔣經國內閣成員分析至此，往後內閣變動將不在本文討論範圍之內。從蔣經國組閣至蔣介石過世，所有閣員合計21位，他們與蔣介石總統的淵源關係參見表三。

---

201 李登輝，1999，《臺灣的主張》，頁316-323，臺北：遠流出版公司。
202 1999年4月6日，《聯合報》。
203 王景弘，前揭書，頁437-438。

表三　蔣經國內閣與蔣介石淵源關係

編號	稱職	姓名	1.血親	2.同鄉	3.同學友朋	4.師生	5.直接部屬	6.官邸近侍	7.黨中常委	8.技術專家	9.政黨或地域代表
1	行政院長	蔣經國	✓	✓			✓		✓	✓	
2	副院長	徐慶鐘					✓		✓	✓	✓
3	祕書長	費驊								✓	
4	內政部長	林金生					✓			✓	✓
5	外交部長	沈昌煥					✓	✓	✓	✓	
6	國防部長	陳大慶				✓	✓			✓	
7	國防部長	高魁元				✓	✓			✓	
8	財政部長	李國鼎					✓			✓	
9	教育部長	蔣彥士		✓			✓			✓	
10	司法行政部長	王任遠					✓			✓	
11	經濟部長	孫運璿					✓		✓	✓	
12	交通部長	高玉樹					✓			✓	✓
13	蒙藏委員長	崔垂言					✓				✓
14	僑務委員長	毛松年					✓				✓
15	政務委員	葉公超					✓			✓	
16	政務委員	李連春								✓	✓
17	政務委員	連震東					✓			✓	
18	政務委員	俞國華		✓	✓		✓	✓		✓	
19	政務委員	周書楷					✓			✓	
20	政務委員	李登輝								✓	✓
21	政務委員	郭澄					✓		✓	✓	
比例			5%	14%	5%	10%	86%	10%	48%	90%	38%

計算方式：該項人數／總人數（總人數：21人）

　　以蔣介石總統在世時的蔣經國內閣（1972年6月～1975年4月5日）成員分析，在總計21位的內閣成員中，以技術專家身分入閣的有19位，占90％；這些成員或因其學歷、工作上經歷等而得以入閣，惟獨蒙藏委員崔垂言、僑務委員長毛松年2人，沒有任何處理相關事務的經驗，當局應該是考量兩人的籍貫（分別是吉林及廣東省）而入選。

　　其次，內閣成員中有18位與蔣介石總統有直接共事淵源，以本省籍內閣成員來說，連震東出身中央改造委員，徐慶鐘是嚴內閣的內政部長，與林金生都曾經擔任中

央黨部副祕書長，因此3人都有與層峰在黨職或行政上共事的淵源。高玉樹長期擔任臺北市長，尤其被任命為改制後的院轄市長，並被蔣總統要求參加每個月所舉行的反共抗俄總動員會報（重要會議限黨員參加，高乃無黨籍）；而陳大慶（時任省主席）曾在雷震案之後告訴高玉樹，因其市政建設傑出才未被找麻煩[204]。李連春、李登輝、費驊3人則未列入該選項，李連春雖然有20餘年糧食局經歷，但那是省屬單位而非中央層級；費驊亦不具備該條件。因此，在21位閣員中有18位與層峰有直接的部屬淵源，占86％，占所有選項中排名第二位。

21位內閣成員中，有10位閣員兼具中常委的身分，占內閣成員的48％，占選項中排名第三位。在嚴內閣時期，具有中常委身分的閣員占全體內閣的36％，也是在全部選項中排名第三位。排名第四位的選項則是政黨或地域性的代表，占38％，合計有臺籍的徐慶鐘、林金生、高玉樹、李連春、連震東、李登輝等6人，蒙藏及僑務委員長分別代表邊疆（崔垂言——吉林省）及海外華僑（毛松年——粵籍），此外，高玉樹是以無黨籍的身分入主交通部。

與蔣總統具有浙江同鄉淵源的有蔣經國、蔣彥士、俞國華等3人，占全體閣員中的14％，排名第五位。俞國華的父親俞作屏曾經擔任黃埔軍校英文祕書，叔父俞飛鵬曾任黃埔軍校軍需部的副主任，堂兄俞濟時也長期擔任蔣介石的侍衛長，由此可見俞國華與蔣介石的特殊淵源[205]。

至於在選項中的官邸近侍及師生兩項，同樣都有兩位閣員具備上述淵源，占所有閣員中10％，排名第六位。俞國華本人出身侍從祕書之外，其弟俞國斌也在大學畢業後服務於官邸[206]。沈昌煥在官邸中原本屬於「夫人派」，曾先後兩度出任外交

---

204 1989年8月21日，《聯合報》。
205 青時宇，1987，〈層峰的親信與助手——探討總統府內大事〉，《總統府內幕》，頁97-99，臺北：洞察出版。曾任總統府機要室主任的周宏濤，後在第七屆中央委員會出任中央黨部的副祕書長，其祖父周駿彥是蔣介石浙江奉化鄉親，也曾任黃埔軍校軍需部主任，故周宏濤當年以30餘歲之齡即可登黨內高職。這些人事安排說明，當事人除具備忠誠及能力外，鄉親情誼往往也是得意政壇的一個重要背景。俞國華、王駿，1999，《財經巨擘——俞國華生涯行腳》，頁44-46，臺北：商智出版。
206 青時宇，前引文，頁98。

部長[207]。具備師生關係的則是前後兩任國防部長陳大慶及高魁元，也是占10％。血親關係的只有蔣經國一位，占全體閣員的5％，排名第七。至於同學友朋選項之中只有俞國華具備此層關係。因此，根據以上統計分析，所列與蔣介石總統淵源的9個選項中，技術專家所占的比例仍然最高，排名第一。其次的排名分別是直接部屬、中常委、政黨或地域代表、同鄉、官邸近侍、師生及血親關係，比率分析請參見圖二。

圖二　蔣經國內閣與人事背景分析

在所有內閣成員中，擁有5個選項的是蔣經國和俞國華二人。擁有4個選項的是徐慶鐘、陳大慶、高魁元、沈昌煥、蔣彥士等5人。徐慶鐘亦與國民黨淵源甚深，他在第8屆中央委員會繼連震東出任中央黨部副祕書長（1961～1966年）、中央常務委員（第10屆三中全會）等重要黨職[208]，並且歷經嚴內閣內政部長。而沈昌煥及俞國華兩人出身官邸，與蔣介石及其家族都有甚深淵源，同樣蒙受蔣氏父子重用[209]。

---

207 童瑞傑，〈總統府的「大內總管」歷任祕書長的背景〉，《總統府內幕》，前揭書，頁41-43。沈昌煥出身侍從室交際祕書，另外擔任過外交大員的沈錡及邵毓麟也都出身侍從室。俞國華、王駿，前揭書，頁86。

208 李雲漢，《中國國民黨職名錄》，前揭書，頁298、313、335。

209 漆高儒，前揭書，頁97。曾任軍聞社長的漆高儒憶及在1952年接到蔣經國（時任總政治部主任）的電話，趕赴官邸的一處祕密辦公室，接到一份「國軍主管任期制度」的新聞稿，要求發稿。當時除蔣經國之外，室內還有谷正綱、黃少谷、沈昌煥等人，由此可見這批人與官邸之間的親密關係，至於當時的閣揆陳誠是否了解蔣經國或所謂「官邸派」的一些活動，就不得而知了。

具有三層淵源關係的閣員有林金生、連震東、李國鼎、王任遠、孫運璿、高玉樹、郭澄等7人，二層淵源有崔垂言、毛松年、葉公超、李連春、周書楷、李登輝等6人。其中葉公超及周書楷曾任外交部長。毛松年雖是蔣夫人親信，但因其並未有任職官邸侍從或祕書的經歷，故未將他列入官邸派[210]。至於曾任職糧食局20餘年的李連春，在其任內糧食生產量即高過日據時期最高記錄，對於提供充裕軍糧、維持糧價合理穩定、安定民生有功，屢蒙蔣總統召見而備受肯定[211]，但因其為省級官員而不列入與總統直接共事淵源。在所有閣員中，只有費驊具備一項淵源，他是經合會的技術專家，曾兼任主委蔣經國的祕書長，是蔣經國拔擢的財經人才。

在蔣經國內閣組成之際，歷經退出聯合國、美中（共）上海公報發表、保釣運動、中日斷交等重大挑戰中華民國主權的事件。因此，蔣內閣在組成之際具有下列特色：

一、臺籍菁英大量增加

在陳誠第一次組閣及俞鴻鈞內閣時期，只有蔡培火入閣擔任不管部會政務委員，分別占當時內閣總人數的4％。在陳誠第二次組閣時，除了蔡培火之外，連震東也成為首位臺籍部會首長（內政）；兩位臺籍閣員共占全體閣員的4％。至嚴家淦內閣，先後有連震東、徐慶鐘、蔡培火3位臺籍閣員，占全體閣員中的8％。在蔣經國內閣組成至蔣介石總統逝世為止，共有6位臺籍閣員入閣，占全體內閣成員的29％。他們分別擔任副院長、內政、交通、不管部政務委員，而這也是臺籍人士首度出任副院長和交通部長，至於內政部長已經連續3屆內閣都由臺籍人士出任。

在蔣經國組閣到蔣介石總統過世之前，除了行政院臺籍內閣閣員人數大量增加之外，另外在臺灣省主席（謝東閔）、臺北市長（張豐緒）、司法院副院長（戴炎

---

210 吳戈卿，〈追述蔣公行誼〉，《總統府內幕》，前揭書，頁123。曾任蔣介石在臺灣時期中英文祕書的有沈昌煥、曹聖芬、秦孝儀、沈劍虹、楚崧秋、錢復、周應龍、宋楚瑜等，而且歷任中文祕書幾乎都是湖南人。楚崧秋分析，此一現象或許與蔣介石生平最景仰湖南先賢曾國藩有關。另外這些祕書還有一個特色，那就是在大陸時期的都出自中央政治學校。而這些中英文（紀錄）祕書，後來紛紛出任國民黨文化事業主管。俞國華、王駿，前揭書，頁86-87。

211 胡煜嘉，〈從絢爛歸於平靜的國士——總統府國策顧問素描〉，《蔣夫人與元老派》，前揭書，頁107-108。

輝）、大法官（翁岳生）、監察院副院長（周百鍊）等重要職務上，陸續開放給省籍優異菁英出任[212]。

分析這些臺籍閣員的成長背景，可知成長於1920年代的閣員有連震東、徐慶鐘、李連春；成長於30年代的則有高玉樹、林金生、李登輝等3人。20年代的臺灣，是日據時代臺灣人從事社會抗爭最激烈的時期，已經轉任國策顧問的蔡培火與連震東都有「大陸經驗」及「抗日」事蹟。蔡培火是在日本投降後加入中國國民黨[213]，而連震東在1944年擔任軍事委員會國際問題研究所第一組主任、中央改造委員（1950年）。徐慶鐘及李連春2人都是在日本殖民臺灣期間，以農業技術專才進入殖民政府工作。

高玉樹、林金生和李登輝3人均成長於「皇民化運動」（1937～1954年）期間。高玉樹畢業於日本早稻田大學機械工程系[214]；林金生畢業於日本東京帝國大學法學院[215]；李登輝則肄業於京都帝國大學農林學部農林經濟學科，1944年在日本入伍服役，為帝國陸軍少尉[216]。李登輝與上述臺籍閣員最大的不同，在於他與蔣介石及國民黨的淵源最淺，且有參加228事件被鎮壓的經驗，也是唯一被約談的閣員。他之所以能入閣，完全是蔣經國的提攜[217]。

二、技術官僚結構

本屆內閣21位閣員之中，擁有碩、博士學歷的閣員占45％，而留學的比例達64％，顯示蔣介石重視知識菁英及洋務人才的一貫政策。在21位閣員之中，擁有農業、經濟及工程方面專才的閣員有徐慶鐘、李連春、林金生、李登輝、蔣彥士、李國鼎、孫運璿、毛松年、俞國華、連震東等人；在外交領域方面，有沈昌煥、周書楷、葉公超等人；在法政方面，有王任遠、郭澄等人。在這一屆內閣閣員中，出身中央改

---

212 薛化元，《臺灣歷史年表——終戰篇II》，前揭書，頁174、178、198。

213 張炎憲等編，前揭書，第2冊，頁104。

214 彭懷恩，〈中華民國的政治菁英——行政院會議成員的分析（1950～1958年）〉，前引文，頁282、309。

215 1978年5月29日，《民族晚報》。

216 李登輝，《臺灣的主張》，前揭書，頁318。

217 同上，頁48-49。李登輝承認自己有參與228事件並遭到鎮壓，他認為228事件是許多本省籍知識分子被扣上共產黨員的帽子，而慘遭殺害的白色恐怖事件。

造委員的有蔣經國、沈昌煥、郭澄、連震東等4人[218]，占全體21位閣員中的19％，而前4任內閣中的比例分別占9％、25％、27％、14％，這顯示蔣經國內閣雖然重視專家政治，也大幅拔擢臺籍菁英，而以老幹搭配新枝的方式可彌補新閣員經驗不足的缺點，從而產生政治訓練的功能。

三、內閣中蔣經國班底分析

　　政府遷臺初期，蔣介石總統任命黃埔系的陳誠擔任行政院長，政學系的張群擔任總統府祕書長，谷正綱擔任國民黨與立法院內C.C.派的首領。而蔣經國在50年代已經擁有自己的親信勢力：贛南派（王昇）、幹校派（李煥）等人[219]，但也有資料指出蔣經國的政治班底可分成8大組織，即「新贛南公僕聯誼會」、「江西青幹班畢業同學通訊處」、「中央幹部學校校友會」、「復員青年軍通訊處」、「中央訓練團戡亂建國幹部訓練班畢業同學通訊處」、「中華人民救國大同盟」、「燕社」、「鐵血青年社」，然而，在這8個大陸時期的組織中，只有少數成員擔任內閣官職[220]，至於其成員在黨部扮演的角色，在下節將有詳述。內閣方面，除了出身中央改造委員的閣員外，蔣經國也網羅包括官邸派（如沈昌煥、俞國華、毛松年）、臺籍菁英、財經人才等，可知蔣經國在行政體系中，積極進行派系的培養及勢力的收編[221]。

218 1950年7月26日，《中央日報》。

219 韋艾德（E. A. Winckler）等著，1994，《臺灣政治經濟學諸論辯析》，頁213，臺北：人間出版社。

220 費長彥，1985，〈蔣經國系的誕生——蔣經國在大陸時期的政治班底〉，《透視總統班底》，頁103-109，臺北：風雲論壇出版社。

221 在1972年5月30日的《聯合報》評論蔣經國的內閣名單最大的特色是：「人事調整幅度較大，近一步起用了本省人士，延攬了新人才，不少人士由地方出任中央要職。」而蔣經國在組閣之前，曾向李煥徵詢臺北市長人選，並列出4項條件：「本省籍、中生代、擁有行政經驗、具備相當的外語能力。」張豐緒因而雀屏中選，並在早年被視為臺籍菁英的火車頭。李煥分析，政府當時對外主權正遭到嚴重懷疑與挑戰，對內臺灣已從農業經濟轉為出口導向的工業經濟，地方財團與民營資本興起，戰後新生代茁壯，要求重新分配政治資源的呼聲四起，黨外反對勢力也應運而生。腹背受壓的國民黨為鞏固在臺灣的執政地位，自然必須尋求本土人民的支持與認同。因此，「蔣經國新政」世代交替的代表作，就是特別起用年輕、優秀的本省青年。林蔭庭，1998年1月，《追隨半世紀——李煥與經國先生》，頁113-114、121-122，臺北：天下文化出版。

第五節　美麗島事件

　　1964年彭明敏事件主要影響並激勵海外臺獨人士，尤其當時在海外的臺獨大將如蔡同榮、張維嘉、蔡明憲等人原來就是彭明敏的學生。「臺灣人民自救運動宣言」事件使許多留學生加入臺獨團體，此一衝擊最後更促成全美臺獨團體的整合[222]。

　　發生於1979年12月10日的「美麗島事件」（又稱高雄事件），則對臺灣島內的臺獨運動及民主進步黨的成立，產生重大的影響。在這場於戒嚴時期因群眾遊行而導致的衝突事件中，當局將為首的8人安上「叛亂」罪名，分別是黃信介、施明德、姚嘉文、張俊宏、林義雄、呂秀蓮、陳菊等[223]，而被告林義雄的家人在隔年（1980年）2月28日白天遭人殺害。此外，大審中的辯護律師則有尤清、江鵬堅、陳水扁、謝長廷、蘇貞昌等人，他們日後在臺灣政壇日益嶄露頭角。

　　美麗島事件及軍法大審之後，英雄與道德色彩凌駕了過去一切因素，成為黨外運動群眾聲勢茁壯的最大能源。道德正當性投射在受難者家屬身上，至於英雄光環卻由辯護律師們接收了。在美麗島事件的本質分析上，施明德認為該事件和「228事件」一樣，不應過分強調有多少人被國民黨誣陷株連、無緣無故成為冤魂，反而應該強調許多人是有意識的反抗暴政，這些因而喪生的英靈，不但值得謳歌，其價值更超越所謂的「冤魂論」。雖然施明德以史詩般的浪漫加以歌詠，但該事件對臺灣政治其實產生了深遠的意識和影響，茲分析如下：

一、對國民黨的衝擊

　　1979年「美麗島」事件，是否加速蔣經國將政權「臺灣化」（或稱在地化）呢？

---

[222] 對海外臺獨運動深具影響的還有許信良於1980年在美國建立的「臺灣建國聯合陣線」，吸引許多在1975年之後移民美國的中產階級。1986年成立「臺灣民主黨建黨籌備委員會」，主張遷黨回臺，促成民主改革，而當時的美國臺獨聯盟不相信民主改革，仍堅持武裝革命，出現路線之爭。另一個海外臺獨運動轉型的表徵就是1982年「臺灣人公共事務協會」（FAPA）的成立，主張透過遊說美國國會而非用武力推翻國民黨，旨在強調臺灣政治民主，未提到臺獨。

[223] 《美麗島》是黃信介於1979年創辦的政論雜誌，當時美麗島政團有所謂核心決策的「5人小組」，成員有施明德、許信良、張俊宏、姚嘉文、林義雄，其中姚嘉文引介「暴力邊緣論」，而這一名詞也成為軍法大審中，國民黨指控他們叛亂的證據。參見2003年2月27日，《新新聞》，第834期，頁45，臺北：新新聞。

蔣經國在處理1977年的「中壢事件」[224]及「美麗島事件」時，都指示軍警不得動用武力鎮壓。美麗島事件中，蔣經國傳話，不得有任何人被判處死刑，只要他在位擔任總統，他「不允許島上有流血」[225]。蔣經國在處理「中壢事件」和「美麗島事件」兩個問題的方針上，已經與50年代的嚴厲鎮壓有所不同，而代之以高壓懷柔並進。我認為以本省菁英為主導的反對運動，似乎開啟了與蔣經國和平共存的契機，而為鞏固中華民國及國民黨政權，避免陷入族群鬥爭泥沼，選擇李登輝作為政治上的接班人，在當時環境看來，或許是最好的選擇[226]。許信良認為在「美麗島事件」之後的10年，蔣經國充分利用這段空檔來加速培養與黨外領導者同世代的國民黨菁英，而黨外運動剛好經歷10年中空。許信良認為美麗島事件不應該貿然發生，沒有發揮應有的領導作用。民主的發展反而表現在蔣經國選擇李登輝當接班人的措施上，而非由反對運動所主導。呂秀蓮也認為這是一場「明知山有虎，偏向虎山行」的躁進運動，不過這也是在臺灣的中國人對臺灣人的一種迫害[227]。

二、黨外勢力的發展

「美麗島事件」之後，「辯護律師派」崛起，1981年選舉中，蘇貞昌、陳水扁、謝長廷都高票當選，連帶將許多黨外新生代送進省議會，這些辯護律師所憑藉的正是在美麗島事件中挺身而出的道德勇氣與英雄形象。在這種悲劇英雄光芒的氣氛烘

---

224 所謂「中壢事件」是指1977年許信良脫離國民黨自行參選桃園縣長，11月19日，中壢市第213號投開票所選監主任涉嫌舞弊作票。消息傳出後，引發萬餘名許信良支持者焚燒中壢警分局，蔣經國下令警察撤出，不准開槍傷人，許信良獲22萬票，當選桃園縣長。而在1977年臺灣首次5項地方公職人員選舉，「黨外」獲得4席縣市長、21席省議員、21席鄉鎮市長。

225 此為美國學者陶涵（Jay Taylor）在《蔣經國傳》，前揭書，第389頁注19中說，此話是「余紀忠，1996年5月24日在臺灣接受他的訪談所說。」

226 對於美麗島世代黨外菁英而言，李登輝是屬於父執輩的日本世代臺灣人，雙方有許多相同的成長歷程及回憶，尤其他在繼任總統之後刻意包容民進黨並禮遇海外臺獨人士，使許多民進黨人士都有無法抗拒的李登輝情結。民進黨創黨元老張俊宏就自承「完全無法抗拒李登輝，一看到他，就像看到自己的父親，看到那一代受良好日式教育的臺灣人。李總統的性格、脫口而出的俚語，面對重大事件的發言，我都能體會。他就像我父親」。2000年5月16日，《聯合報》，第8版。

227 同注223，頁47-48。

托下，黨外發展愈趨激進，強調「體制內改革」與「改革體制」的謝長廷及主張協商、制衡的康寧祥（《八十年代》主編），都遭到邱義仁等人猛批，務實的律師派也不得不改弦更張，向英雄與道德立場傾斜。這批美麗島事件之後才參與政治活動的新生代，在時勢所趨下，必須扮演一個集英雄、悲情、草莽、解放者等性格於一身的角色繼續領導黨外勢力挑戰國民黨，並取代老一輩所謂「美麗島系」大老們的政治舞臺[228]。

問題在於一旦取下這副面具，恢復平凡的普通人格，且時代的因素也逐漸解除後，他們還有什麼辦法去維持他們刻意所塑造出來的形象呢？為了保持悲劇英雄的幻影，將族群政治訴諸爾後競選的主軸，倒不失為最佳解套方案和選戰利器。

第六節　蔣氏父子建設臺灣

1999年，華盛頓郵報將50年前蔣介石逃離大陸的新聞，選入「本世紀郵報報導選萃」一書，並把這條新聞重刊於12月10日的郵報中（1949年12月10日當晚，蔣介石自混亂大陸飛抵臺灣），還作了個「飛往福爾摩莎」（Flight to Formosa）的醒目標題，另加編者按語指出：「蔣介石在臺灣的流亡生涯從未停過，反倒是他的兒子蔣經國銳意改革，使臺灣出現了今天蓬勃的民主政治新局。」編者的話亦表示，蔣介石飛往臺灣的這段歷史，使得臺灣與大陸的統一成為問題，這也是「美中關係裡，最情緒化和最具爆炸性的問題之一[229]」。

根據我的研究，中華民國於1949年流徙到臺灣以後，蔣介石總統在面對中共武力侵臺的壓力下，對內實行戒嚴令下的威權手段，以西方價值觀對「民主政治」的定義，臺灣在民主化上是沒有任何進展的。然而，治史者必須以當時環境來討論當代人物才屬客觀公平，面對中共軍事犯臺的壓力及共諜在內部的顛覆，戒嚴及白色恐怖當屬必要之惡。蔣介石當時對臺灣最大的貢獻，就是充分信賴財經技術官僚、善用美援，奠定臺灣經濟奇蹟與富裕的基礎；另一方面，威權高壓統治形成一道緊箍圈，圍堵了異議的行動與聲音，在「反共抗俄」的創造性模糊口號下，「團結」了臺灣社會

---

[228] 同上，頁36-41。
[229] 1999年12月10日，《中國時報》，第14版。

大部分的人心。

　　蔣經國在陳誠副總統過世後，順利解決蔣介石總統接班人的問題。另一方面，臺灣的戰略地位優勢已經被美國尼克森總統的「聯中（共）制蘇」所取代，在退出聯合國後，蔣經國更大力拔擢臺籍菁英進入以往由外省菁英所掌控的權力核心，開啟「本土化」的工程。1979年美麗島事件爆發，我們認為這種以臺灣民族主義為訴求的群眾運動，促使蔣經國正視這些在野臺籍菁英的訴求和壓力，於是加速民主化腳步，容忍民主進步黨的成立、宣布解嚴、開放大陸探親，更重要的是拔擢臺籍副總統李登輝成為接班人。由於蔣經國的「本土化」及「民主化」政策，使得由大陸流徙臺灣的中國國民黨與中華民國避開歷史上的陷阱，順利解決潛在省籍衝突可能爆發的因素，並為本地大部分人民所接受。

　　從政府流徙到臺灣的第一任陳誠內閣起，就吸收臺籍閣員，到蔣經國組閣時更大幅起用臺籍菁英，而開啟所謂「本土化」的局面[230]。另一方面，由於爭取美國在政治、軍事、經濟（美援）上的支持，蔣介石在內閣成員上起用了大批具有留美背景的財經及理工技術菁英，而蔣介石承認自己對經濟問題不在行，遂決定將財經大權全權授予他的副手陳誠及陳誠手下的一批財經技術官僚[231]。

　　這批財經技術官僚多出身「仁社」（1919年由9位中國留美學生在哥倫比亞大學宿舍創辦，取名為Phi Lambda Fraternity），到了1947年時，仁社在全國共有13支

---

230 李登輝，《臺灣的主張》，前揭書，頁62-63。「本土化」的定義，每人的見解都不盡相同。李登輝定義為建設臺灣、認同這塊土地（但不排斥懷念大陸故土），就是所謂「本土化」；但李登輝認為雖然蔣經國說「我也是臺灣人」，然對於以臺灣人為主體的政治問題，他沒有深入思考。李登輝認為將「中華民國臺灣」或是將「臺灣的中華民國」實質化，才是當務之急。

231 陳誠兼美援運用會主任委員，主要決策者有尹仲容、嚴家淦、楊繼曾；主要執行者：李國鼎、陶聲洋、韋永寧；主要研究幕僚：王作榮、葉萬安。王作榮認為蔣介石與陳誠兩人對財經官員充分信任、充分授權，既不公開發言自作主張，也從不私下出意見作指示。而這批決策官員在爭辯、討論、妥協後通常自作決定，根本不上報，上層知道真正重要的決策，他們會自動上報請示的。王作榮，2001年7月，〈李國鼎先生在臺灣經濟發展中的定位〉，《傳記文學》，前揭書，第79卷，第1期，頁38-39。李國鼎認為蔣介石智慧很高，思想也新，對於新的事務與觀念，只要稍加解釋，就能明白接受。他覺得老總統在經濟問題上的開明，恰巧與蔣經國的固執形成強烈對比。康綠島，前揭書，頁143。

社（包括臺灣），計有社員459人，國外則有歐美2分社，社員154人。仁社社員名單中，先後在蔣介石時代內閣擔任部會首長或行政院長的有嚴家淦、尹仲容、陶聲洋、張繼正、李國鼎（另有錢純、趙耀東）等人[232]，這批人在國府遷臺之後，因緣際會登上歷史舞臺，奠定了臺灣的經濟奇蹟。

　　據統計，臺灣的財經決策核心，計有43名最具影響力的技術官僚，其中有10人擔任過財經首長，分別是嚴家淦、尹仲容、楊繼曾、李國鼎、俞國華、俞鴻鈞、徐柏園、蔣夢麟、沈宗翰和孫運璿，其中孫運璿最晚加入財經決策中心[233]，而其餘9人都是在50年代初期加入財經決策機構。有關臺灣經濟重建與發展專責機構的演變史請參考圖三。

圖三　臺灣經濟重建與發展專責機構演變史（1949～1988）

資料來源：Wen Hsien-Shen（1984），p.16。轉引自田弘茂，1989，《大轉型》，頁154，
臺北：時報出版公司。

---

232 康綠島，前揭書，頁60-61。

233 同上，頁77。

這批財經技術官僚帶動了臺灣經濟高度成長及發展，而蔣介石總統對他們在專業領域上的充分尊重和授權，是得以創造臺灣經濟奇蹟的關鍵因素。此外，本土社會財富和生活水準的增進，讓本土化得以成功推展，使國民黨這個外來的流徙政權，能在臺灣落地生根並造就穩定的政權。這是蔣介石的內閣財經技術菁英最大的貢獻。

分析蔣介石總統時代（1950～1975年）的5屆內閣，陳誠第一次組閣（1950～1954年）時入閣閣員的平均年齡最年輕，只有49.6歲，這也反映政府在由大陸流徙到臺灣的大環境變動下，擺脫大陸時代舊有的人事、派系包袱，而採用一群年輕、高學歷的行政菁英團隊。在本屆內閣中，擁有研究所（含碩、博士）學歷的閣員，占內閣團隊的32％，而其中有出國深造（含大學、碩、博士等正式學歷）者為13人，占內閣團隊的60％，顯示內閣成員在成為權力菁英之前，已經是社會結構上所謂的知識菁英。在21位閣員中，有3人出身軍校，占全體閣員的14％，而這3位軍事菁英陳誠、郭寄嶠、賀衷寒分別擔任院長、國防、交通部長的職務。而由軍人組閣，也反映流徙政權在大環境變動、軍事危機的雙重壓力下，必然呈現的政治趨勢。3人中出身保定軍校的有2位——陳誠與郭寄嶠，這也顯示政府遷臺初期，保定軍校畢業生在軍事菁英中的重要性[234]。

在閣員的籍貫上，各有3位出身江蘇與廣東省，浙江省有2位。江浙地區自南宋以來即成為全國經濟重心，人才輩出，廣東則成為清末以來革命的基地，孫中山與蔣介石的祖籍即為廣東與浙江，這可解釋內閣中出身東南沿海的菁英占多數的原因。臺籍閣員雖然只有蔡培火1位，但正顯示政府在流徙來臺初期，已頗重視省籍問題。

俞鴻鈞內閣（1954～1958年）團隊平均入閣時的年齡為52.9歲。擁有碩士以上學歷的閣員有6位，占全體閣員的30％；擁有留學背景的有10位，占50％。在所有閣員中只有交通部長袁守謙出身黃埔軍校，占5％，較陳誠內閣的14％要少許多。而俞鴻鈞在財經領域的專業背景，也顯示流徙政權在逐漸穩定之後，開始致力於內部財經方

---

234 黃嘉瑜，1984，〈風雲榜〉，《透視安全挑戰》，頁15-16，臺北：風雲論壇出版社。政府遷臺後首任參謀總長周至柔也是保定軍校出身，另外還有抗日名將薛岳。政府遷臺後，國民大會以粵籍國代人數最多，薛岳似乎為他們的精神領袖。因此保定軍校出身的軍事菁英，在政府遷臺初期扮演相當重要的角色。

面的建設。

至於閣員的籍貫方面，出身浙江的有3位，廣東、江蘇、湖南省籍的也各有3位，在整體上還是以華南地區沿海的省分占多數。臺灣省籍的閣員，仍然只有蔡培火1位。從閣員的專業背景分析，俞鴻鈞所領導的是以財經掛帥的內閣。

陳誠第二次組閣（1958～1963年），適逢臺海軍事危機，因此出身軍人的比例又大幅提升，除陳誠本人之外，計有袁守謙（交通）、李永新（蒙藏）、薛岳及蔣經國（不管部會政務委員）等合計5人，占全體閣員的19％。閣員的平均年齡較前兩屆要高，為57.5歲，這顯示內閣菁英必須有相當時日的行政歷練，才能獨當一面；另一方面，由於政權沒有輪替，也使權力核心有逐漸老化且集中一批人的趨勢。

在閣員的學歷方面，擁有碩士以上學歷的有9位，占全體閣員的35％，而有留學背景的有18位，占內閣成員的69％。當陳誠第二次組閣之際，爆發了雷震的《自由中國》逮捕事件。雖然陳誠本人容或同情雷震等人籌組新黨的訴求，但在蔣氏父子的威權體制及考量本省籍知識分子、政客與外省人合作可能帶給國民黨的嚴重威脅下，即使當時駐美大使胡適力諫，此事件還是以判重刑收場[235]。在這個階段，本省籍菁英大致上與外省籍菁英（自由主義者）進行合作，而國民黨在外部的統治正當性也為國際社會所接受，但是這個流徙政權在逐漸穩定之際，中央權力菁英還是以大陸遷臺的外省籍人士為核心主導。在本屆內閣中的閣員省籍分布來看，出身廣東、江蘇、浙江地區的各有4位，出身臺籍的增加為2位，占8％。連震東是第一位接掌部會首長（內政）的臺籍人士。此外，蔡培火及連震東二人都是屬於「半山」背景的臺籍人物，也都有「抗日」的經驗。

嚴家淦內閣（1963～1972年）已是中華民國政府遷臺的第四任內閣，政府流徙已然有14個年頭。在近10年的嚴內閣期間，先後有36位閣員，雖然平均年齡59.2歲仍屬偏高，但內閣也數度局部改組，起用較年輕的技術官僚。嚴內閣中擁有碩士以上學位的有17位，占全體閣員的46％；曾經留學國外者有26位，占70％。在閣員的省籍分布

---

235 2001年2月28日，〈國史館機密檔案〉，《聯合報》。胡適自美國拍電報給陳誠，顯示當時的自由主義派比較接近陳誠，將陳誠視為可溝通的對象，但陳誠無力制止雷震被捕，也顯示國民黨權力菁英對領袖的「效忠」在當時的特殊意義。

上，出身浙江地區的有8位，江蘇4位，廣東及湖南各3位，而臺籍人士也增加為3位，占8％，其中連震東和徐慶鐘二人先後出掌內政部，蔡培火仍續聘為政務委員。但徐慶鐘在背景上與上述二人不同，他沒有抗日背景，也非「半山」，而是出身於日治時期的農業技術官僚。在228事變之後，陳儀為弭平臺籍菁英的不滿，即建議由徐慶鐘等人出任省府委員[236]，因此徐慶鐘與國民政府有相當時日的共事經驗，也是國民政府在228事變之後刻意栽培的臺籍菁英。

嚴內閣時代的中華民國不論在內部及外部，都遭受嚴重的挑戰。在內部，本省籍的在野菁英甚至年輕的知識分子，都直接提出終結蔣介石或中華民國政權的宣傳和行動。他們的革命主張與雷震及支持《自由中國》的本省籍政客所呼籲的體制內改革等軟性訴求完全不同，從而使國民黨內少數有前瞻性及洞察力的政治領袖如蔣經國等，注意並警覺到本省籍菁英對外省籍菁英長期壟斷政治資源的不滿與憤怒[237]。

在外部的主權危機上，由於1971年退出聯合國，使中華民國在失去國際政治的主權承認之際，轉而尋求內部統治的正當性，而當務之急就是獲得本省籍人民的認同。一方面，政府需要更多的建設以滿足人民在生活上的需求；另一方面，政府必須逐步開放政權，讓更多的本省菁英能夠參與權力核心事務，而這些重大的政治工程，就由蔣經國來指揮策畫及具體實踐。

蔣經國內閣（1972～1975年）是蔣介石總統任期中最後一任內閣。蔣內閣的閣員入閣年齡平均為61.8歲，是5屆內閣中年齡最高的一屆。5屆內閣的平均入閣年齡呈現

---

236 2001年2月28日，《聯合報》，第3版。陳儀在228事變之後，向蔣介石提報改組後的省府委員推薦名單，其中包括了徐慶鐘、謝東閔、劉啟光等12人。

237 其中菁英之間因潛在的利益而導致省籍衝突，早在當年陳儀治臺所公布的「懲治漢奸條例」（1945年12月6日）、「臺灣省停止公權人登記規則」（1945年8月21日），準備追究在「日本人主持之侵略性機構，擔任實際重要工作者，要撤銷其擔任公職的權利」時，已經導致普遍不滿。陳儀也曾下令，日治時期曾任職皇民奉公會者，都必須停止公職1～5年。這樣作法忽略在皇民化運動時，皇民奉公會已經動員到社會各階層，當然會引起民眾的普遍不滿（行政院下令停止陳儀的作法）。甚至在當年警總所提報228事件的「叛逆名冊」上，也包括半山的連震東、黃國書、黃朝琴、臺籍耆宿林獻堂等人，雖然當時政府並未完全採用，但本省籍菁英的憤怒和委屈由此可知。見2001年2月28日，〈剛解密的228史料〉，《中國時報》，第3版。

一屆比一屆高齡化的現象,權力核心菁英的封閉及行政經驗的培養等,是造成這種現象的主要原因。蔣內閣擁有碩、博士學歷的閣員有10位,占全體閣員中的45％,和嚴內閣相比,嚴內閣中擁有碩、博士的閣員人數較高、留學比例也較高;但蔣內閣的留學比例也占閣員的64％。至於軍校生有3人,除蔣經國本人外,分別是前後任的國防部長陳大慶及高魁元,占內閣的14％。前3屆內閣中的軍人比例緩慢上升,在陳誠第二次組閣時達到最高峰;但在嚴內閣時代,軍人出身的閣員比例已經大幅度下降;在蔣內閣中,軍人角色只局限於國防部長一職。這顯示中華民國從流徙到逐漸本土化的過程中,內閣的分疏化及專業化。

八部二會之中,擁有研究所(碩、博士)學歷的前4位排名分別是教育(78％)、外交(75％)、蒙藏(57％)、內政(50％),而國防、交通各占33％,其次是僑務與財政,各占29％,比例最低的是經濟(20％)。而留學比例上排名前4位的分別是教育(89％)、外交(88％)、僑務(86％)、經濟(80％),最低的是財政(29％)。由分析中得知,在成為閣員菁英之前,他們已屬社會上的知識菁英,而且留學比例都很高,顯示蔣介石非常重視洋務人才的吸收。不論在中常委或內閣菁英的甄補上,除了與蔣介石有直接共事淵源是最重要的考量外,技術專家幾乎是排名第二的要素,這些都凸顯蔣介石在臺灣時代重用技術菁英的特色。

八部二會中,內政部長的臺籍比例最高,在前後7任的部長中,臺籍有3位(連震東2次入閣),占43％。其次為交通部長,但在前後8任交通部長(袁守謙與沈怡2度入閣)之中,只有高玉樹一人為臺籍,占13％。徐慶鐘是第一位臺籍的副院長,其他臺籍閣員則被安排就任不管部會政務委員。換言之,蔣介石總統時代的臺籍菁英在其他六部二會之中,是沒有位置的。而在所有5任內閣總計124位的閣員中,臺籍閣員一共有13位,占10％。

在蔣經國內閣中最值得注意的現象,就是臺籍閣員人數顯著增加,一共有徐慶鐘、林金生、高玉樹、李連春、連震東、李登輝等6位臺籍閣員,占全體閣員的29％。這6位臺籍閣員中,分別擔任副院長、內政、交通、不管部會政務委員等職務,而其中只有連震東是「半山」,其他人士則沒有與國民黨在大陸時期合作抗日的經驗。

內閣成員與中常委在遴選的背景上，比例最高者皆為與蔣介石的直接部屬淵源，可見與蔣介石在直接共事時所培養的信賴及肯定，是遴選進入權力核心上最重要的考量。但是內閣在遴選背景上與中常委最大的不同，是重視技術層面的專業背景，且不限定中國國民黨黨籍，而以較廣泛的地域性代表取代，這顯示了內閣菁英的革命性格不若技術性格來得強烈。尤其財經技術官僚深受蔣介石重用，從而創造了臺灣的經濟奇蹟，也因為富裕和安定的社會環境逐漸形成，人民對政府的信心指數提升，使蔣經國內閣在這個基礎上，能有較寬裕的時間全力推動本土化政策。

　　內閣成員在甄選的背景上，具備中常委身分的高居第3位，5屆內閣部會首長兼具中常委身分的比例請參見表四。

表四　5屆內閣部會首長兼中常委比例

院長	內政	外交	國防	財政	經濟	交通	教育	司法行政	蒙藏	僑務
陳　誠										
俞鴻鈞						✓	✓	✓		
陳　誠		✓				✓	✓	✓		
嚴家淦	✓	✓	✓	✓	✓	✓	✓	✓		
蔣經國		✓	✓	✓	✓		✓	✓		
入選比例	20%	60%	40%	40%	40%	60%	80%	80%	0%	0%

　　從表四的統計中，外交、交通、教育、司法行政是入選為中常委比例最高的四大部會，而蒙藏及僑務委員長卻不曾被遴選為中常委。各部會的入選比例請參考圖四的排列，以了解其中的意義。

圖四　各部會首長與中常委比例統計

在入選比例最高的部會首長，例如外交部長沈昌煥、交通部長袁守謙、司法行政部長谷鳳翔、鄭彥棻、教育部長張其昀等人，都出身1950年的中央改造委員，並擁有近一、二十年的中常委資歷。他們由中常委外放到內閣接掌部會首長，正是「黨國體制」下的一大特色，也代表國民黨對這些部門的重視。

在嚴家淦內閣時期，財政及經濟兩部部長李國鼎、孫運璿等人相繼入選為中常委，凸顯國民黨對財經建設的重視，也是中常委具備財經技術專業背景的開始。財經技術官僚與蔣經國內閣拔擢的臺籍菁英是國民黨由流徙邁向穩定政權的兩大關鍵，也是蔣介石臺灣時代政治菁英對本土社會最大的意義與影響。

經過改造之後的國民黨，有如1924年的改組，當年是針對五四新文化運動時期，革命黨人面對新思潮的具體回應。而1950年的改造，則是針對大陸淪陷後救亡圖存的積極回應。改組後的國民黨是一個「黨律即嚴」的革命政黨，黨員以農民、工人、婦女和學生群眾占多數，證明國民黨「回到民間」來了[238]。1950年，由蔣介石領導的改革運動，使國民黨由一個外來的流徙政權，逐漸邁向穩定，這其中的關鍵，就是經濟建設及本土菁英的培養與拔擢。

針對內部權力分配，1950年代推行的土地改革和地方自治選舉，形成了一個由外省菁英支配，外省人和本省人共同追隨的「雙軌政治」。但由於外省籍菁英長期壟斷政治資源，造成許多臺灣籍菁英的不滿，在嚴家淦內閣時期已可看出衝突的端倪。雖然蔣介石在政府遷臺之初，即已指示高級助理要物色青年才俊，提供蔣經國儲才養士[239]，但因中央領導圈封閉而產生的元老政治卻逐步形成，而臺籍人士比例雖有增加，但省籍之間潛藏的利益衝突，終於在中華民國退出聯合國之際凸顯其迫切性和危機。

至於在蔣經國組閣後的第10屆四中及五中全會，臺籍中常委在21位中常委之中擁有3席，即謝東閔、徐慶鐘、林挺生[240]。但再進一步分析，除了第7屆沒有臺籍中常委之外，在第8屆開始有2位，第9屆也是2個名額，到了第10屆三中全會開始至五中全

---

238 呂芳上，1989，《革命之再起》，頁558-566，臺北：中央研究院近史所。

239 陶涵（Jay Taylor），前揭書，頁280。

240 李雲漢，前揭書，頁334。謝東閔及林挺生可算蔣經國在臺灣所培養的新班底——「救國團」系統，當時謝東閔出任副主任，林挺生則負責臺北市的救國團團務。林蔭庭，前揭書，頁116。

會，臺籍中常委固定為3個名額。由此可知，蔣經國逐漸掌握政局的同時，本土化政策也針對中常會成員展開。

在政府逐步推動本土化的同時，第10屆中央委員會時期的中央黨部祕書長由第9屆的張寶樹續任（1968年8月7日）[241]。張寶樹是河北商陽人，1911年出生，日本東京大學農學博士，曾任臺大教授。1953年為國民黨徵召，在中央委員會曾歷任5組主任及1組主任，在第1組主任任內，曾擘畫第4屆省議員和第6屆縣市長選舉[242]。由他在政治上的歷練，可以看出國民黨對處理基層黨務及地方選務的重視，也反映張寶樹在黨務系統上配合行政系統對發展「本土化」政治的作用。

蔣經國組閣後，第10屆三中全會之後的12個工作會主管有許多是蔣經國的班底人物，與行政系統不同的是蔣經國在陳誠過世之後，內閣成員沒有大陸時期的老班底；但黨務系統則存有自己在大陸時期的勢力[243]。其中屬於「中央幹部學校校友會」的有易勁秋（1966～1972年曾任幹部管理處主任；臺北市黨部主委）、李煥（組織工作會主委，1972年5月15日）、李荷（組工會副主任，1972年5月31日）、蔣廉儒（文工會副主任，1972年5月31日）、鄭森棨（社工會副主委，1972年5月31日）、羅才榮（考紀會副主委，1972年5月31日）；屬於「新贛南公僕聯誼會」的有周靈鈞（陸工會副主任，1973年1月3日）、白萬祥（陸工會副主任，1976年6月30日）；另外還有贛南時代的詹純鑑（第10屆中央委員會第五組主任，1969年5月5日職期屆滿）等人[244]。

另外像青工會副主任施啟揚（1972年6月26日），在60年代曾是狂飆的政治批評者，但他憑藉深厚的法學素養而為國民黨所延攬，格外受到蔣經國垂青[245]。社工會主

241 李雲漢，前揭書，頁335。
242 秦時月，〈透視元老派的核心——總統府資政簡介〉，《蔣夫人與元老派》，前揭書，頁75-76。
243 費長彥，〈蔣經國系的誕生——蔣經國在大陸時期的政治班底〉，《透視總統班底》，前揭書，頁103-109。蔣經國在大陸時期的班底包括「鐵血青年社」等8個組織，重要幹部有李煥、王昇、鄭彥棻、鄧文儀、潘振球、楚崧秋、劉安琪、羅友倫、陶希聖、陳雪屏等人。在這些人之中，曾經或日後入閣的有鄭彥棻、陳雪屏及李煥等人。
244 費長彥，〈蔣經國系的誕生——蔣經國在大陸時期的政治班底〉，《透視總統班底》，前揭書，頁103-109；李雲漢，前揭書，頁335-349。
245 楊繼偉，〈蔣經國總統的未來班底——第二代政治領袖群像圖〉，《透視總統班底》，前揭書，頁139。

任邱創煥（1972年5月15日），也是出身農家的優秀臺籍青年學者，高考及格後由銓敘部專員做起，後調任中央黨部第五組副主任、省府社會處長及社工會主任[246]。

王作榮曾指出蔣經國將行政系統、黨務系統、軍事系統分得很清楚，在正式出面掌權時，行政院的閣員除國防部長及退輔會主委外，便不再用軍人與黨工人員[247]，形成以技術官僚為核心的內閣，並有了初步本土化的趨向[248]。但在中常委方面，包括內閣閣員、軍方大老、中央改造委員與臺灣省籍等中常委，雖然沒有蔣經國在大陸時期的老班底，但是這批老班底部分被安排在中央黨部，尤其在第10屆三中全會之後，6個工作會中，便有5個工作會由大陸時期的班底出掌主任或副主任職務，如李煥、李荷（組工會正、副主任）；周靈鈞、白萬祥（陸工會正、副主任）；蔣廉儒（文工會副主任）、鄭森棨（社工會副主任）等人[249]。陳明通則認為在1963年時的中央黨部7個一級單位主管中，幾乎每個單位都有「蔣經國系」的人馬，他們不是擔任主任就是副主任；在沒有「蔣經國系」人馬的單位中，主要的負責人也都是重新依附蔣經國之後才得以出任。因此陳明通認為，經過這番人事上的整頓，整個黨機器已逐漸納入蔣經國的掌握。

---

246 林蔭庭，前揭書，頁126。李煥認為邱創煥性格木訥，做事認真。在1977年奉蔣經國指示督導桃園選務，爆發「中壢事件」，邱創煥事後向蔣經國跪地道歉，蔣經國未予苛責，下臺的反而是當時的組工會主任李煥。

247 王作榮，《壯志未酬》，前揭書，頁364-365；陳明通，2001，《派系政治與臺灣政治變遷》，頁124-125，臺北：新自然主義公司。而在陳明通所分類的派系屬性來分析，這些人很多是來臺灣之後才投靠蔣經國，並非是在大陸時期的老班底。

248 李煥是個例外，他曾在第10屆中全會之後出任組工會主任、革命實踐研究院主任（1975年）、中央黨部祕書長（1987年7月1日）。1984年6月俞國華組閣時，曾擔任教育部長，不過當時已經不是蔣經國組閣了。

249 同注246，頁155。人物名單及職務請參考費長彥，〈蔣經國的誕生——蔣經國在大陸時期的政治班底〉一文中所登記之資料。一位李煥的長期幕僚指出，「蔣經國的『自己人』都擺在『要衝』，但地位都不高，在外名聲並不響亮，不能公開出面。蔣經國外圍的人，有好處；內圍的人，累死了」。

表五　國民黨中央黨部一級正副主管派系背景（1963）

單位	任務	職稱	姓名	派系出身及屬性
第一組	組織工作	主任	倪文亞	三青團出身，蔣經國系客卿
		副主任	梁興義	
		副主任	翁鈐	半山派客家系
第二組	敵後黨務	主任	葉翔之	軍統出身，受蔣經國不次提拔
		副主任	沈之岳	軍統出身
		副主任	嚴澤筠	
第三組	海外黨務	主任	馬樹禮	原較接近C.C.派，後為蔣經國所接納
		副主任	李樸生	
		副主任	董世芳	鄭彥棻祕書出身
		副主任	陳元	蔣經國嫡系，中央幹校研一期學生
第四組	宣傳工作	主任	謝然之	蔣經國嫡系，中央幹校教育長室主任
		副主任	許聞淵	
		副主任	楚崧秋	蔣經國嫡系，中央幹校研一期學生
第五組	民運社調	主任	張寶樹	原較接近C.C.派，後來轉向蔣經國系
		副主任	梁永章	工運出身，後來轉向蔣經國
		副主任	張泰祥	
		副主任	彭德	阿海派
第六組	心戰保防	主任	陳建中	中統出身，後來轉向蔣經國系
		副主任	李白虹	
		副主任	高維翰	蔣經國留蘇同學
第七組	研發考核	主委	賀衷寒	復興社，軍統出身
		副主委	楊家麟	團派
		副主委	崔垂言	
		副主委	羅才榮	蔣經國嫡系，中央幹校青幹班學生

資料來源：國民黨中央黨部職員錄（1963），轉引自陳明通，2001，《派系政治與臺灣政治變遷》，頁125，臺北：新自然主義公司。

　　在蔣經國成功剷除黨內政敵，並開始重用臺籍青年才俊之際，相對的也引起非國民黨的臺籍菁英之疑慮和猜忌。美國駐臺北大使館副館長來天惠，在1972年7月12日向美國務院提出報告指出，他與12位臺灣知識分子聚會，發現他們對蔣經國的任命及手法並不贊同，「他們認為人事任命目的在使蔣經國的權力伸到臺灣統治機構的根。

同時以很技巧的方法，表面上對臺灣人要求更大的權力表示同意[250]，大部分獲任的臺灣人都是半山，或早已是成為國民黨爪牙的人。但不幸的是大部分的臺灣人被蔣經國所惑，如此結果可能造成邁向改革及臺灣人有意義之參與政治的時機被延遲[251]」。此外，這12位知識分子對蔣經國的統治表示關切，又擔心「上海公報」可能會結束臺灣與大陸的分裂，而走上統一。來天惠指出，這12名包括學界、商界及國民黨幹部的臺灣人年輕一代，「坦白表明他們反對蔣經國全面鞏固其權力，及他們決心組織一個對應的力量，以有朝一日從國民黨——外省人集團奪取主導臺灣的權力」。

1972年9月8日，來天惠向國務院發出另一份政情分析〈診斷臺灣的一些參數〉，他認為臺灣在當時遭遇的國際挫折，反而有助於內部穩定，而未造成因族群或相關問題為主之政治異議的威脅，因為「外省人及臺灣人對於政治穩定的期望高於一切……蔣經國被認為是唯一有足夠權力可以使社會團結，使臺灣各方面邁向獲益的領袖[252]」。

來天惠訪問過一些人，包括臺北、高雄及嘉義的市長、省議員們，如謝東閔、蔡鴻文、洪樵榕、郭雨新、高育仁，交通部長高玉樹及林金生等臺灣人，也包括李煥、黃少谷、蔣彥士等外省人。他宣稱這些結論也包含其他反對外省人繼續支配臺灣政治活動之人士的意見。綜合這些意見，反映出臺灣大部分人民認為政府是統治者，而不是被統治者的事，此外這些改革最好是由最強力的政府來達成，且不一定要用最民主的辦法。另外，他們體會到彭明敏的出走，對他們並沒有帶來可見的益處，及中華民國國際地位的急劇改變[253]。

在革新保臺的呼聲中，國會改選終於在1972年底舉行，國民大會選出53名新代表，立法院選出36名新委員，國民黨大勝。而臺灣省第5屆省議員、第7屆縣市長選舉

---

250 王景弘，前揭書，頁439。這些人士有勞工法教授陳繼盛、臺大法律系主任王澤鑑、張德銘、張俊宏、林連輝、姚嘉文、張政順、賴浩敏、洪明宏等人。
251 同上，頁429-440。
252 同上，頁441。
253 同上，頁442-443。

舉行投票，結果國民黨囊括20席縣市長、55席省議員[254]。這次選舉，根據美國大使館分析，國民黨以年齡門檻做為淘汰老一輩臺灣政治人物的手段。凡是超過61歲者便不能再競選縣市長的規定，把高玉樹、楊金虎和許世賢分別從臺北市、高雄市、嘉義市長職位移走，而這一批人是臺籍政治人物中對「228」事件有參與或記憶者，也是擁有資源和高曝光率的地方行政首長[255]。

國民黨也藉此次選舉，把老一代的臺灣省議會議員淘汰，年過60歲者只有少數幾人獲提名，結果使省議會空出70％的位子給國民黨所提拔的新人。蔣經國的目的，是希望國民黨不再依賴傳統的派系領袖來填補地方公職。根據陳明通對第5屆省議員選舉的分析，將參選人背景區分及當、落選統計參見表六[256]。

254 薛化元，《臺灣歷史年表——終戰篇II》，前揭書，頁190。

255 王景弘，前揭書，頁445-446。在1972年12月的縣市長選舉上，蔣經國及李煥（1960年上半年任省黨部部主委，後調任中央黨部組工會主任）聯手實現「超越派系」的理念，尤其針對派系鬥爭最激烈的臺中縣、基隆市、臺南縣、臺東縣等分別提名陳孟鈴、陳正雄、楊寶發、黃鏡峰等人而順利當選。林蔭庭，前揭書，頁141-145。

256 陳明通，1991，〈臺灣省議員研究〉，頁449-450，臺北：國立臺灣大學政治研究所博士論文。

表六　政治群體屬性與省（參）議員當選的關聯分析

政治群體屬性／選舉	選舉結果	反日本殖民政權運動集團 人數	百分比	三青團救國團系統 人數	百分比	地方派系 人數	百分比	光復後反對運動集團 人數	百分比	省(參)議員候選人數 人數	百分比	未有政治集團身分者 人數	百分比	中央大陸統治菁英集團 人數	百分比	半山集團 人數	百分比	阿海派 人數	百分比	日本 人數	百分比
省議會 1946	當選	6	0.5%	5	0.4%	0	0.0%	0	0.0%	30	2.6%	1	0.1%	0	0.0%	5	0.4%	0	0.0%	13	1.1%
	落選	64	5.4%	11	0.9%	0	0.0%	0	0.0%	1146	97.4%	639	54.3%	0	0.0%	3	0.3%	0	0.0%	429	36.5%
臨一屆 1951	當選	0	0.0%	0	0.0%	0	0.0%	2	1.4%	55	39.3%	5	3.6%	0	0.0%	48	34.3%	0	0.0%	0	0.0%
	落選	7	5.0%	0	0.0%	2	1.4%	1	0.7%	85	60.7%	43	30.7%	1	0.7%	2	1.4%	3	2.1%	26	18.6%
臨二屆 1954	當選	0	0.0%	2	1.8%	23	20.9%	2	1.8%	57	51.8%	9	8.2%	1	0.9%	13	11.8%	1	0.9%	6	5.5%
	落選	0	0.0%	0	0.0%	6	5.5%	2	1.8%	53	48.2%	25	22.7%	4	3.6%	6	5.5%	0	0.0%	10	9.1%
第一屆 1957	當選	0	0.0%	1	0.8%	33	28.0%	5	4.2%	66	55.9%	13	11.0%	6	5.1%	5	4.2%	0	0.0%	3	2.5%
	落選	1	0.8%			6	5.1%	8	6.8%	52	44.1%	28	23.7%	1	0.8%					8	6.8%
第二屆 1960	當選	1	0.8%	3	2.4%	34	27.0%	10	7.9%	73	57.9%	11	8.7%	5	4.0%	7	5.6%	0	0.0%	2	1.6%
	落選	0	0.0%	1	0.8%	6	4.8%	19	15.1%	53	42.1%	19	15.1%	2	1.6%	0	0.0%	0	0.0%	6	4.8%
第三屆 1963	當選	1	0.7%	7	5.1%	37	27.0%	7	5.1%	74	54.0%	12	8.8%	6	4.4%	3	2.2%	0	0.0%	1	0.7%
	落選	0	0.0%	0	0.0%	11	8.0%	20	14.6%	63	46.0%	25	18.2%	2	1.5%	0	0.0%	0	0.0%	5	3.6%
第四屆 1968	當選	0	0.0%	9	7.0%	37	28.7%	6	4.7%	71	55.0%	11	8.5%	4	3.1%	2	1.6%	0	0.0%	2	1.6%
	落選	0	0.0%	0	0.0%	5	3.9%	7	5.4%	58	45.0%	42	32.6%	0	0.0%	0	0.0%	0	0.0%	4	3.1%
第五屆 1972	當選	0	0.0%	14	11.6%	39	32.2%	1	0.8%	73	60.3%	17	14.0%	2	1.7%	0	0.0%	0	0.0%	0	0.0%
	落選	0	0.0%	3	2.5%	3	2.5%	7	5.8%	48	39.7%	32	26.4%	0	0.0%	0	0.0%	0	0.0%	3	2.5%

統計數字顯示，半山集團、阿海派[257]、日本殖民政權協力者、反日本殖民政權運動集團都無人當選，而光復後反對運動集團勢力則呈現明顯的滑落；但蔣經國最厭惡的地方派系，仍然是影響省議員當選最重要的因素[258]。

美國大使館認為「國民黨決定爭取臺灣人及年輕一代的支持，反映領導層有一項共識，即這些人的忠誠對長期的穩定是必要的。為改善其形象，國民黨精明的宣傳臺灣人在內閣人數的增加，及大量淘汰老人，以便增加新血的措施[259]」。另一方面，逐漸吸收臺灣人進入行政及黨務系統，以穩定國民黨在臺灣的永續經營，這是蔣經國在組閣之初所思考的方向，而行動上也逐漸落實他的理想；但是一批另有企圖心和野心的臺籍知識分子、政客等，對蔣經國逐漸本土化的措施則顯得憂心忡忡。因此，如何在本省籍群眾中生根、如何接納臺籍知識分子、對臺籍政客如何釋出更多的權力及利益，是當時蔣經國必須嚴肅思考的政治課題[260]。

1988年1月13日午後，蔣經國辭世，李登輝推崇他是臺灣「民主改革的先驅者」。李登輝特別肯定蔣晚年推動本土化，落實臺灣民主改革的決心。他自暴內幕說，當年接獲民進黨組黨成立的訊息時，立刻打電話向人在七海官邸的蔣經國報告。蔣聽完報告後，只跟他指示兩點，「老百姓第一，國家安定第一，其他的你都不用再

---

257 阿海泛指1945年之前其祖先從大陸遷臺墾殖的先民子孫，其祖籍大部分為閩南及客家。1945年之後才由大陸各省來臺的人士，泛稱為阿山（阿山係指唐山）。

258 根據陳明通的統計顯示，在1972年省議員選舉中，地方派系當選人仍然占有32.2％；光復後反對運動集團則只有0.8％。但是爾後省議員選舉中，反對運動集團大致維持成長的趨勢，地方派系雖有比例下滑的趨勢，卻仍然占有相當的實力。可見派系問題一直是國民黨的沈重包袱。

259 王景弘，前揭書，頁446。

260 國民黨籍的臺籍政客對外省人長期壟斷政治資源心生不滿，也會產生對外省人爭權的企圖心。1963年省教育廳長，與許水德有師生之誼的吳兆棠曾對許水德說：「將來本省人一定會慢慢起來的。地方教育行政單位、省立中學都會重用本省人，因為本省人才愈來愈多了。」這番話使許水德大受鼓舞，並兼任高雄市教育局主任督學，最後走上從政之途。林蔭庭，前揭書，頁123-124。李遠哲則分析李登輝在臺灣光復後，由於大陸國民黨痛恨日本文化及受日本教育的臺籍知識分子，所以李登輝自覺一直備受壓迫和排斥，而產生國中後段班的心態，從而導致他一直認為國民黨是外來政權的看法。1990年8月25日，《聯合報》。因此，這些國民黨籍的新生代菁英其實與在野的臺籍菁英有一個共同企圖心，就是「當家做主」。

多說[261]。」

　　曾經傳聞擔任兩案密使的曹聚仁在1948年出版的《蔣經國論》中，對蔣有如下描述：「經國是哈姆雷特型的人物。他是熱情的，卻又是冷酷的；他是剛毅有決斷的，卻又是猶豫不決；他是開朗的黎明氣息，卻又是憂鬱的黃昏情調。他是一個悲劇性格的人，他是他父親的兒子，又是他父親的叛徒[262]！」曹聚仁在兩岸之間扮演密使角色，後來由1998年，中共中央文獻室出版的《周恩來年譜》得到權威的佐證。根據年譜記載，周回答曹詢問臺灣回歸後，將如何安排蔣介石。周說：「蔣介石當然不要做地方官，將來總要在中央安排。臺灣還是他們管。陳誠如願到中央，職位不在傅作義之下。」但直到曹聚仁暮年，終於留下「經國不願當李後主」的話語[263]。

　　在臺灣民眾心目中，對臺灣貢獻最大的總統首推蔣經國。根據民間交叉分析發現，民眾對蔣經國的評價不分黨派族群一致肯定，泛綠支持者也有四成八肯定蔣經國對臺灣功大於過[264]。這位在臺灣生活近40年的蔣介石長子，為臺灣奠定良好的經濟及民主基礎[265]。然而在兩岸關係上，雖然開啟了新思維，但爾後真正承先啟後的並不是他的副總統，而是身邊的那位出身哈佛法學博士，年輕的英文祕書在20年後實踐。

---

261 2002年12月21日，《中國時報》，第4版。

262 大陸人民出版社在北京重新出版上市的《蔣經國論》，是1948年上海版、1953年香港版和1997年臺灣版的綜合體。參見2009年5月8日，《中國時報》，A16版。

263 有關曹聚仁密使傳聞，請參見2009年5月8日，《中國時報》，A16版。

264 2007年12月11日，《聯合報》，A1版。

265 蔣經國總統在位期間（1978～1987年），年經濟成長率為8.7％，李登輝（1988～1999年）為6.8％，陳水扁（2000～2007年）4.1％。三位總統執政最後一年失業率比較：蔣經國（1987年）2％，李登輝（1999年）2.9％，陳水扁（2007年）3.9％。

第四章　本土政權

第一節　李登輝政權

　　臺灣在70年代受到美國與中共和解政策影響，及相繼經歷退出聯合國、與美國斷交等重大外交挫折，因此蔣經國轉而專注國內政治發展，加速民主化，以尋求政權合法性、穩固本土基礎，而十大建設所累積的經濟實力，亦使臺灣國力增強。在對大陸的政策上，一方面固然因為臺商赴大陸投資趨勢莫之能禦，由更高一層的宏觀角度觀之，80年代世界已經由冷戰的兩極對峙體系進入多極體系，分裂國家已經無法再憑藉核子傘保護，必須依賴雙方交流來處理共同事務，而兩岸分裂又迥異於德、韓背景，美、蘇並不具足以左右兩岸分合的實力。另一方面，由於臺灣80年代在國際社會上的處境非常孤立，導致國內民意不滿，「反中國」的本土化運動即於此時開始。

　　相對於此，經國先生期望藉雙方的交流來緩和兩岸的敵意，甚至作為一種對付中共的「和平演變[1]」，當時的外交部長錢復就曾經宣稱：「現階段我政府的政策，大陸政策位階高於外交政策。」經國先生辭世後，李登輝繼任總統，論者曾分析李的就職在當時廣受支持的原因：島內本省人支持他，因為這是第一位臺灣人總統；失去蔣家庇蔭的外省人也支持他，因為他是國民黨的臺灣人；獨派支持他，因為他是長老教會教友，具有強烈的臺灣意識；統派也支持他，因為他曾是50年代「白色恐怖」的同志，有情有義；在國際上，因其教育背景，故美、日，甚至北京當局都極為支持[2]。

　　1988年，兩岸都面臨政治上嚴峻的挑戰，臺灣方面，李登輝在蔣經國總統猝死後，於倉促之間繼任總統；而大陸方面，則歷經「六四天安門事件」（又稱八九民運），陷入內政動盪及國際外交受到孤立。因此，雙方對於舒緩兩岸對峙局面，以爭取時機鞏固權力並應付反對勢力的挑戰，存在共同的憂慮。

　　1988年10月，中共國務院成立「臺灣事務辦公室」，1991年12月16日，大陸「海峽

1　張讚合，1996，《兩岸關係變遷史》，臺北：周知出版。

2　社論，1997，《海峽評論》，第38期，臺北：海峽評論雜誌社。

兩岸關係協會」於北京正式成立，兩岸並且在1993年及1998年進行新加坡與北京的兩次會談，海基會董事長辜振甫於1998年在北京分別會晤國家主席江澤民與錢其琛。可是早在1990年12月31日，李登輝密使蘇志誠（總統府祕書室主任）就已赴港密會中共國家主席楊尚昆的代表楊斯德（中共中央對臺工作小組辦公室主任），其後，臺灣方面陸續有鄭淑敏（中國電視公司董事長）、尹衍樑（潤泰集團董事長）加入[3]。大陸方面則分別有賈亦斌（民革副主席，曾為蔣經國部下，後投共）、許鳴真（曾任東北哈軍工校長，國防科工委副主任，早年為中共陳庚大將祕書，楊尚昆知交）、汪道涵（海協會會長）等人參與會談。雙方從1990年到1992年6月16日，在香港共進行了8次密談[4]。

而第9次密談，則有許鳴真以探親名義於8月應邀密訪臺灣。許鳴真會見了李登輝，至於雙方究竟達成哪些共識則無從得知。但從上述報導可知，雙方針對臺灣加入世貿組織，簽訂和平協議等項議題進行討論；不過臺灣方面不能同意「一國兩制」等問題，導致這9次協商並無具體結論。隨後，兩岸正式開啟「辜、汪會談」，並在「一個中國，各自表述」的默契下，兩岸關係逐漸進入平和時期[5]。

李登輝接任總統後，臺灣也承受解嚴後反對黨所激發的民粹主義，再加上開放選舉後，為了確保勝選，以致黑道與黑金結合、氾濫，這些都使得社會本質惡化。1996年3月23日，中華民國進行首次總統直接選舉，李登輝以54%的得票率當選行憲後第九任總統。大選落幕後，最大的贏家是臺灣人民，這段期間也因為中共頻頻對臺文攻

3　《商業周刊》，第661期，頁66。

4　所有密談紀錄皆由關鍵中間人南懷瑾口述，商業周刊記者魏承恩撰文，請參閱《商業周刊》，第661期，頁60-82，臺北：商周出版。

5　根據王銘義撰寫的《對話與對抗：臺灣與中國的政治較量》（時報出版）一書透露，除了90年代初期在香港進行的高層對話之外，另有兩岸國安核心幕僚所組成的密使小組，也曾奉命進行具有授權的祕密對話，而「李辦」的蘇志誠與「江辦」的曾慶紅，是兩岸密使聯繫的「核心樞紐」，臺灣方面負責實際執行的密使小組成員有曾永賢（總統府國統委員）、張榮豐（國統會研究員）、張榮恭（國民黨大陸事務部主任）等人，大陸方面則由中共解放軍總政聯絡部長葉選寧（葉劍英元帥之子）負責協調聯繫。直到1999年8月間，「兩國論」餘波盪漾，張榮恭再度奉命密訪香港中聯辦臺灣事務部部長的邢魁山，探詢北京動向。以上報導請參閱1995年1月16日，《中國時報》，A4版。

武嚇，造成臺海飛彈危機，反而大大提高了各國政治觀察家和新聞記者的訪臺熱情。臺灣2,100萬人的真實民意、選民的政治成熟度，以及民主程序的運作狀況，透過國內外的傳播媒體看得一清二楚。

然而大選之後，臺灣還是必須面對國際社會的參與和中共的壓力，並採取更健全的政策。我國國際形象獲得大幅提升，與民主政治的轉型成功大有關聯，但周煦教授認為總統直選雖然會獲得國際上的讚賞與認同，惟我國國際形象早已因政治轉型成功而大幅改善，故此次大選的效果只是錦事增華，而非突破。換言之，不承認我國的國家仍不接納我國參與北京反對的國際組織。例如，美國不會改變其「一個中國」的政策而與我國復交；聯合國之門不會立即為我國而開；臺灣為中國一部分的地位仍難更動。在國際大環境沒有重大改變前，我國在外交上頗為孤立的局面亦不致出現結構性的突破，因為大選只是國內之事，與外國現實利益考量並無直接關聯[6]。

90年代，擁有上述優勢基礎的李登輝政權開始遭到內部與外部環境的挑戰。首先，李登輝與行政院長郝柏村之間的鬥爭牽引省籍、統獨等敏感問題檯面化、公開化。在李登輝與司馬遼太郎的一席談話中，表露出對中國歷史的輕鄙、外來政權的嫌惡和媚日情緒，使外省族群感到困惑及疏離。隨之而起的，在藉選舉以鞏固政權的情況下，使黑道、黑金結合，導致社會風氣為之不變。1992年底立法院全面改選後，朝野兩大黨基於民粹（民意）和意識型態，達成加入聯合國的共識。因此，執政黨對國內政治現實的考慮開始超越了國際政治現實，對以「國家統一綱領」為基本精神的大陸政策與進入聯合國為最高目標的外交政策產生了衝擊。

由於上述政治變遷，中華民國外交政策的位階逐漸超越了大陸政策，對執政者而言，加入聯合國已成為「中華民國在臺灣」、「主權強化」的一種行為。對最大反對黨而言，加入聯合國有助於「臺灣主權」的實現。這兩個原本背道而馳的看法，卻在「強化主權」上找到了共通點。針對臺灣的刺激，也基於所謂「安全困境」，中共於1993年8月發表的「臺灣問題與中國的統一」白皮書，即反應其「強化主權」的立場。面對中共強硬的立場，更刺激我方積極尋求加入聯合國之道，雙方刺激的互動模

6　1996年3月23日，《聯合報》，第6版。

式，遂使兩岸關係日漸緊張。

在政府當局的心態下，也使得負責兩岸技術性協商和民間交流的海基會與主管大陸事務的陸委會之間產生矛盾與衝突。海基會前任祕書長陳榮傑認為：「兩會高層聯繫會報，完全是欺騙社會大眾的幌子，陸委會根本不願藉此直接溝通、解決兩會之間的問題。」另一位前祕書長邱進益則認為兩會間的衝突，根本原因不在制度，而在心態與作法[7]。從兩位前祕書長的談話中，暴露兩會衝突中制度性的結構因素。當時陸委會主委，亦是當局愛將的黃昆輝難辭其咎。如以艾利森（Allison）的決策模式作分析，或許海陸兩會在所謂「官僚組織模式」中，容易形成本位主義和討價還價的結果。但如果用「理性決策模式」：「政策目標界定──涉及層面──方案及評估」選擇最佳政策來作程序分析，陸委會內部的高級官員即針對黃昆輝的官僚虛矯習性，以及不尊重成員專業水準的作為提出了嚴厲批判。1993年1月22日，時任陸委會文教處長的龔鵬程教授於《自立晚報》撰文主張「政治需要真情真義」，指出當今大陸政策的盲點之一，在於過度專注「人」的身分，反而耽擱許多實際上應由雙方政府共同來處理的事情，像是兩岸文物、醫事等交流，由於官方不接觸，兩岸無法有效解決，凡此等等卻均委諸海基會，但是海基會職權有限，不但功能不彰，且雙方時生摩擦。

1995年李登輝的「康乃爾之行」，不但換來1996年3月臺海危機，也使美國重新檢討對華政策。1997年甫上任的亞太事務助理國務卿陸士達便明言，李登輝訪美是錯誤的。錢復也由於當局的務實外交和訪美，辭卸外交部長職務。錢復的辭職代表在李登輝主導之下，外交政策位階不但超越大陸政策，也代表一種思想和文化上對峙的時代來臨。

臺獨或本土化意識在90年代影響國內政策發展，並惡化兩岸關係，而主政者心態更為重要，陳履安先生就曾批評當局對大陸人沒有愛。在兩岸分隔近50年的歲月中，經國先生開放大陸探親，不論是基於人道立場抑或和平演變，都清楚的指出兩岸鬥爭的是制度、主義、兩黨恩怨，但絕非中國人民間的對峙。然而，今日臺灣當局和許多

---

[7]　有關政府與大陸進行文教等民間交流、海陸兩會間的諸多問題，請參考龔鵬程，1996，《人文與管理》，南投：佛光大學南華管理學院。

自稱本土的人士，有著錯誤的「中國＝中共＝中國人＝敵人」觀念，因而在島內製造省籍間的矛盾和疏離。這種義和團式的民粹多少影響了內政和外交政策的取向，並製造兩岸（甚至人民）的猜忌與仇恨，這才是近年來兩岸交流過程中，所潛藏的一個重要隱憂。

臺灣島內民意轉變的趨勢，有相當大的因素是由於在後冷戰時代，臺灣經濟實力發展到一個階段，自然會在國際社會上尋求相對的政治地位。因此，90年代在李登輝主導的「務實外交」下，爭取生存為前提的外交政策位階遂超過兩岸政策的位階，而積極參與聯合國這種彰顯我為「主權國家」的策略，反迫使中共無從迴避。能否進聯合國，無關名稱，事涉主權，因此中共在90年代對臺灣進行一連串文攻武嚇，尤以1996年3月的飛彈危機為甚。中共的壓迫，反使臺灣民意主張統一的比率遞減，這對中共而言，自然是個警訊。臺灣民眾對大陸的疏離，除了時空距離之外，對共產制度的嫌惡與不安也是重要因素。

大陸在文化大革命之後，黨和領導人的權威性、道德性與純潔性為之破產，經過不斷的政治鬥爭，也使暴力的使用合法化。由於權威解體，孕育出人民一種「自己動手」的民粹主義。同時，為了鞏固領導者的法統，必須格外依賴民族主義，因此，中共領導人為了政權穩定，一定會訴諸民族主義來轉移內部政敵攻擊，爭取解放軍支持和民眾的向心力。如此一來，在臺灣訴諸本土化的政治運動和大陸近年也日益高漲的民族主義對峙下，兩岸關係的改善和交流顯得相當困難。

中共在1997年9月12日所召開的「十五大」對臺談話中，仍重申「和平統一、一國兩制」，並強調「一個中國原則」為談判的前提，在此前提下「什麼問題都可以談」。而臺灣方面的反應，首先是陸委會表示不接受「一國兩制」，並強調應在「面對分治」的基礎上進行務實交流和協商。李登輝前總統接著於13日在薩爾瓦多所舉行的中外記者會回應江澤民的談話，強調兩岸敵對狀態結束的談判，最重要的就是必須先承認中華民國是一個主權獨立的國家，兩岸是在「一個中國」下分治的狀態，若忽略這個現實狀況，根本沒有辦法談。此外，他在12日於薩爾瓦多國會演講時，嚴詞批

判中共的霸權心態，是造成兩岸關係進展的最大阻礙[8]。

　　中共在「十五大」中再度確立「一個中國原則」、「和平統一、一國兩制」基調的同時，臺北方面顯然也已經逐漸凝聚並擺脫一個中國的糾葛，確定兩岸分治現狀的政策。冷戰時代的兩位蔣總統在核子保護傘下，所強調的是國、共兩黨誰能夠代表「中國」。但在中美斷交等連串外交風暴下，隨著國際地位日益孤立、人民對共產制度的嫌惡，以及重返國際主使者的期盼，使「本土化」的呼聲逐漸成為一種趨勢，政府的務實外交遂逐漸順應此民意而強調兩岸分裂分治的現勢，並積極開拓外交空間，以作為生存的最高目標。大陸面對臺灣民意的演變，是否能做出善意的回應，有待觀察，在「十五大」中，江澤民不再強調「寄望於臺灣當局」，更放棄「十四大」政治報告中只以國民黨為談判接觸的對象，並寄望於臺灣人民，同時警告臺灣不管由誰執政，臺獨皆是一條不能接觸的底線。這也意味中共面對國民黨不是執政黨後的一項政治考量[9]。

　　李登輝在總統任期內，對兩岸關係發展影響最大的是1999年所主張的「兩岸關係定位在國家與國家，至少是特殊的國與國的關係」。李前總統在接受「德國之聲」專訪時指出，「我國在1991年修憲，將憲法的地域效力縮減在臺灣，並承認中華人民共和國在大陸統治權的合法性」。1992年的憲改更進一步規定總統、副總統由臺灣人民直接選舉，「使所選出來的國家機關只代表臺灣人民，國家權力統治的正當性也只有

8　李登輝的「太平之旅」外交效益雖仍猶如空中樓閣，卻已再度成為當局挾外制內的政治籌碼，也就是為當局製造個人民粹資本，以補充內鬥彈藥，對外諸多援外許諾，也觸動渾沌不明的憲政權責機制。因此，此次「太平之旅」有人視為外交盛事，有人卻擔心會引發憲政後遺症。見1997年9月18日，〈太平之旅：外交盛事與內政警訊〉，《聯合報》，第2版。

9　中共十五大於1997年9月18日落幕，論者認為這是中共在文革後第三次思想解放，前兩次分別是鄧小平主導的1978年中共第十一屆三中全會，解決實踐和理論關係的「兩個凡是」問題，由此開創改革局面；第二次是1992年鄧小平南巡及中共十四大，解決姓「社」和姓「資」問題，做改革最後攻堅，達成所有制上與市場接軌。而在政治體制上，仍小心謹慎以「繼續推進」定調，不敢有重大進展，這種政治保守和經濟改革將會造成兩者體制間矛盾，而政治上墨守成規所反映出來的現象，就是派系妥協及利益交換。請參閱1997年9月19日，〈中共十五大後的變與不變〉，《聯合報》，第2版。在十五大之後，完成了江澤民的接班合法化，也持續推動國有企業私有化，而最顯著的改變是揚棄了階級鬥爭及農民起義的歷史，改而採行保守的民族文化主義。

來自臺灣人民的授權，與中國大陸人民完全無關[10]」。

　　李登輝的談話，道出了存在已久的狀態，但也昭告國家的內涵改變了。從動員戡亂時期終止以來，臺北的官方立場變成是「一國兩政治實權」，但李登輝的談話中可知，他主導的國民黨從1991年開始，有意識的把主權限縮到臺灣來，「中華民國」已經悄然從中國大陸完全撤退。由於李登輝提出「兩國論」，大陸取消海協會會長汪道涵的訪臺，造成兩岸關係持續僵化且無突破。李登輝的「兩國論」提出後，兩岸政治定位名稱的演變及大陸負面的反應，請參考表一與表二。

---

10 1999年7月10日，《聯合報》，第1版。

表一　兩岸政治定位名稱演變

1991.4.30	李登輝宣布終止動員戡亂時期，將中共從「叛亂組織」重新定位為「中共當局」、「大陸當局」。兩岸互為對等政治實體
1993.4.27	新加坡辜汪會談，昭告國際，兩岸已展開對等政治實體的對話
1993.11	西雅圖亞太經合會議，我方代表江丙坤提出「以一個中國為指向的階段性兩個中國政策」，回應中共提出的「一個中國」
1995.5	李登輝赴美國康乃爾大學演講，以「當局」互稱兩岸政治，並強調中華民國仍存在，未來中國統一是兩岸必須面對的問題
1996.3	總統大選後李登輝接受亞洲華爾街日報專訪指出，中華民國的主權與治權僅及於臺澎金馬，臺灣是主權獨立的國家
1997.2	新聞局在當局授命下發出「一個分治的中國」說帖，以反制中共的「一個中國，一國兩制」
1997.9	李登輝在「太平之旅」中，再三於國際場合強調「中華民國在臺灣是主權獨立國家」
1997.11	李登輝接受華盛頓郵報及泰晤士報專訪指出，臺灣早就獨立，是主權獨立國家。臺灣就是臺灣，而非中華人民共和國一省
1998.9	李登輝接見外賓指出，在臺灣的中華民國是主權獨立的國家實體，是成立已久的國家，而非內戰的分裂團體
1998.10	海基會董事長辜振甫銜命赴北京與中共高層對話，與江澤民、錢其琛會晤時指出，中華民國仍存在，兩岸是兩個政治實體、兩個政府，要進行政治談判前，必須面對此一事實。海基會副董事長兼祕書長許惠祐並在國際記者會中表示，一個中國就是中華民國，兩岸是分治中國下的兩個政府：中華民國與中華人民共和國。正式將兩岸關係從對等政治實體，推向兩個政府
1999.4	國統會後，我方在國際宣傳上即一致使用中華民國與中華人民共和國互稱，漸少使用對等政治實體
1999.7	李登輝接受德國媒體專訪指出，兩岸間是特殊的國與國關係

資料來源：1999年7月11日，《聯合報》，第13版。

表二　大陸對兩國論的重要評論

1999.7.9	李登輝接受德國之聲專訪，指兩岸關係是特殊的國與國關係
1999.7.15	中共中央臺辦、國臺辦主任陳雲林指李登輝嚴重破壞兩岸關係，使海協會、海基會在一個中國原則下進行接觸、交流的對話基礎已不復存在
1999.7.17	中共首度公開向外界宣示，掌握有製造中子彈的技術，一般認為是恫嚇臺灣提出的「兩國論」
1999.9.1	新華社發表評論員文章，強烈抨擊國民黨把「兩國論」列入決議案，同時點名李登輝「使國民黨背負沈重罪責」
1999.9.7	中共國防部長遲浩田批評兩國論是製造兩個中國，重申中共對臺「和平統一、一國兩制」方針，但絕不承諾放棄使用武力
1999.9.9	江澤民提出汪道涵訪臺兩前提是收回兩國論、李登輝以黨主席身分會見
1999.9.13	中共外長唐家璇指劉泰英說臺灣應與日、韓加入戰區飛彈防禦系統，及「比中共晚1秒鐘」加入世貿組織是「謬論」
1999.9.24	唐家璇以罕見嚴厲語氣，批判李登輝推動兩國論，是「靈魂深處要搞臺獨的最大暴露」
1999.10.1	江澤民指中共將繼續堅持和平統一、一國兩制的方針，最終完成臺灣與大陸的統一。實現中國的完全統一，是全體中國人民不可動搖的堅強意志
1999.12.21	江澤民指一國兩制是解決臺灣問題最好的方式
2000.1.28	錢其琛稱在堅持一個中國原則下，中共將盡最大努力、盡一切可能，爭取以和平方式解決臺灣問題。但臺獨意味兩岸將發生戰爭
2000.2.21	中共發表「一個中國的原則與臺灣問題」白皮書，提出「如果臺灣宣布獨立」、「如果外國勢力介入」、「如果臺灣無限期拒絕談判」等3個對臺灣動武條件
2000.2.29	錢其琛指中共對臺「和平統一、一國兩制」方針及「江8點」都無改變。唐家璇則重申：中共可能在解決與臺灣統一的紛爭中使用武力
2000.3.5	中共總理朱鎔基的政府報告重申對臺和平統一、一國兩制方針，並強調對兩國論和臺獨絕不會坐視不管
2000.3.8	江澤民指兩岸目前沒有「烽火連三月」。總統候選人有意訪北京，凡是堅持一個中國，任何時期都歡迎，同時表示他也願意訪問臺灣
2000.3.15	朱鎔基記者會稱臺灣選舉是地方性選舉，誰要是搞臺灣獨立，誰就沒有好下場，中國人要以鮮血和生命捍衛統一
2000.3.16	唐樹備指臺灣新領導人如堅持臺獨，任何人都幫不了忙。假如臺獨的主張形成政策，兩岸經貿交流將成泡影

第二節　臺灣之子

在1986年民進黨正式成立之前，臺灣的政治反對運動已歷經了三個階段，即外省知識菁英主導的自由中國事件、本省知識菁英彭明敏的「臺灣人民自救運動宣言」，以及1980年代由書生的紙上論政轉變成「中壢事件」、「美麗島事件」等大型的草根性群眾運動。因此，民進黨對國民黨累積豐富的鬥爭經驗，也有組織和驅動群眾集會的經驗傳承，而選票的持續增長，尤其在南部地區的絕對優勢，就是一項鐵證。

1988年，民進黨在當時的國會中僅占23席（立法院12席、國民大會11席），得票率剛過20％。歷經幾次選舉之後，民進黨的基本盤維持在30％左右，一直到2000年總統大選，陳水扁獲得39.3％的選票取得執政權。民進黨花了10年的時間才突破這10個百分點。民進黨2004年陳呂（陳水扁、呂秀蓮）競選總幹事吳乃仁分析此次大選，在首次執政效果不佳的情況下，要突破50％的得票率才有獲勝的機會，但對走了10年才將選票拓展到近4成的民進黨而言，是項艱巨的任務[11]。

3月20日投票結果揭曉，陳呂配以50.11％的選票贏了連宋配（連戰、宋楚瑜）的49.89％，雙方差距僅29,518票[12]。民進黨奇蹟似的在不到4年的時間就獲得它在過去得花10年才能耕耘出的10個百分點的選票。這個執政成效不彰、任內無重大建樹的政黨[13]，竟然使得臺灣的泛藍勢力迅速崩盤，它所代表的意義是什麼呢？是激進的本土勢力超越溫和的本土勢力？還是3月19日發生在臺南的槍擊事件挑起了族群之間的對立，使陳水扁因同情票而「險勝」呢？

以過去1年來TVBS民調中心所做出來的連宋與陳呂支持率來作分析，1年來從50比32的差距開始，兩個陣營支持率一直穩定的維持在藍營40％以上，綠營30％左右

---

11 有關民進黨在2004年選後的分析及槍擊案對雙方的影響，請參考《商業周刊》，第853期，臺北：商周出版。

12 2004年3月21日，《中國時報》，A1版。

13 例如雪山隧道、清泉崗機場等都趕在大選前宣布完工或遷建，其實內部諸多工程細節並未完成。又如2000年陳水扁倉促宣布停建核四，又在考量現實後改變態度支持興建核四，不顧林義雄等人的壓力。2002年的農漁會金融改革主張，在面對各農漁團體走上街頭抗議後，他可以在說出「若怕失去政權而不改革才是懦夫」的宣示後，隨後還是放慢腳步。這顯示民進黨柔軟、民意反應迅速的一面，但也呈現出施政不踏實、政策缺乏連貫性的一面。

的固定狀態。即使中間發生像陳由豪事件、228牽手會，甚至到選前2天沈富雄記者會後，民意的分布都沒有太大的變化。然而，在3月19日槍擊案發生後，TVBS的民調在晚間10點半結束時卻產生了驚人的變化，雙方支持率已經從前一天的44％比34％，改變成為39％比38％。TVBS民調中心主任王業鼎指出，當下連宋支持度比前一天下降了5個百分點，陳呂則上升了4個百分點，也就是說，連宋已經一下子少了9個百分點。「1個百分點的差距，就等於不分上下。」王業鼎表示[14]。24小時之後的事實證明，這的確是一場勝負只有1個百分點之間差距的選舉。

根據TVBS民調中心分析，兩顆子彈主要影響的是臺灣一群30～39歲，專科以上的男性選民。這一群原本是藍營的穩固支持者，卻在槍擊事件之後，對連宋的支持度下降了14％，對陳呂支持度上升了9％；男性對連宋支持度下降了10％；陳呂上升7％；而高中、專科以上的選民，也同樣呈現這個態勢。從省籍來看，閩南籍的民眾對陳水扁的支持度小幅上升，而外省籍的連宋支持者卻退縮了，轉變成為不確定支持誰。在TVBS民調中心的分析中，認為這一群所謂的男性中產階級，是將陳水扁再度推上總統大位的關鍵[15]。

然而，兩顆子彈真的使陳水扁及民進黨在累積4年的執政績效不佳後，於一夕之間扭轉頹勢嗎？我認為民進黨也有它自身的優勢所在。從民進黨的歷史來看，有分析指出它具有四大政治性格：柔軟、務實、內部競爭、沒有絕對的老大，以及三大思考邏輯：民主、進步、愛鄉土[16]。我從歷史經驗中歸納，民進黨在與國民黨鬥爭的策略上，有很多與中國共產黨雷同之處。茲分析如下：

一、掌握時代潮流，迅速反映民意

中國共產黨的成立背景，它反映並創造一個美麗的烏托邦，讓民初許多知識分子相信苦難中國在經歷馬列主義的洗禮之後，必能鳳凰浴火而重現光明。土地革命、邊

---

14 《商業周刊》，第853期，前揭書，頁112。

15 同上，頁113-114。

16 同上，頁117。另一方面，民進黨將國民黨時代的政治事件巧妙的化做民進黨為臺灣民主奮鬥的歷史犧牲過程，並將其中若干事件，諸如228事件、美麗島事件等，解釋成「外來政權」壓迫，或者是外省人迫害臺灣人等口號論述，挑動族群敏感神經。

區政府的鄉選制度，使中共擴大政治實力，充分掌握民情，使得廣大佃、貧農在生活改善後，成為中共的堅定支持者。今日中共更藉各型國際活動提升並凝聚人民愛國心，加速經濟發展使人民富裕，在綜合國力持續提升下，掩蓋對民主、人權的局限及迫害。臺灣民進黨歷經長期街頭運動的洗禮，累積出選票實力，擅長利用各次選舉中的精算，交叉分析而得出民意之所在，雖然在執政上屢次因民意改變政策，而被批評缺乏一貫性，但從選票考量，已成為民進黨最寶貴的政治資源。2004年引發總統大選綁公投適法性爭議，但其中所激發出的「臺灣主體意識」，成為民進黨獲勝的關鍵。總之，中國共產黨與臺灣民進黨都是時代變局中的產物，它們以意識型態和口號治國，在初期都成功吸引求新求變的追隨者，但針對往後實踐過程中所帶來的動盪及破壞，民進黨應亟思避免和因應之道。

二、族群鬥爭

毛澤東嘗言：「階級鬥爭一挑就靈。」民進黨則是族群動員的實踐者和獲利者。針對這種臺灣社會因歷史選舉而分裂，彼此仇恨的隱憂，前民進黨主席許信良認為民進黨只要一個族群民族主義的價值，一個大閩南主義的價值[17]。民進黨立法委員沈富雄則提出，臺灣在總統大選後，應有「愛臺灣不該被量化」、「本土化不代表去中國化」等「愛臺灣」的認知，他並認為「愛臺灣」不該成為任何大選的主軸或搶票手段[18]。當陳水扁總統在選後與青年學生座談時，有學生質問陳總統：「為什麼常常說人家不愛臺灣？」[19]而陳水扁在選後曾重批連宋，要他們閉嘴，之後又謙卑的拜訪聖

---

17 見2004年5月24日，《聯合報》，A11版。許信良認為這種大閩南主義，危害了國家認同。「本土論述是臺灣歷史發展上，一個最多餘、最沒有意義的論述」，客家籍的許信良如是說。以研究白色恐怖著名的客籍作家藍博洲也曾對我表示，當年與民進黨一起打拚時，大閩南主義使他產生強烈的排斥和疏離感。

18 見2004年4月17日，《聯合報》，A2版。沈富雄也分析過去50年以來，本省人對外省人有許多負面印象。第一點就是白色恐怖，許多本省人被迫害，至今遺恨猶存；第二點是外省人在當年高考可加分，或因社經環境使然，外省人念大學比率較高；第三點是外省人來臺後，「少數強勢文化」控制「多數弱勢文化」，民進黨人在執政後有了報復心態；第四點是因外省人的血緣，以及對中國的濃淡深淺，讓本省人懷疑「敵人跟外省人有關係」，因此產生疑慮。見2004年4月26日，《聯合報》專訪，A4版。

19 見《中國時報》、《聯合報》等在2004年4月13日的新聞稿。

嚴法師，對法師給他的開示：「感謝反對者」津津樂道。過了沒幾天，在臺南兩場感恩晚會又高分貝批連宋，在4月12日臺北紅樓與學生座談時又低頭表示要反省自己[20]。這種傲慢與謙卑，看對象演出的兩手策略，似乎應證了民進黨務實、柔軟的身段，但從閩南籍人口占臺灣人口75％的比例上觀察，族群操弄應該是往後大選中會不斷上演的戲碼及議題。

民進黨除了上述兩種特質之外，它的派系共治創造了集體領導的穩定性，在歷任代表不同派系的黨主席如施明德、許信良因為理念不合陸續離開民進黨之後，並沒有造成民進黨分裂和資源分散[21]。1998年2月，民進黨舉辦中國政策研討會，當時美麗島系領袖許信良的「大膽西進論」和新潮流龍頭邱義仁的「強本漸進論」產生激辯，最後得出「強本西進」的結論，這也成為該時期民進黨對兩岸經貿政策的一致共識。在2004年總統大選後，呂秀蓮先後懷疑槍擊案的真相及在敏督利颱風救災上引起扁呂之間的緊張[22]，但民進黨總會在一段磨合時間之後，府院黨不但口徑一致，而且會巧妙的將衝突點轉嫁給泛藍陣營。換另一個角度來看，內鬥不斷，正聚集民進黨源源不絕的競爭能量。至於派系共治、由下而上的決策模式，也跟國民黨的少數核心人士密室政治截然不同，民進黨呈現的是集體風險、共同承擔的決策模式。

泛綠的選民特質正反映了民進黨的文化，那就是團結、死忠，在投票行為上絕對服從黨意，並具有濃厚的草根文化；相對於泛藍選民的自主性高、習慣以高標準、高道德檢視他們的政治領導人，泛藍陣營在對外氣勢上，往往先被內部菁英之間的意見衝突消磨一半，再面對都會中產階級型態的選民結構特性，常不能產生泛綠陣營所展

---

20 2004年4月13日，《聯合報》，A3版。
21 民進黨的主要派系有正義連線（陳水扁、陳其邁）、福利國連線（謝長廷、蘇貞昌）、美麗島系（張俊宏、許榮淑）、新潮流（洪奇昌、陳菊），這些都是民進黨2004年黨中常會的成員及其所屬派系。在2004年7月18日所召開的全代會選出新的10席中常委，除了新潮流依舊健在外，正義連線僅保住1席，福利國連線則分裂為蔡同榮、謝長廷及蘇貞昌三股勢力，其他還有舊美麗島系的綠色友誼連線及內閣行政系統。派系基本結構未變，陳水扁強勢主導解散派系失敗，只通過「派系中立」條款。
22 參見2004年7月11日，《聯合報》，A4版。另據2004年7月5日，《聯合報》，A2版報導，呂秀蓮疑槍擊目標是自己，對扁身邊人本就不太信任，使原本十分抗拒成立319槍擊真相調委會的總統府終於轉變立場，這項轉變的內部壓力正是呂秀蓮副總統。

現的革命情懷和團結一致的特性，這些因素，正是民進黨崛起的關鍵所在[23]。

第三節　危局困境

　　1975年，美國國防部部長斯勒辛格所發表的國防白皮書中，首次將臺灣、琉球劃出美國在東亞的防禦線，由日本直接跳到菲律賓，臺灣在麥帥口中「不沈的航空母艦」，頓時由冷戰陣營的最前線、堅強的反共盟友，跌為中國大陸版塊中有待處理的一塊小殘角，在戰略價值上僅是用來牽制中共的一顆棋子。二次大戰結束以來，美國兩大噩夢：與蘇聯作戰以及與中共作戰，一直是美國刻意避免的。從《季辛吉祕錄》以及金曼根據解密資料撰寫的《轉向》二書中得知，「臺灣是結束越戰的交換品」[24]。

　　2003年，美國總統小布希在與中共國家領導人胡錦濤及總理溫家寶的3次會談中，強調美國政府將繼續堅持一個中國的政策，並遵守美中3個聯合公報，反對臺獨。中共方面則重申「和平統一、一國兩制」的基調以及反對臺獨的立場[25]。換言之，臺灣獨立是美國及中國大陸所不能接受的。

　　臺灣在冷戰時期是美國重要盟邦，在2004年7月中共外交部公布50年前的外交檔案中，揭露蔣介石總統於1955年與美國情報單位合作，將中共總理周恩來率領代表團參加第三世界國家所號召的萬隆會議搭乘的專機「喀什米爾公主號」炸毀。雖然周恩來出發前臨時獲邀到緬甸洽商國務，不在機上而逃過一劫，但這也顯示當時的「盟邦」關係，以及國、共鬥爭的慘烈[26]。蔣氏父子在冷戰時期維持中華民國臺灣地區的建設與安定，實不能以今日一句「白色恐怖」簡化之。事隔50年後，美國布希總統對陳水扁總統在處理兩岸問題上的態度日益不滿，真正的導火線是「一邊一國」論，發展到2003年的「公投制憲」，布希更公開斥責阿扁搞公投的話題。AIT創始理事主席

---

23 曾經擔任馬英九市府副市長的金溥聰及勞工局長的鄭村棋，在總統大選前籌組「廢票聯盟」，對這次大選的結果和30餘萬張的廢票，引發了很大的爭議。

24 請參考1999年1月12日，《中國時報》社論，第3版。

25 2003年12月11日，《聯合報》。

26 2004年7月20日，《聯合報》，A13版。中共在檔案中指出這一事件是由臺灣保密局偵防組組長谷正文主謀的案子，臺灣以60萬港幣買通清潔工裝置定時炸彈。事後香港政府在中共壓力下，逮捕上千臺灣情報人員，破獲並解散多個特工組織。

丁大衛將布希之怒解釋為「臺灣嚴重的挫折」[27]。中華民國駐美代表程建人在2003年返臺述職時，首度於立法院表示，臺美關係處於史無前例的狀況，他並認為美國總統布希的相關談話「用詞之強，前所少見」[28]。

東吳大學劉必榮教授則分析民進黨政府在外交上戰略匱乏，是以街頭運動模式處理外交問題，即打游擊戰及「短線操作」，一旦有了突破就是加分，若未能突破，則可將責任推給中共[29]。我認為民進黨在處理外交上採取雙面刃手段，不論攻擊或承受反彈（美國或中共）壓力，都可藉此訴諸臺灣人的悲劇，喚起國族意識和塑造悲劇英雄光芒，成功拓展政黨的選票基礎。這種試圖改變現狀的動作，卻與希望維持現狀的中共及美國背道而馳，其結果可能造成美國政府逐漸向中共平臺傾斜，而對臺灣不利[30]。

新加坡副總理李顯龍於2004年7月訪問臺灣之後指出，他發現臺灣無論朝野或媒體都太專注於內部的政治問題，而忽略國際上急遽的變化，此將引致對新加坡及區域發生影響嚴重的誤判及失誤[31]。另一方面，臺灣在80年代因為勞力高度密集和中小型企業占多數等工業建設特色，當面臨工資及土地價格巨幅上升，及東南亞與大陸新興工業國家興起時，造成競爭力大幅下降，而感到無法支持，於是再轉型為高科技資訊產業及其他產業，與進行傳統產業的大規模化、現代化。著名經濟學者王作榮認為非仰賴「現在及未來的大陸」這個巨大經濟載體不可，在經濟上要三通，還要合流整合成一體，必須仿效香港：總部設在臺灣，工廠設在大陸——現在的許文龍、張榮發是

---

27 2003年12月13日，《中國時報》，A13版。

28 2003年12月30日，《聯合報》，A2版。

29 同注14，頁125。

30 中共過去一向反對「維持現狀」，江澤民主政時期，「祖國統一」列為中共20世紀三大使命之一；但中共新任總理溫家寶卻在接受美國「有線新聞網」（CNN）訪問時，以與美國相同的語調指責臺灣「破壞現狀」。見2003年12月13日，《中國時報》。

31 2004年7月17日，《中國時報》，A13版，李顯龍發現總統大選後，綠營專注於立院選舉，相信更多人支持臺灣獨立；藍營方面則專注於質疑總統選舉合法性、槍擊事件調查、選舉無效訴訟等。他也注意到臺灣人有更強的臺灣認同意識，大多數臺灣人相信中國不會採取攻擊手段，而且美國會在臺灣遭受攻擊時挺身相助。李顯龍對這個現象感到頗為不安。

另一個例證。王作榮認為經濟轉型是臺灣當前經濟問題的最大來源，也最難解決[32]。而投資大陸以求降低成本的策略，是否會造成臺灣出口商品和大陸產品的差異程度變小，容易被替代？因此減輕被替代程度也是目前臺灣當局所應思考及規範的當務之急[33]。

陳水扁任內的臺灣經濟，由於國際經濟環境變化，加上中國大陸經濟躍升，對臺灣社會經濟造成半世紀以來最大的衝擊。2001年，經濟衰退超過負兩個百分點，失業率超過6％，由於社會經濟惡化，暴力犯罪也由2000年的1萬1千件增至2001年的1萬4千件。2002年，臺北「美僑商會」發表《企業信心調查報告》，將「明確的經濟政策」、「政治穩定性」、「穩定的兩岸關係」列為攸關臺灣企業前途的3大要目，並強烈主張三通[34]。

論者以為，陳水扁政府在執政兩年中，已成功的讓一切批判的聲音消失，這種「批判的空窗期」，遂使得新政府反而能在執政後的次年（2001年）立委選舉中獲勝；而在外部、西方，尤其是美國官方與媒體，由於對臺灣有獨特的雙重標準，對新政府的任何作為也都保持緘默，使得新政府成立兩周年，拜「批判的空窗期」所賜，儘管政績堪疑，但支持率仍能成長，實在是歷史盲點所造成的幸運[35]。

國內學者所組成的澄社[36]，於2002年6月17日與陳水扁總統舉行座談會。會中，澄社代表向當局提出許多一針見血的批評，指民進黨政府「格局不大、腳步凌亂、政策矛盾」，並標舉4大興革訴求。例如，澄社直指政府不要過度討好資本家，應與財團

---

32 請參閱王作榮，2001年5月29日，〈臺灣的經濟問題與經濟轉型〉，《中國時報》，第4版。

33 請參閱林向愷，2004年7月19日，〈四小龍與中國的競合〉，《中國時報》，B1版。

34 南方朔，2002年5月20日，〈困境與超越〉，《中國時報》，第2版。

35 同上。

36 澄社成立於90年代，由胡佛、楊國樞、李鴻禧等20幾位自由派學者成立，以「提供第三種聲音」供民眾判斷兩黨說詞是否得當的參考。澄社標榜「論政而不參政」，沿續《自由中國》以來的理想，以社會批判促進自由民主體制的實現；另一方面則要求社員不得出任任何黨政職務。但意識型態及統獨立場始終困擾澄社，從「回歸憲法／制定基本法」到「內閣制／總統制」等爭議，胡、李二人情誼完全破裂。民族意識與自由主義兩者間如何安頓，是現今臺灣自由主義的一大難題。見江宜樺，2001，《自由民主的理路》，頁303-305，臺北：聯經出版公司。

保持距離。再如，澄社直接指出許多引起爭議的人事案，認為此類舉措嚴重影響政府的公信力，惟陳總統皆否認由其主導。論者認為澄社是「社會良知」的傳承者，在國民黨時代，不少監督主政者的「在野黨」知識人，隨著政治轉移，卻變成現今主政者的「政治啦啦隊」。其所產生的副作用之一，就是知識界既然以主政者的「自己人」自居，以護航為能事，主政者自然也就不能聽到真正有益的批評[37]。許倬雲教授也指出，70年代由於國內國外知識分子不約而同掀起臺灣民主化運動，一時波瀾壯闊，終於在不到10年之間，開了黨禁，換了國會，使中華民國的民主化過程，為世界樹立了傲人的紀錄[38]。近年來，臺灣社會內部由於統獨及族群分離意識嚴重對立，使知識分子的社會公信力和說服力遭到質疑、挑戰，在短時間之內，似乎難以發揮70年代使臺灣轉型的力量。

2004年，陳水扁在槍擊事件真相未明下，以些微票數連任成功。「澄社」學者在7月11日發表2萬5千字的「檢驗民進黨執政4年成效報告」中指出，扁政府過去在教育、金融、媒體、憲政、社福、兩岸經貿、生態環境保護等7大項改革上「都交了白卷」，執政利益思維超過改革動機。澄社指出，民進黨政府操控臺視、華視人事，在選舉接近時，更縱容臺視、民視開闢帶狀政治節目從事「單面政治宣傳」，作風比起過去國民黨戒嚴時期掌控二臺有過之而無不及，而這種操控媒體的情形選後亦不見改善[39]。

澄社所指的7大改革，正是包含了憲政民主的道德面與實踐面，只見炒作「制憲」、「修憲」的選舉議題，而不思整個憲政權責體制的徹底革新。澄社在扁政府任內兩度提出建言，但批判中所吐露的無力感卻也印證中華民國政府在臺灣由盛而衰的過程。2004年大選後的中華民國，內部已經實質分裂為「一邊一國」，泛藍與泛綠政黨的南北區隔日益明顯，其意義不在省籍的差異，而在國家認同的分裂。中國歷史上的流徙或分裂政權，例如三國時期的蜀漢、東吳，以及東晉、南宋等，在考量政權的穩定及永續發展等因素後，有些採取諸如「土斷」等政策，成功促成內部團結；

---

37 2002年6月18日，《聯合報》，第2版。
38 許倬雲，2002年7月1日，〈論國會亂象〉，《中國時報》，第2版。
39 2004年7月12日，《聯合報》，A4版。

但有些如蜀漢及東吳政權，將國家菁英局限在某個族群或集團內，從而喪失競爭的優勢[40]。

中華民國在蔣氏父子時代似乎逐漸擺脫中國歷史上分裂國家的陷阱，尤其在蔣經國總統的「臺灣化」政策推行之後，對國家菁英人才全面化的培育、族群融合等方面都已見成效，其政績至今令大多數國人懷念。李登輝總統在歷史上的光輝原本可更盛於蔣經國，他所繼承的是已經具有良好基礎的國家權力，他的日本世代臺灣人背景及第一位臺灣人總統的血緣光環，在政壇上發揮舉足輕重的功能，但他錯失歷史上的良機，利用族群間不同的歷史背景和文化差異，以分裂的方式尋求選舉上的最大功效，其結果是臺灣主體意識上升，但相對的以「異類標籤」及「外來政權餘孽」等語句，逼使反對者傾向政治上的另一端光譜，臺灣社會的內耗也就伴隨著各類選舉而日益加深[41]。而他在政治上的合夥人，也繼承這種操弄而不見改善。

有評論指出，李登輝這麼一位被日本學者形容體內流著「日本人、美國人、臺灣人、中國人」血液的複雜領袖，當他離開國民黨之後，一位親近幕僚不帶感情的說：「反正國民黨是向別人借來的，現在完成了改革，當然是還給別人的時候。」或許李登輝拿捏不定總統、黨主席與臺灣人、中國人之間的角色，因此其間矛盾製造了反李、擁李的紛亂[42]。他在國民黨內用盡資源、享盡權力之後「用完即棄」，造成國民黨失去領導的正當性，李登輝將這個正當性的光環戴在他新成立的政黨頭上，並在總統大選時加持於陳水扁的選票，成為陳水扁獲勝的重要因素。

---

40 請參考李功勤，2001年7月，《蔣介石臺灣時代的政治菁英》，國立中正大學：歷史研究所博士論文。

41 民進黨大老張俊宏認為「民進黨像李登輝的免洗餐具，可是忍不住要幫他，即使被他利用也甘願，因為李登輝像哲學家皇帝」。他也引述日本「文藝春秋」一群文人說法：「最偉大的日本人在海外，一個在祕魯（指藤森），一個在臺灣（指李登輝）。」見2000年5月16日，《聯合報》，第8版。李登輝這種日本情結在接受日本產經新聞專訪時表達：「日為侵華持續道歉太過分。」「臺灣也有親大陸的少數派，就南京事件（大屠殺）舉行對日抗議集會，但只聚集特定極少數人。」見1997年12月21日，《聯合報》，第9版。李登輝在這段時期的反華、去中國化政策已經隨他在臺灣權力鞏固下而日益明顯，對曾經遭受日本人侵略及迫害的兩岸人民而言，其個人引發的爭議及影響是明顯的族群傷害。

42 2000年5月16日，《聯合報》，第8版。

陳水扁總統雖然贏得大選，但可以拒絕繼承李登輝的矛盾及混亂性格，使中華民國朝正常化、全民化發展，嘗試彌補兩顆子彈後扭曲的臺灣政治社會。名政論家南方朔認為兩顆子彈可能會引導臺灣社會暴力化，「410」的泛藍群眾在街頭「抗議暴力」，以及「409」一名婦人在臺南槍擊現場發表了與當地人不同的看法時，招來一群壯漢圍毆的「凌遲——群眾暴力」，他對臺灣社會可能在撕裂對立中導致暴力惡念蠢動感到憂慮[43]。

內部的分裂、執政上無力、意識型態治國、一切以選舉利益的施政方針，都是扁政府亟需匡正的當務之急。在沒有個人選票連任的壓力下，阿扁總統應該將格局放大，將中華民國帶上另一個高峰，記取呂副總統在敏督利颱風引發的水災後，發表對原住民不當談話造成族群衝突的教訓。族群對立、彼此撕裂的戲碼正是所有臺灣人民自李登輝主政迄今，生活上所重複的夢魘，我們要問陳總統的是，在明天過後，我們將何去何從？

我們也要提醒陳總統重視兩岸之間的關係，中國大陸在2008年主辦奧運，這股聲勢將持續到2010年舉辦世界博覽會。這一年中共主導的「東協加一」正式啟動，在北方與鄰國韓、日建立比WTO更優惠的自由貿易區，大陸正以破竹之勢形成可與北美、歐盟匹敵的經濟體。目前大陸的大西部計畫可連絡中亞、打通南亞，進而鞏固亞洲區域霸權，以其地緣政治增加世界戰略地位及霸權分量。面對世界權力結構的詭譎多變，面對執政無力的政府、內部認同分裂的社會，已經造成中華民國整體國力的下滑，而臺灣存亡的關鍵，我覺得必須要有一個廉潔、有效率的政府來施政，並且針對臺灣民主制度之下過分發展的民粹主義加以適度的規範，才是臺灣未來發展的當務之急。

---

43 南方朔，2004年4月12日，〈暴力化——臺灣未來的憂〉，《中國時報》，A2版。

第五章　黎明曙光

第一節　光明與黑暗

一、馬英九的勝選

　　2008年3月22日，國民黨的正副總統候選人馬英九、蕭萬長以765萬餘票的得票數，大幅超過民進黨候選人謝長廷、蘇貞昌的544萬餘票，在第十二任中華民國總統大選中獲得勝利。同時根據中選會的資料顯示，馬英九的得票率58.4%，也超過1996年首次民選總統時李登輝的得票率54%，成為臺灣總統直選史上最有民意基礎的領導人。

　　在得票的地域分布方面，全臺25個縣市，馬蕭配於20個縣市中獲得高票，其中有2個縣市是由民進黨執政（即臺南市與高雄市）；而謝蘇配僅在5個由民進黨執政的縣市中獲得高票。顯見民進黨長期執政失敗，使得民心逐漸流失，也因此讓國民黨有再次執政的機會。

　　國民黨這次囊括了全臺近六成的選票，在新竹縣、苗栗縣、臺東縣、花蓮縣、及外島金門、連江兩縣皆有七成以上的得票率，外島兩縣得票率更是高達95%。其次在臺北縣市、基隆市、桃園縣、新竹市、臺中市、南投縣等地，也有六成以上的得票率。在宜蘭縣、臺中縣、彰化縣、嘉義市、臺南市、高雄市、澎湖縣，皆有五成以上的得票率。至於票數輸給民進黨的雲林縣、嘉義縣、臺南縣、高雄縣、屏東縣，也都有四成以上的得票率。原本南部地區向來是民進黨的大票倉，但經此選舉後，昔日以本土牌及族群訴求而無往不利的優勢已不復見。

　　中選會所製作的第十二任總統選舉候選人得票數（率），參見表格如下。經由這分表格，以作為本次選舉兩黨在全臺各地得票之參考。

第十二任總統、副總統選舉候選人得票數（率）

行政區別	候選人總得票數	(1)謝長廷、蘇貞昌		(2)馬英九、蕭萬長	
		得票數	得票率	得票數	得票率
總　計	13103963	5444949	41.5519	7659014	58.4481
臺北市	1604802	593256	36.9676	1011546	63.0324
高雄市	909619	440367	48.4122	469252	51.5878
臺北縣	2226334	866915	38.9391	1359419	61.0609
宜蘭縣	254651	123700	48.5763	130951	51.4237
桃園縣	1073018	379416	35.3597	693602	64.6403
新竹縣	281623	73178	25.9844	208445	74.0156
苗栗縣	319864	92795	29.0108	227069	70.9892
臺中縣	859404	353706	41.1571	505698	58.8429
彰化縣	728834	309134	42.4149	419700	57.5851
南投縣	289585	109955	37.9699	179630	62.0301
雲林縣	387263	199558	51.5304	187705	48.4696
嘉義縣	306436	166833	54.443	139603	45.557
臺南縣	631160	354409	56.152	276751	43.848
高雄縣	727233	373900	51.4141	353333	48.5859
屏東縣	497100	249795	50.2505	247305	49.7495
臺東縣	111382	29714	26.6776	81668	73.3224
花蓮縣	177607	40003	22.5233	137604	77.4767
澎湖縣	43218	18181	42.0681	25037	57.9319
基隆市	224889	72562	32.2657	152327	67.7343
新竹市	225564	79634	35.3044	145930	64.6956
臺中市	592730	226751	38.2554	365979	61.7446
嘉義市	152155	72442	47.6107	79713	52.3893
臺南市	439849	216815	49.2931	223034	50.7069
金門縣	35094	1710	4.8726	33384	95.1274
連江縣	4549	220	4.8362	4329	95.1638

資料來源：中央選舉委員會網站 http://www.cec.gov.tw/

5月20日，馬英九在臺北小巨蛋宣誓就職，同時發表以「人民奮起，臺灣新生」為題的就職演說，內容除了對於臺灣內部的期許，更令人關注的是兩岸關係政策的走向。在演說的第二部分「新時代的任務」，對於兩岸問題，馬英九指出：

（一）以「不獨、不統、不武」的主流理念，在中華民國憲法架構下，維持臺灣海峽的現狀。

（二）1992年，兩岸曾經達成「一中各表」的共識，後將繼續在「九二共識」的基礎上，盡早恢復協商。

（三）將與大陸就臺灣國際空間與兩岸和平協議進行協商。唯有臺灣在國際上不被孤立，兩岸關係才能夠向前發展[1]。

同時，馬英九也認為，胡錦濤在同年有過三次與兩岸關係相關的言論，包括與美國總統布希談「九二共識」、在博鰲論壇提出「四個繼續」，以及4月29日主張兩岸要「建立互信、擱置爭議、求同存異、共創雙贏」，這些觀點都與他的理念相當的一致。他表示，「兩岸問題最終解決的關鍵不在主權爭議，而在生活方式與核心價值」。

馬英九的這番就職演說內容，因提到以「九二共識」為基礎，並言及自己與胡錦濤理念相近，又多次提起中華民族和中華文化，與以往陳水扁和李登輝有很大不同，因此中共國臺辦給予高度肯定[2]。中共國臺辦主任陳雲林於5月22日正式就此演說回應，不但表示對馬英九演說抱持正面及肯定的態度，也對即將重啟兩岸協商，推動兩岸關係，共創兩岸新局面，抱持極高期待[3]。

二、扁家弊案

相對於馬英九勝選，前任總統陳水扁在5月20日當天，甫卸任便成為貪瀆案被告，日後甚至家人多遭起訴，自己也身為階下之囚。昔日為人稱道、甚至譽為「臺灣之子」的陳水扁，經過8年執政，竟落得如此狼狽的下場。

時間倒推至1999年，當初還是總統候選人的陳水扁，以「告別黑金」為訴求，力圖當選，甚至指另外兩位總統候選人連戰及宋楚瑜為「黑金雙胞胎」，希望人民了解他才是真正沒有包袱的改革者[4]。又強調「國民黨是世界上最富有的政黨，國民黨黨產是靠內線交易、黨營事業、金融特權、貪汙等，掙得這些不明不白的錢」[5]。就任後，他仍誓言掃黑，又言尹清楓案即使「動搖國本」也要辦。當他就任將屆週年時，民調

1　此三點原文出自〈中華民國第12任總統馬英九先生就職演說〉，見總統府網站，http://www.president.gov.tw/php-bin/prez/shownews.php4?Rid=14000。以下關於本次就職演說的內容出處皆為此處。

2　《聯合報》，2008年5月21日，A1版。

3　《聯合晚報》，2008年5月22日，A1版。

4　《聯合晚報》，1999年12月14日，2版。

5　《聯合晚報》，1999年12月19日，2版。

顯示有五成七的民眾滿意他的表現，更有六成二的民眾肯定民進黨執政後「掃除黑金」的情況[6]。初期執政甚至一度考慮效法香港，設立「廉政公署」，頗受民眾肯定。

然而自陳水扁於2004年尋求連任乃至再度當選總統後，圍繞扁家的醜聞接二連三傳出。競選期間，另一候選人連戰便指稱陳水扁是「貪汙、抽頭」總統，當時總統夫人吳淑珍認為這種嚴重汙辱和汙衊，比殺了她還嚴重，故按鈴控告連戰「意圖使人不當選」[7]。選舉期間，前東帝士集團董事陳由豪，稱1998年與2000年時，他曾親赴扁家，「以現金方式奉上獻金」，指扁反黑金根本是諷刺[8]。連任前後，又曾爆出以國安情報津貼來僱用管家羅太太，羅太太甚至搭公務車、差遣國安局特勤中心司機至其家中打掃。

此後，與陳水扁親近的人士接連弊案纏身，扁家醜聞也逐漸曝光。2006年，總統夫人吳淑珍被指收受大量SOGO百貨公司禮券，介入金控人事，並與總統親信陳哲男、馬永成皆涉及黑金炒股。不久，總統女婿趙建銘亦被立法委員邱毅指出有炒股行為，以內線交易的方式，賺得3、4億元。消息一出，引起全臺民眾譁然。

趙建銘為陳水扁女兒陳幸妤之夫，本是骨科醫師，卻以「總統女婿」身分涉及台開股票內線交易，事情爆發後檢調旋即偵辦。後來更傳出已由國小校長職位退休的趙父趙玉柱，竟因兒子的關係，四處兼職企業顧問，獲取龐大顧問費用。2006年5月25日，趙建銘遭收押禁見，其罪名除了涉及台開內線交易，還包括違法聯貸、賣官，及向藥商索回扣等弊端。期間趙建銘堅不認罪，對於不利事證一律以「不知」或要求檢方去問父親趙玉柱來卸責。7月10日，檢方認定趙建銘涉及炒股，求刑8年，此外趙玉柱除內線交易外又涉侵占，求刑10年，父子各併科罰金新臺幣3千萬元，同日趙建銘以1千萬交保。12月28日，一審宣判趙建銘有期徒刑6年、趙玉柱8年4個月，併科罰金3千萬元。2007年6月26日，二審判趙建銘7年、趙玉柱9年6個月，併科罰金3千萬元。2008年11月13日更一審宣判，除趙玉柱刑期改為9年，其他維持原判。此時弊案風波已如滾雪球般，逐漸捲向陳水扁夫婦。

6　《聯合報》，2001年4月30日，4版。

7　《聯合報》，2004年1月5日，2版。

8　《聯合報》，2004年2月2日，1版。

就在總統女婿涉台開案之際，早先總統夫人吳淑珍的SOGO禮券案也出現案外案。台灣紅負責人李慧芬爆料她的堂姊、杏林製藥董事長李碧君，常以吳淑珍名義向君悅飯店索取發票，因此牽扯出總統府內以搜集他人發票核銷國務機要費的案件。一年高達5千萬的國務機要費，竟以報假帳的方式成為總統的私房錢。而調查過程中，總統府又屢有不配合之行為。陳水扁甚至多次轉移焦點，或編造祕密外交工作「南線專案」，或指前總統李登輝也如此使用國務機要費，四處放話，民心漸失。再加以女婿趙建銘的不法情事，使總統一家聲望一落千丈，民間也開始醞釀一股「倒扁」風氣。2006年8月，民進黨前主席施明德發起「倒扁」活動，要全體人民站出來。此活動一出，旋即得到絕大多數民眾支持，紛紛挺身而出。9月15日，倒扁總部發起「圍城之夜」活動，數十萬人走上街頭，使倒扁活動達到高潮[9]。

　　第一家庭弊案連連，國會也出現罷免總統聲浪。自總統女婿涉貪以來，便有立委開始連署罷免總統。立委在2006年6月、10月、11月曾三度提案罷免總統，但因綠營立委杯葛，皆未過關，而陳水扁也表達不會下臺的意願。

　　2006年10月3日，SOGO案偵結，吳淑珍因未介入經營權而予以不起訴處分，群眾譁然。然而一個月後的11月3日，國務機要費弊案偵結，吳淑珍以偽造文書及貪汙治罪條例遭起訴，陳水扁因仍是總統，待卸任後再追訴他的貪汙行為。12月15日，國務機要費首次開庭，吳淑珍出庭不久即體力不支昏倒，此後長達一年多未曾出庭，再者因陳水扁向法院聲請返還證物，使案件審理擱置許久。

　　由於弊案纏身，施政失利，陳水扁的支持度於2000年剛上任時的超過七成，到2008年即將卸任時低到僅剩13%，甚至有69%的民眾不認同他的政績，71%的民眾認為臺灣在他執政的8年間開倒車[10]。8年前信誓旦旦要掃除黑金並行清廉政治的陳水扁，卸任時反而成為臺灣史上一家人貪汙最嚴重的總統，相當諷刺。

9　陳水扁在獄中完成第2本書《關不住的聲音——阿扁坐監ㄟ50張批》，痛批謝長廷兩次選舉都拿他的錢，但在紅衫軍倒扁期間，卻對他說：「總統下臺，也不是大不了的事」。在書中也不滿葉菊蘭（時任總統府祕書長及競選總幹事）選前隱瞞民調，同時也表達對新潮流系強烈的不滿。參見《中國時報》，2009年3月26日。

10　《聯合晚報》，2008年5月16日，A2版。

卸任後的陳水扁，旋即成為貪汙案被告。2008年6月，立委邱毅爆料指扁婿趙建銘在英屬維京群島開設一家資本額2百萬美金（約合6千4百萬新臺幣）的一人公司，且前第一家庭成員所擁有的海外帳戶或境外公司還不知有多少。以趙建銘行醫所得，不可能有如此龐大資金開設海外公司，疑是利用不法所得在海外洗錢。而在吳淑珍起訴及趙建銘一審判刑後，此公司便由趙建銘聲請解散[11]。至8月13日時，《壹週刊》爆料陳水扁與吳淑珍在國務機要費案及台開案爆發後，結清所有帳戶，將所有資金透過媳婦黃睿靚和黃家人的戶頭，匯往美國近3億元；此外，檢調單位並掌握，另有匯往海外的可疑資金，金額可能直逼10億元。對此，陳水扁駁斥《壹週刊》的說法，認為是有心人杜撰編造[12]。然而隔日（8月14日）他召開記者會，坦承曾經「做了法律所不許可的事」，將北市長、總統4次選舉結餘部分款匯往海外，但把責任都推給妻子吳淑珍，說這些都是在他不知情狀況下所為。但他仍宣稱自己清白，並指親民黨主席宋楚瑜當年的「興票案」，及前總統李登輝的「新瑞都案」，均有匯錢到國外，國民黨榮譽主席連戰在國外有投資置產眾人皆知[13]。

2008年8月15日，陳水扁與夫人吳淑珍公布退黨聲明，聲明中刻意提及10次「民主進步黨」，並向同志致歉。陳水扁坦承，「我讓大家失望、蒙羞」，對黨造成無法彌補的傷害，這絕非他的本意，但他犯了錯，做了不該做的事，他深感愧疚與自責[14]。

扁家洗錢案爆發，檢調開始積極偵辦，發現調查局早在年初時便兩度接獲扁家洗錢情報，前調查局長葉盛茂為向陳水扁輸誠，將洗錢情資交給陳水扁，使此一犯罪情事遭到隱匿。此一洗錢案不但涉及陳水扁夫妻、陳致中夫妻，甚至吳淑珍之兄吳景茂也參與其中，扁家僅有女兒陳幸妤不曾涉案。然而陳幸妤面對媒體追問時，怒指謝長廷、蘇貞昌以及高雄市長陳菊皆拿過扁家的競選結餘款，甚至認為有人要鬥死他們一

11 《聯合報》，2008年6月24日，A8版。
12 參見《聯合晚報》，2008年8月13日，A2版、《自由時報》，2008年8月14日，A5版。
13 《蘋果日報》，2008年8月15日，A1版、《自由時報》，2008年8月15日，A1版。
14 《聯合報》，2008年8月16日，A1版。

家[15]。而自案件爆發以來始終滯美不歸的陳致中、黃睿靚夫婦，也在8月24日返臺，並表示他們都只是人頭，一切都是吳淑珍在幕後指使。

陳水扁雖在事發時開記者會坦承家中有不法之事，但隨著案件偵辦，案情逐漸明朗，許多案外案不斷被揭發，主流媒體一面倒的質疑他時，他開始四處至綠營執政地區進行「取暖」活動，試圖召喚死忠扁迷，然而他的光環也已落魄到只剩下少數深綠市場[16]。他以民粹式的激情言論，聲稱自己是遭到國民黨迫害，也批馬英九施政無能。甚至在各地進行「取暖之旅」時，仍不斷爆料放話，如「收受國民黨榮譽主席連戰1億元支票」、「總統馬英九匯款1500萬元」，但特偵組認為大部分的說法，並不值得理會；但亦有可能可信者，如指前總統李登輝也以隨扈為人頭帳戶匯款海外[17]。10月25日，民進黨舉行「反黑心，顧臺灣」遊行，黨主席蔡英文雖曾表示遊行「不准表達反扁或挺扁」，現場卻出現不少白底綠字「捍衛臺灣、阿扁加油」的旗子，還有民眾舉著「司法不公、逼民造反」的海報，指揮車上也不時傳出「阿扁加油」的呼喊聲[18]。至此，民進黨還是無法與這位貪腐弊案的前總統完全切割，仍有「挺扁情結」。

在案情偵辦的部分，9月25日，前總統府出納陳鎮慧遭到羈押。由於她作帳一向詳細，特偵組將其帳目檔案解密後獲得許多重要事證，顯示扁家許多生活支出確實是來自國務機要費。此後，被稱為是「總統夫人助理」的蔡銘哲、陳水扁辦公室主任林德訓、吳淑珍胞兄吳景茂、前調查局長葉盛茂、前總統府副祕書長馬永成陸續遭到收押，案情逐漸明朗。此後檢方也開始對疑似涉入洗錢案的企業界進行調查，發現有財團贈予扁家鉅款，還牽扯出購地弊案。11月12日，臺北地院合議庭以陳水扁涉嫌貪汙罪行重大、且有勾串共犯和湮滅證據之虞，正式裁定收押禁見，創下卸任元首遭收押

---

15 陳幸妤投書媒體，指謝長廷在代表民進黨參選期間曾經「小中風」。陳幸妤還批謝，若非當時一己之私，讓給蘇貞昌參選，「民進黨雖敗，也不至於一敗塗地。」謝昨天回應，陳幸妤講的「不是事實」，而且她是受害者變成加害人。見《聯合報》，2009年1月22日。

16 《聯合報》，2008年9月6日，A4版。

17 《聯合報》，2008年10月16日，A2版。此外李登輝隨扈被認為涉及洗錢而遭境管，事見《自由時報》2008年10月16日A4版、2008年10月17日A10版。

18 《自由時報》，2008年10月26日，A4版。

偵辦的首例，然而陳水扁仍疾呼此為政治迫害，並一度絕食抗議。

12月12日，扁家弊案首波偵結，陳水扁、吳淑珍、陳致中、黃睿靚等14人遭到起訴，其中陳水扁被求處「最嚴厲之刑」，吳淑珍、陳致中、黃睿靚則是「從重量刑」。不久，陳水扁被裁定當庭釋放，但「不得挾群眾力量拒不到庭」，特偵組為此抗告。12月19日，臺北地院仍維持無保釋放，又追加「不得對本案證人及偵審公務員或其配偶直系血親等相關親屬恐嚇或危害」的條件。12月25日，臺北地院投票決議將扁案移由審理國務機要費案的蔡守訓合議庭審理。12月30日，陳水扁再次遭到羈押，其後抗告亦遭駁回。身處看守所的陳水扁對自己以貪汙罪名遭起訴憤憤不平，自比「王莽」，感慨司法被操弄，指媒體與名嘴是「紅衛兵」[19]。

扁案開庭審理後，2009年1月21日，陳致中、黃睿靚當庭認罪。緊接著在2月3日，被認為是弊案中洗錢白手套的蔡銘杰、蔡銘哲兄弟亦認罪。2月5日，涉及南港展覽館弊案行賄扁家的力拓營造負責人郭銓慶，以及吳淑珍的大嫂陳俊英，在法庭上雙雙認罪。2月19日，扁家大帳房陳鎮慧不但認罪，並供出其中內情。即使如此，陳水扁仍堅稱自己無辜，而吳淑珍也僅認錯但不認罪。5月5日，特偵組追加起訴陳水扁和吳淑珍收賄、圖利及違反政治獻金法，因他們藉總統職權收受前101董事長陳敏薰1千萬元，並向中信金前副董事長辜仲諒要求3億元。5月11日，臺北地院裁定陳水扁將繼續延押2個月，他再次試圖絕食，猶作困獸之鬥。而在民進黨舉行的「517大遊行」過後，也仍有許多支持者前往土城看守所聲援陳水扁[20]。

---

19 《聯合報》，2009年1月7日，A4版。

20 民進黨內部也有批判陳水扁的聲音，前新潮流系立委林濁水在新書《歷史劇場：痛苦執政八年》發表會中，形容他自己「用整本書跟陳水扁抬槓」，並直指前總統陳水扁是「民主大罪人」與「臺獨大罪人」。應邀與林濁水對談的政大臺灣文學研究所所長陳芳明（前民進黨文宣部主任）則表示，以「獨立建國」就可掩蓋醜聞，反而得到民意、就被原諒，這才是對臺獨最大的傷害。林濁水並預言，陳水扁的影響力很快就會結束。相關報導可參見《聯合報》，2009年2月13日，A2版。

第二節　兩岸新局

一、破冰之旅

前總統李登輝在執政末期，多有爭議性言論，尤其表示兩岸關係是「特殊的國與國關係」，被認為顯露出他臺獨的傾向，並受到民進黨的肯定，卻造成兩岸之間關係緊張。即使在2000年總統大選期間李登輝支持連戰，卻仍有許多人認為陳水扁才是最接近「李登輝路線」（本土改革派）的候選人，而並非連戰[21]。

陳水扁勝選後，在接受日本《產經新聞》專訪時表示「臺灣海峽的和平、國家的安全，以及如何在安定中的改革，國旗、國歌都不是問題」，希望和北京能相互有誠意與善意[22]。在總統就職演說上又對兩岸關係發表了「四不一沒有」的言論，他表示「保證在任期之內，不會宣布獨立，不會更改國號，不會推動兩國論入憲，不會推動改變現狀的統獨公投，也沒有廢除國統綱領與國統會的問題」[23]。素來被貼上「臺獨」標籤的陳水扁，就任初期保守低調，但隨時間過去，他真正的立場也日趨明顯。2002年8月，陳水扁發表對兩岸關係的談話，強硬指出和對岸是「一邊一國，要分清楚」[24]，同年北高市長選舉，他仍申明兩岸是一邊一國，指臺灣不能走香港之路，選馬英九為市長即是選臺北特首云云[25]。2004年年底，陳水扁與李登輝一同催生「臺灣新憲法」，鼓吹正名、制憲，結果導致中共著手制訂「反分裂法」。此後，陳水扁的言行更加激烈。起初在2000年尚自認是李登輝的後繼人選，一直以來尊李的他，也對

21　例如當時奇美公司董事長許文龍公開表示支持接近「李登輝路線」的陳水扁，支持陳水扁成為李登輝的繼任人選，見劉淑婉〈許文龍挺扁：支持繼承李登輝路線的人〉，《聯合晚報》，2000年3月13日，2版。其後，高壽103歲的前總統夫人蔣宋美齡發表書面聲明，期勉連戰未來能「師法先總統蔣介石五十年前改造國民黨的決心」，略過李登輝而希望連戰直承蔣介石，將國民黨菁英分子號召回來重新奮鬥，見傅依傑〈宋美齡聲明挺連　期連效法蔣介石〉，《聯合晚報》，2000年3月14日，4版。

22　《聯合報》，2000年4月16日，1版。

23　中華民國第十任總統就職演說內文，見陸委會網站，http://www.mac.gov.tw/big5/mlpolicy/mp9112/mp01.htm。

24　《聯合晚報》，2002年8月3日，1版。

25　《聯合報》，2002年10月27日，5版。

李登輝越來越無敬意，甚至多有批評[26]。

2007年3月，陳水扁提出「四要一沒有」，即「臺灣要獨立、正名、新憲、發展，臺灣沒有左右路線，只有統獨問題」，幾乎推翻從前就職演說時的「四不一沒有」，並主張要以臺灣名義加入聯合國[27]。此後政府積極推動宣導公投入聯活動，並且四處「正名去中」，不但讓兩岸關係極為緊張，甚至引起人民的反感。

在民進黨執政的期間，國民黨則進行了兩次重要的「破冰之旅」。2005年3月28日，國民黨副主席江丙坤率團前往大陸參訪，並於3月30日與中共中央臺辦主任陳雲林會晤，是國民黨政府遷臺56年後首次進行的國共兩黨正式會談。中共有意透過國民黨發表共識，向民進黨及國際社會表示在制定反分裂法後仍致力推動兩岸關係發展、和平解決兩岸問題。國共兩黨並達成10項共識，包括：

（一）關於兩岸節日包機常態化，以及貨運包機便捷化，大陸持積極態度推動國民黨將繼續派團磋商。

（二）大陸願幫助臺灣農產品銷往大陸，國民黨將繼續派團磋商。

（三）有關兩岸農業合作，大陸願協助臺灣農民到大陸發展，並保障臺灣農民權益；國民黨願促成兩岸農業合作。

（四）大陸同意跟臺灣簽署臺商權益保障協議。

（五）大陸願為開放大陸民眾赴臺旅遊做準備。

（六）大陸正面回應，願進一步研究開放臺灣保險金融醫療運輸業問題，以及信息產業標準化問題的研究及制定。

（七）大陸願促成兩岸媒體互派常駐。

（八）關於大陸對臺漁工輸出勞務問題，就漁工保險工資休息場所等，與臺灣民間行業進行磋商。

（九）兩岸民間可進行縣市鄉鎮間交流。

---

[26] 陳水扁與歐洲議會議員進行視訊會議時表示，要把臺灣國名改為臺灣共和國，他任期內做不到就是做不到，前總統李登輝過去12年沒有做到，即使現在總統讓李登輝做，也一樣做不到。見《聯合報》，2005年3月2日，A1版。

[27] 《聯合報》，2007年3月5日，A1版。

（十）大陸願對臺灣學生在大陸求學收取與大陸學生相同學費標準，並設獎學金。

此外，大陸並提出共同打擊犯罪議題及便利臺胞往來大陸措施[28]。但陸委會副主委邱太三隨即對江丙坤強烈譴責，指國民黨不與執政的民進黨商談，反至對岸與非民主政黨商談，是一大倒退，而兩岸關係條例第五條之一明確規定，任何法人團體非經授權不得與對岸簽署涉及公權力與政治議題的協議，暗指江丙坤此行已然觸法（即兩岸人民條例）[29]，而民進黨政府的高層官員也認為江丙坤所簽十點共識「身分不當、時機不宜、氣氛不對」[30]。民進黨黨團更警告國民黨，私下與中共達成協議或訂約已觸犯刑法「私與外國定約罪」[31]，要將江丙坤移送法辦。即使如此，國民黨黨主席連戰仍決定在4月底訪問大陸，美國國務院為此表達肯定態度，認為以對話解決兩岸緊張的方式是「正面的步驟」[32]。

2005年4月26日，連戰夫妻啟程前往大陸訪問，藍綠兩方支持者卻在桃園中正機場發生嚴重的流血暴力衝突。4月29日，連戰與中共總書記胡錦濤會面，兩方會後發布「兩岸和平發展共同願景」新聞公報，涵蓋促進恢復兩岸談判、達成和平協議、建立兩岸軍事互信機制、促進經濟全面交流、以及建立國共兩黨溝通平臺等多項共識[33]。不久，中共官方也提出胡錦濤的四點主張，第一須建立政治上的互信，相互尊重，求同存異；第二，加強經濟上的交流合作，互利互惠，共同發展；第三，開展平等協商，加強溝通，擴大共識；第四，鼓勵兩岸民眾加強交往，增進了解，融合親情[34]。在「連胡會」後，據《聯合報》所做民調，有五成六民眾肯定連戰大陸行有助兩岸和平發展，即便是民進黨支持者，雖多不贊成連戰前往大陸，卻也有三成三的民眾肯定他的表現。此外，連胡會為兩岸局勢帶來破冰氣氛，認為兩岸關係趨於緩和

---

28 《聯合報》，2005年3月31日，A1版。
29 《聯合晚報》，2005年3月31日，1版。
30 《聯合晚報》，2005年3月31日，2版。
31 《聯合報》，2005年3月31日，A3版。
32 《聯合晚報》，2005年4月21日，2版。
33 《聯合報》，2005年4月30日，A1版。
34 《經濟日報》，2005年4月30日，A2版。

的民眾大幅增加[35]。5月3日，連戰即將離開大陸前，中共又宣布將送給臺灣一對大熊貓，並開放大陸居民赴臺觀光，以及擴大開放臺灣水果進口[36]。

不久後的5月5日，親民黨主席宋楚瑜也前往大陸，並於5月12日與胡錦濤會面，達成多項共識，如加速推動兩岸直航，並同意合作促進兩岸企業雙向直接投資、推動金融、醫療等經濟交流等等[37]。對於宋楚瑜的「搭橋之旅」，四成七民眾肯定其訪問大陸的整體表現，而泛綠支持者雖不認同他前往大陸之舉，卻也有近半支持兩岸直航。經本次出訪，宋楚瑜的個人聲望也有所成長[38]。

儘管多數民眾支持連、宋相繼出訪大陸的行動，但陳水扁在接受英國《經濟學人》雜誌專訪時仍否定他們的成果，並表示連戰和宋楚瑜期望中國願意妥協的想法是「非常天真」，也批評他們訪問中國時未能強調臺灣主權[39]。但無論如何，連、宋的出訪，仍成為日後國民黨重新執政時，重啟兩岸互動的先聲。

二、2008年博鰲論壇

在馬英九、蕭萬長於總統大選獲得勝利後，首度與對岸正式互動的便是2008年的博鰲亞洲論壇。博鰲亞洲論壇是大陸在2001年與日本、菲律賓等26個國家共同成立的首個非官方國際組織，是亞洲及世界各國政府、工商界與學術界高層的對話平臺。2004年時，蕭萬長曾出席該年度博鰲論壇，並與胡錦濤會面，但當時蕭萬長並沒有官職，而胡錦濤也尚未全面掌權。至2008年時蕭萬長已是副總統當選人，胡錦濤也已全面掌權，幾乎可以算是1949年後，兩岸最高領導人的第一次會面，因此使得兩方互動成為此次博鰲論壇的焦點[40]。

由於蕭萬長欲藉此次博鰲論壇與胡錦濤會面，引起綠營人士一貫爭議，呼籲蕭萬長不要讓臺灣被矮化，副總統呂秀蓮更是批評馬、蕭還未上任就向北京妥協，是否對

---

35 《聯合報》，2005年4月30日，A2版。

36 《聯合晚報》，2005年5月3日，1版。

37 《聯合報》，2005年5月13日，A4版。

38 《聯合報》，2005年5月13日，A5版。

39 《聯合報》，2005年5月21日，A4版。

40 《經濟日報》，2008年4月5日，A8版。

北京有所承諾[41]？雖綠營人士多有質疑，但蕭萬長行前召開記者會中，表明此行定位為國際與兩岸經貿交流的平臺，希望藉由這個機會將臺灣的善意與誠意傳達給對岸，以增加雙方互信的基礎[42]。

4月11日，蕭萬長出發抵達海南，並於4月12日與胡錦濤會面。會上蕭萬長提出「四個希望」，包括「兩岸直航、陸客來臺、經貿關係正常化、恢復兩岸協商機制」。而胡錦濤也以「四個繼續」作為回應，包括「繼續推動兩岸經濟文化等各領域交流合作，繼續推動兩岸周末包機和大陸居民赴臺旅遊的磋商，繼續關心臺灣同胞福祉、並切實維護臺灣同胞正當權益，繼續促進恢復兩岸協商談判」[43]。對於這次「蕭胡會」，諸多外國媒體認為是自1949年以來兩岸最高層級的接觸，也是歷史性的重大時刻，雙方均有意改善關係[44]。但民進黨卻批評蕭萬長拿臺胞證，不顧國格和尊嚴，雙方所談內容也不出當年「連胡會」的共識，毫無新意，陸委會更稱兩岸互動與經貿往來不應私下協商[45]。

儘管民進黨方面不認同這次的「蕭胡會」，但此次會面的影響卻反映在股市上。由於雙方提出四個希望、四個繼續，國臺辦亦對兩岸直航、觀光等經貿問題有正面回應，一時之間臺股上揚，並使人看好新總統就任後的情勢[46]。

三、第一、二次江陳會談

國民黨重新執政後，海基會進行人事改組，由國民黨副主席江丙坤擔任海基會董事長，不久中共國臺辦主任陳雲林也被推舉為海協會會長[47]。2008年6月11日，江丙坤率團訪問中國大陸，展開兩岸中斷10年的復談。6月12日，兩方在北京會面，簽下包機與旅遊協議。大陸同意先開放北京、上海浦東、廣州、廈門、南京5個周末包機航點，第二批開放成都、重慶、杭州、大連、桂林、深圳。臺灣同意開放桃園、高雄小

41　《自由時報》，2008年4月8日，A3版。

42　《經濟日報》，2008年4月8日，A2版。

43　《聯合報》，2008年4月13日，A1版。

44　《聯合報》，2008年4月13日，A4版。

45　《自由時報》，2008年4月13日，A3版。

46　《聯合晚報》，2008年4月16日，A4版。

47　中共中央國臺辦主任由前駐日大使、外交部副部長王毅接任。

港、臺中清泉崗、臺北松山、澎湖馬公、花蓮、金門、臺東8航點。此外開放大陸觀光團來臺，但必須團進團出，平均每日3千人次為原則，留臺期間不超過10天[48]。

7月7日，海協會副會長王在希表示陳雲林希望能於秋天來臺[49]。原本擬定10月底成行，卻因民進黨支持者將於10月25日發動遊行抗爭，以及10月21日海協會副會長張銘清在臺南孔廟遭民眾暴力襲擊，以致來臺時程有所更動，最後確定陳雲林於11月3日抵臺。

11月4日，江丙坤與陳雲林在臺北圓山飯店舉行會談，分為三個部分，一是就第一次江陳會達成的兩項協議進行檢討，並提出辦法；二是就下午簽署兩岸空運、海運、郵政、食品安全四項協議最後確認文本；第三就是對未來的兩岸關係情勢及協商交流議題進行交換意見，並且達成初步共識。對於未來兩岸情勢及協商交流部分，雙方達成七個共識：第一是兩岸交流秩序，包括將展開共同打擊犯罪、司法聯繫的協商，擴大食品衛生安全合作、農產品檢疫檢驗；第二是眾所矚目的金融合作，兩岸將進行銀行、證券及期貨的監理合作，雙方銀行相互設處，即相互設立分行、子行等分支機構；三是投資合作，包括協商兩岸投資保障協定、避免雙重課稅協議；四是產業合作，包括產業標準與規格；五是漁業合作；六是文教交流合作；七是兩會之間交流合作事宜[50]。

在這次正式的會面後，11月5日，舉行海基會、海協會兩岸金融座談會，會上江丙坤表示下一次的江陳會重點是討論金融議題，包括簽訂金融監理合作備忘錄（MOU）、雙方金融機構到對岸市場等[51]。11月6日，江丙坤與陳雲林共同主持「兩岸珍稀動植物互贈儀式」，大陸送臺灣1對熊貓與17棵珙桐樹苗；臺灣贈大陸長鬃山羊與梅花鹿各1對，象徵兩岸關係「團團圓圓、長長久久」[52]。其後，前往臺北賓館與總統馬英九會面，但雙方接觸過程僅10分鐘而已。馬總統致詞時表示，兩岸對於臺灣

48　《聯合晚報》，2008年6月13日，A1版、《自由時報》，2008年6月14日，A2版。

49　《聯合晚報》，2008年7月7日，A8版。

50　《聯合晚報》，2008年11月4日，A1版。

51　《經濟日報》，2008年11月6日，A4版。

52　《聯合報》，2008年11月7日，A6版、《自由時報》，2008年11月7日，A8版。

安全與國際空間存有分歧，希望在「正視現實、互不否認、為民興利、兩岸和平」基礎上，雙方積極處理、擴大合作，也希望強化高層互訪與交流[53]。

然而在陳雲林訪臺的數日中，不斷出現抗議人士。除了民進黨支持者外，另有藏獨人士、法輪功支持者等進行活動。在諸多抗議事件中，11月5日，國民黨主席吳伯雄在臺北晶華酒店宴請陳雲林，抗議民眾包圍酒店並發生暴力衝突，使陳雲林一行人至深夜才得以離去[54]。11月6日，馬英九與陳雲林會面後，民進黨發起「圍城」活動，號召群眾走上街頭「嗆馬圍陳」，最後包圍陳雲林下榻的圓山飯店，再次發生嚴重的暴力流血衝突，直到11月7日凌晨被驅離[55]。

這一次由陳雲林的大陸代表團，是兩岸分治以來大陸訪臺官員的最高層級，創下首例，國際媒體多有報導。而中國駐美大使周文重6日在華府表示，海協會長陳雲林的臺灣行成功簽署直航等文件，是互利雙贏的結果，兩岸目前「最重要的是要保持這個勢頭」，雙方可以繼續溝通臺灣參與世界衛生大會（WHA）的問題[56]。

根據民調，五成二的民眾認為這次江陳會談的成果利大於弊，也有四成九的民眾希望能維持現狀，而非急統或急獨。然而對於馬陳會面的情形，有四成六的民眾覺得不存在自我矮化的問題，卻也有三成六的民眾持有疑慮。在兩岸未來關係部分，有四成二民眾認為兩岸關係將趨向緩和，一成五感覺會更緊張，二成一認為不會有重大變化。調查也顯示民進黨的「嗆馬圍陳」活動，有五成三的民眾為此對蔡英文感到不滿[57]。

雖然自從馬政府上臺後，對於兩岸、外交事務，與前政府有明顯不同的作為。然而成為在野黨的民進黨雖言明是要抗議江陳會，但其中群眾暴動，卻仍不外是為了臺獨走向而號召進行，非但對人民福祉毫無幫助，也讓原本陳雲林來訪的行程失焦，使新聞關注所在再次移向民進黨的街頭暴動。

53　《聯合報》，2008年11月7日，A3版、《自由時報》，2008年11月7日，A2版。
54　《自由時報》，2008年11月6日，A2版、《聯合晚報》，2008年11月6日，A4版。
55　《聯合報》，2008年11月7日，A2版、《自由時報》，2008年11月7日，A6版。
56　《聯合晚報》，2008年11月7日，A2版。
57　《聯合報》，2008年11月7日，A1版。

四、2008年亞洲太平洋經濟合作會議（APEC）

2008年的亞太經合會（APEC）於11月22至23日在祕魯舉行。早在7月時，便已傳出可能由前副總統連戰代表馬英九總統出席。由於往年對岸打壓臺灣，故往往要視對岸而在派遣人選上做更動。即便當時總統陳水扁指派的是國民黨籍前副總統李元簇，也因主辦國是大陸，而不被對岸允許，索性不派代表。此後2006、2007年，陳水扁皆派企業界人士參與，而非政府官員。故連戰是否能順利成行，被視為檢視對岸是否對馬政府外交休兵呼籲善意回應的重要指標[58]。

10月29日，總統府正式敲定由連戰出席APEC，創下我國歷來領袖代表層級最高紀錄。為了淡化政治敏感度，總統府宣布連戰出使APEC身分是「國家政策研究基金會董事長」[59]。對此，綠營批連戰是北京首選，不是馬英九總統首選，連戰顯然不適任，這只是北京「拉連制馬」的策略[60]。美國國務院則表示，期待代表「中華臺北」的連戰參加APEC[61]。

11月21日，連戰與胡錦濤在祕魯會面，連戰表示除雙邊自由貿易協定（FTA）要繼續努力推動外，在APEC架構下的多邊自由貿易體系發展也很重要，不管是新加坡等四國的經濟戰略夥伴協定（P4）、亞太自由貿易區（FTAAP），還是亞太共同體倡議，都有助於自由貿易體系的建立，臺灣都樂見其成，也希望能成為其中一員。胡錦濤則指出，不久前，海協會會長陳雲林到臺灣，與海基會簽訂四個協議，為兩岸同胞謀實質性利益，標示兩岸關係發展又掀開新的一頁，也表明兩岸加強交流合作，是人心所向，大勢所趨。他希望雙方抓住這個難得的歷史機遇，為兩岸同胞做好事、做實事，為兩岸謀福祉、謀和平。至於臺灣參與世界衛生組織（WHO）一事，胡錦濤也回應說，兩岸三通之後就可以積極去做[62]。

此次會議，連戰獲得白宮高度評價，國安會亞洲事務資深主任韋德寧表示，這在

---

58 《經濟日報》，2008年7月21日，A2版。

59 《經濟日報》，2008年10月30日，A11版。

60 《自由時報》，2008年10月30日，A1版。

61 《聯合報》，2008年11月1日，A4版。

62 《經濟日報》，2008年11月23日，A4版。

八年前是難以想像的事,他並形容連戰此次與會,是「真正的開放與真正的改變,也是真正的降低緊張」[63]。

五、2009年博鰲論壇

2009年的博鰲亞洲論壇於4月17～19日在海南博鰲舉行,代表我方出席者為曾任蔣經國與李登輝總統時代外交部長、前監察院長錢復,錢復以「國泰慈善基金會董事長」的民間身分受邀參加,並與中共總理溫家寶會面。出訪前,總統馬英九明確指示就兩岸經濟合作架構協議(ECFA)與對岸接觸,傳達我方「對雙邊有利應先協商」的立場,藉此創造兩岸雙贏的局面,並傳播「同舟共濟、相互扶持、深化合作、開創未來」的兩岸基本理念[64]。不過錢復表示他是以民間個人身分出席,沒有任何官方授權,所以不會幫馬總統「傳話」談ECFA話題[65]。國臺辦主任王毅表示,如果臺灣希望在江陳會談三次會,就兩岸經濟合作架構協議(ECFA)交換意見,大陸方面願意進行「初步探討」,啟動兩岸經濟合作的進程。這是大陸官方首度公開表態,同意在第三次江陳會談時討論ECFA[66]。

4月18日,錢復與溫家寶正式會面,溫家寶向臺灣代表團提出「面向未來,捐棄前嫌,密切合作,攜手並進」16字方針,呼籲兩岸牢牢把握當前難得的和平機遇,共創光明前景,是為回應馬英九總統之前提出的「同舟共濟、相互扶持、深化合作、開創未來」。他並針對全面加強兩岸經濟合作,共抗金融危機,提下一步大陸五點努力:一、推動大陸企業赴臺投資;二、擴大對臺產品採購;三、鼓勵臺資企業到大陸開拓市場;四、增加大陸遊客赴臺旅遊;五、協商建立符合兩岸經濟發展需要、具兩岸特色的經濟合作機制。希望兩岸繼續和平發展,經濟共同繁榮。在堅持「一個中國」原則的前提下,務實探討和解決政治和軍事問題。雙方的對話中,完全沒有談到ECFA與臺灣加入東協「十加三」的問題[67]。

---

63 《經濟日報》,2008年11月23日,A4版、《自由時報》,2008年11月24日,A6版。

64 《自由時報》,2009年4月16日,A3版、《聯合報》,2009年4月16日,A10版。

65 《經濟日報》,2009年4月17日,A9版。

66 《經濟日報》,2009年4月18日,A2版。

67 《聯合報》,2009年4月19日,A8版。

六、第三次江陳會談

繼2008年11月的第二次江陳會談後，2009年4月26日，江丙坤於南京與陳雲林進行第三次會談。會上簽訂三項協議，分別為「海峽兩岸金融合作協議」、「海峽兩岸空運補充協議」、「海峽兩岸共同打擊犯罪及司法互助協議」。會中也對於第四次江陳會談內容做出確認，包括將「避免雙重課稅、漁業勞務合作、農產品檢驗檢疫、產品標準化檢測與認證合作」等四項議題納入協商議題，而有關兩岸的經貿合作協議，即臺灣最為關心的ECFA議題，雙方同意繼續保持意見交換，並不排除納入協商[68]。

5月4日，江丙坤表示，往後第四、五次江陳會談，優先處理的議題有六大項，包括簽署兩岸金融監理備忘錄、建立投資保障、避免雙重課稅、經貿糾紛調處機制。他並指出，三次江陳會談中，已簽署三項協議和發表一項共同聲明，之後將會推動洽簽「兩岸經濟合作架構協議（ECFA）」，將會堅持「三不三要」的談判原則。所謂的「三不」，就是絕對不能矮化主權、不再開放大陸農產品、不開放大陸勞工來臺；「三要」即要透過協商解決關稅問題；同時要與東協及其他貿易夥伴展開FTA洽談；要在WTO精神架構下，擱置爭議[69]。

第三節　富強之道

臺灣在蔣經國總統過世之後，民主化進程加快；但也在社會轉型之際出現弊端，為了選舉勝利，以分裂族群及去中國化的訴求已經達到最高點，使臺灣社會從「內地化」與「本土化」論戰，強化到國族認同與政黨惡鬥，一直到2008年馬英九勝選，才顯示臺灣主流民意對政治貪腐、族群仇恨、兩岸對峙、經濟衰退、社會不安等問題的不耐，因而用選票表達他們對臺灣政治穩定與革新的迫切期待。

臺灣在21世紀，必須面對中國大陸快速崛起的事實，不但攸關臺灣內部發展，也影響臺灣在國際社會的參與及生存。2008年歲末，中共總書記胡錦濤發表推動兩岸關係和平發展六點主張：

68　《聯合晚報》，2009年4月26日，A3版。
69　《聯合晚報》，2009年5月4日，A5版。

一、恪守一個中國，增進政治互信；世界上只有一個中國，中國主權和領土完整不容分割。

二、兩岸簽訂綜合性經濟合作協議，探討兩岸經濟共同發展與亞太區域經濟合作機制相銜接的可行途徑。

三、臺灣文化豐富了中華文化的內涵，臺灣同胞愛鄉愛土的臺灣意識，不等於臺獨意識。

四、希望民進黨停止臺獨分裂活動；只要民進黨改變臺獨分裂立場，大陸願正面回應。

五、臺灣參與國際組織活動問題，在不造成兩個中國、一中一臺前提下，通過兩岸務實協商，作出合情合理安排。

六、兩岸就軍事問題接觸交流，探討建立軍事安全互信機制；在「一中」原則基礎上，協商正式結束兩岸敵對狀態，達成和平協議[70]。

學者指出，胡錦濤的講話對於大陸內部處理兩岸政治關係的協商談判，有若干重要意義。首先，胡錦濤指導性的宣示，可以調整中共政府各部門步調不一致的情形，使得未來大陸在處理兩岸經貿交流以及應對我國在國際參與的落差減少。其次，一旦中央明確定調，中共各部門的辦事速度與動力都會明顯加快[71]。果不其然，在大陸釋放善意的默契下，臺灣在2009年，採用「中華臺北」名義以觀察員身分參與世界衛生組織（WHA），這是中華民國自1972年退出聯合國，在暌違30餘年後，以觀察員身分重新加入的第一個聯合國附屬國際組織。

2009年5月18日，臺灣衛生署長葉金川於WHA在日內瓦的開幕式上，與中共衛生部長陳竺見面，創下兩岸衛生首長共同出席聯合國組織正式會議上互動的首例。就在臺灣重返WHA之後，民進黨籍高雄市長陳菊，也於5月21日抵達北京訪問，推銷高雄市運會及觀光等事項。23日，陳菊飛抵上海。在大陸期間，陳菊先後會見北京市長郭金龍、中國奧會主席劉鵬、上海市長韓正等人。

---

70 《聯合報》，2009年1月1日，A1版。
71 黃介正，〈兩岸全方位談判時代來臨〉，《聯合報》，2009年1月1日，A2版。

對於陳菊的大陸行，臺灣獨派人士反應激烈及震撼。台聯黨主席黃昆輝就說：「甚表錯愕。」民進黨主席蔡英文認為陳菊去北京是應國際組織要求去行銷高雄世運會，與兩岸問題無直接關聯。呂秀蓮則認為，民進黨應調整兩岸關係，不容許停在美麗島時代的舊思維看待中國，或把現在的中國當做六四天安門事件時的中國。呂秀蓮期許朝野兩黨應共同努力縮短兩岸距離，調整兩岸關係。前立委林濁水則主張民進黨應該好好討論中國政策[72]。前立委李文忠則促黨辯論中國政策，他並批評民進黨基本教義派「立場可議」[73]。

陳菊的「破冰之旅」，其實正凸顯民進黨中國政策的迷思，其一貫的反中論述，咬死國民黨改善兩岸關係的努力為「賣臺」，但又無法忽略中國崛起的事實以及與中共交往之必要性。民進黨公職人員登陸，早在2000年7月，高雄市長謝長廷就有意願到廈門進行城市交流，卻遭剛上任的陳水扁總統及陸委會主委蔡英文阻擋，而未能成行。9年後，陳水扁因貪汙繫獄，接任黨主席的蔡英文則改變立場支持陳菊登陸。民進黨的困境在於，它以往的反中論述及族群政策，使它的基本群眾深陷中國威脅論的恐懼中，從而無法以理性態度及思維能力來面對中國問題。因此，民進黨要如何調整舊思維及論述，將是它在未來迫切面對的問題。

2009年5月26日，國共兩黨在北京舉行最高領導人正式會談。中共總書記胡錦濤再度發表「在新起點上進一步推動兩岸關係向前發展」的六點講話，重申兩岸經濟合作及結束敵對狀態、達成和平協議等事項。胡錦濤在談話中最重要的意義就是引用他2008年底所發表的「胡六點」強調：「我們提出，兩岸可就國家尚未統一的特殊情況下的政治關係問題，建立兩岸軍事安全互信機制問題進行務實探討，表明了我們解決問題的積極思考。」此外，在涉外事務，胡錦濤首次提到「中華臺北」。他說：「中華臺北衛生署應邀出席作為觀察員參加了今年的世界衛生大會，這表明，兩岸中國人有能力有智慧妥善解決臺灣參與國際組織活動問題。[74]」5月28日，中共國臺辦主任王毅在「重慶臺灣周」的開幕式中，具體稱呼「兩岸經濟合作框架協議」，已將兩岸對

---

72 《聯合報》，2009年5月22日，A2版。
73 《聯合報》，2009年5月29日，A2版。
74 《中國時報》，2009年5月27日，A5版。

馬英九總統提出的名稱（簡稱ECFA）「統一」了。

　　我認為「吳胡」會，真正重要的意義在於雙方都同意以「九二共識」為基礎[75]，而胡錦濤更明確提出，兩岸是「國家尚未統一的特殊情況下政治關係問題」。首先，在「九二共識」方面，2008年3月26日，美國小布希總統致電中共國家主席胡錦濤。白宮國家顧問哈德利轉述說，胡錦濤提到「九二共識」，也就是承認兩岸只有一個中國，但兩岸也同意彼此對「一個中國」有不同的定義。這也是美中（共）兩國高層首度使用「九二共識」一詞，表達兩岸在1992年討論「一個中國」問題的結論，並且認同當年對「一個中國」的內涵是各自表述[76]。

　　這也是胡錦濤面對馬英九上任後，兩岸關係的最大障礙，那就是在臺灣沒有市場的「一個中國」即中華人民共和國魔咒的初步解套，其實正反映北京當局開始採用更務實的思維面對美中臺新三解關係，尤其胡錦濤在5月26日談話，似乎更接近當年東西德的相處模式。西德在1972年處理兩德法律定位時發展出的一種論述，西德使用的不是「一德」，而是「整個德國」（Whole Germany），兩國則是「西德」與「東德」，由於雙方都是「整個德國」內部的「部分憲政秩序主體」，雙方關係不同於一般國家在國際法上的「外國關係」，也不是東西德兩個國家內部的「內政關係」，而是「整個德國」的「內部關係」，當時西德總理布朗德稱其為「特殊關係」。「但是東德不同意兩德關係是「一德兩國」。對東德而言，只有兩國，沒有「一德」的存在。為了擱置爭議，雙方在1972年簽署的「基礎條約」中，以agree to disagree（同意歧見）方式處理這個核心問題，這就是我們常用詞「擱置爭議」。學者認為馬總統曾

---

75 所謂「九二共識」，是指1992年海基會與海協會人員在香港，針對1993年的辜汪會談所達成的一些共識。在過去兩岸關係和緩時，中共默認「九二共識」為「在一個中國原則下，各自口頭表述」。但1999年李登輝總統的「兩國論」，讓中共不承認「九二共識」，只強調「一個中國原則」，2000年臺灣政權輪替，中共欲重拾「九二共識」，但陳水扁總統不承認有此共識。到了2005年北京的「連胡會」，連戰在正式會談中提出「九二共識，一中各表」，強調要顧及「中華民國在臺灣」，以人民福祉為依歸。胡錦濤說，「九二共識既確認雙方均堅持一個中國的共同立場，又擱置雙方政治分歧」。這可為國共兩黨對「九二共識」奠定一致性見解。見藍孝威，〈美背書「九二共識」有共識〉，《聯合報》，2008年3月29日。

76 《聯合報》，2008年3月28日，A1版。

提出的「一德兩國」，若落實在兩岸，可稱為「一中兩國」。意指兩岸都是整個中國的一部分，但是各在其領域內享有最高管轄權，彼此無權在國際間代表另一方，但雙方也不是外國關係[77]。

　　針對大陸的新思維處理兩岸關係，臺灣的馬英九在治理國家政策上，正循蔣經國當年政策前進，即強調清廉、打擊貪汙、調和族群矛盾，尤其在大陸政策位階，將高於外交政策。因為馬英九總統深刻了解，臺灣不製造兩岸關係緊張，就可在美國與中國（共）之間，扮演一個舉足輕重的槓桿平衡者角色。馬英九在出訪貝里斯僑宴時就表示，改善兩岸關係與拓展國際關係，兩者是相輔相成，不是相悖的。總統舉例，美國行政部門2008年10月3日通知國會銷售臺灣64億美元武器，11月6日海協會長陳雲林訪臺，前副總統連戰出席APEC，臺灣加入政府採購協議[78]，這些都是過去做不到的。再者，臺灣2009年順利參與世衛大會，再度顯示改善兩岸與擴大國際空間是相輔相成[79]。

　　前副總統呂秀蓮也表示「不能再把中國當六四共產黨」、「胡錦濤與六四無關」，馬英九則同意呂秀蓮談話。馬英九表示，中國大陸現在變大，變得有影響力了，反而更會遵守國際規範，例如對防止核子擴散、反恐，其實大陸很多國際議題的看法與美國一致[80]。

---

77 張亞中，〈一德兩國？一中兩國？〉，《聯合報》，2008年6月14日，A3版。

78 政府採購協定（The Agreement on Government Procurement, GPA）是世界貿易組織（WTO）底下的一個協定，簽署會員國共40國，包括美、歐、日、韓、星等國，中國大陸與約旦也正在談判。臺灣是以「臺澎金馬個別關稅領域」的名稱加入，成為第41個會員國。此協定是規範簽署國，一定金額以上的政府採購案，要對國外廠商開放。臺灣加入GPA後，對外開放的採購案將設金額門檻，商品勞務採購在新臺幣545萬以上、工程採購則是2億元以上，必須開放國際標。馬英九總統昨簽署世貿組織政府採購協定（GPA），宣告臺灣正式加入跨國際的採購機制。馬總統表示，GPA締約國商機高達9600億美元（約新臺幣31兆元），政府將全力協助廠商拓展商機。經濟部次長鄧振中表示，全球都努力投入公共工程建設以擴大內需，加入GPA之後，臺灣可享有國際條約保障，確保可與各國廠商競爭主要貿易國的政府採購市場，如美國政府今年相關資訊產品的採購預算將達710億美元，臺灣也可加入競標。官員表示，尚難預估臺灣可能爭取到多少商機，不過相關採購至少可以反映臺灣產品在世界貿易所占比重，約1～2%左右。參見《聯合報》，2009年6月9日，A4版。

79 《聯合報》，2008年5月29日，A2版。

80 《中國時報》，2009年6月3日，A17版。

李登輝前總統在接受日本產經新聞訪問時指出,「中共並非打從心裡支持馬英九,馬英九與美國的關係過於複雜是原因之一,他向來親美,受美國的影響非常大,不會立即提中臺統一的」。李登輝也評價馬英九「正直、孤高、獨善其身,但又很現代化」[81]。而臺灣民眾在《中國時報》民調中,也有五成肯定外交休兵與制度性協商。半數受訪民眾覺得兩岸互動並未傷害臺灣主權。認為兩岸關係友好的民眾比例高達57%,創歷史新高。不過這分民調也看出統獨意識有被激化傾向,有33%民眾傾向獨立,同樣創下歷史新高[82]。

馬英九總統在大陸民眾之間的形象及聲望都很高,是我這幾年帶學生到大陸進行學術文化交流深刻的體驗,尤其大陸知識分子對於臺灣扁政府時期的一些言論,認為簡直有如大陸當年的文化大革命,造成臺灣的優勢不斷喪失,咸表不解與惋惜[83]。而這位在大陸民眾心目中頗孚眾望的臺灣總統,在接受媒體訪問時,也表達對大陸領導人胡錦濤的看法。馬英九認為大陸過去在江澤民主政時代,只強推「一國兩制、和平統一」,但在臺灣的市場非常小,胡錦濤先生上臺後,比較務實、細膩,不再去強調上述論調,主要是防止臺獨,並且對於「愛鄉愛國的臺灣意識,不等於臺獨意識」,都有深入了解。馬英九認為胡錦濤對臺灣民眾釋放出很多善意,也使得臺灣的同胞,感受到他的善意,有助於兩岸邁向和平與繁榮[84]。

臺灣在2008年下半年,經濟衰退、臺幣貶值、失業暴增、股價下跌,反映全球正陷入百年罕見的金融海嘯與經濟蕭條。但是臺灣儲蓄率高達三成,根據主計處的資料,超額儲蓄有1兆之多,去年各類存款則增加了1.9兆元,是史上最大資金投入量;此外,臺灣外債低,外匯存底為2927億美元,居全球第四高。按《經濟學人》的評比,臺灣在全球的經濟動盪中,被列為安全動態,而韓國則因為外債高於外匯存底,

---

81 《中國時報》,2008年3月27日,A8版。

82 《中國時報》,2009年5月18日,A1版。

83 《經濟學人》雜誌以「文化大革命」為題,報導臺灣民進黨政府在蔣介石去世30多年後,積極推動去蔣化,大舉拆除他的塑象,將許多道路重新命名,甚至更改桃園國際機場的名稱,有將之一連串措施與中共文化大革命相提並論之意涵。請參見《聯合報》,2007年3月17日,A4版。

84 《商業周刊》,第1121期,頁44-45。

而被列入危險名單[85]。

　　從以上數據資料，可看出臺灣無論在民間或是總體經濟，都算得上具有實力。如今兩岸關係空前友好，大三通及陸客來臺觀光的經濟成效，雖暫難評估；但是一個廉正的國家領導人，有效率、廉能又充分掌握國際資訊及國內民意的行政團隊，都是臺灣民眾所迫切需要的生存關鍵。可是我也必須指出，兩岸之間不太可能永遠維持現狀，只談經濟合作協定，要求大陸善意允許臺灣擴大國際空間參與等等，卻迴避最終的軍事與政治問題。而這些問題的核心，就是國家主權問題，其中更牽涉複雜的國際關係及內部民族主義，這正意味馬英九政府必須及早因應全方位談判時代的來臨，隨著世代交替，臺灣能否「大陸臺灣化」來質化中國，而大陸本身也隨著經濟繁榮，帶動政治上改革。當雙方在政治制度與文化素質、經濟水準和公民意識逐漸拉近距離時，談政治上的統合才有具體條件基礎，這一切都需要時間的磨合，希望兩岸領導人都要有宏觀視野、格局和抗壓性，才能在時間長流中，締造兩岸人民的雙贏。

---

[85] 〈為下一輪的盛世做好準備〉，《中國時報》，2009年3月4日，A15版。

早期文化：

時代	重要發現	備註
舊石器	長濱文化、左鎮人	
新石器	早期：大坌坑文化（7000～2000B.C.）	也許是南島民族祖先型文化
	中期：芝山岩、圓山 牛罵頭、墾丁、鎖港（馬公）（4500～3000B.C.）	圓山文化之特色： 1.貝塚 2.信仰
金屬器	晚期：植物園、營埔、大湖、卑南、麒麟（3500～2000B.C.）	卑南文化與東南亞石器文化有關
	北部：十三行 中部：番仔園 南部：蔦松 東部：靜浦	十三行文化與凱達格蘭相關 靜浦文化或許為今日阿美人祖先

平埔族：

	族群名稱	地點
平埔族（大部分為母系社會）	西拉雅	臺南
	馬卡道	高雄、屏東
	洪雅	臺中霧峰、新營以北（南投社、諸羅山社）
	貓霧捒	彰化平原、臺中盆地
	巴布拉	臺中清水、大肚臺地
	巴則海	豐原市
	巴布薩	彰化、南投
	道卡斯	大甲、苑裡、通霄、後龍、竹塹等社
	凱達格蘭	臺北盆地
	噶瑪蘭	蘭陽平原
	雷朗	中壢

高山九族文化特色表：

族名	文化特色
泰雅族 Atayal	・因居於北部山區，而有「北番」之稱 ・臉部刺黥，又稱「黥面番」、「王字番」 ・「紋面番」 ・民族性強悍、男子勇武，屬父系社會 ・有賽德克（Sedeq）亞族，東支自稱「太魯閣」 ・1914年日本總督佐久間佐馬太討伐，屠殺太魯閣原住民
賽夏族 Saisiat	・與泰雅族毗鄰而居，深受其影響 ・有紋面習俗 ・父系社會，愛好和平 ・以矮靈祭聞名，與泰雅族同保有祖靈祭
布農族 Bunun	・Bunun的意義是「人」 ・具強烈的排他性 ・喜山居 ・父系社會，行大家族制。著名祭典有象徵成年的「打耳祭」
鄒族 Tsou	・原「曹族」，今以「鄒族」稱呼，其意義為「人」 ・父系社會，善獵 ・昔日有獵頭習俗
排灣族 Paiwan	・行封建制，家族由男女雙嗣繼承 ・階級觀念濃，分貴族、平民 ・崇拜百步蛇 ・木雕藝術佳
魯凱族 Rukaiu	・自稱「山裡的人」 ・行封建制，階級觀念濃，分貴族、平民 ・喜百合花、百步蛇 ・受排灣族影響深，也採取男女雙嗣繼承
卑南族 Puyuma	・母系社會 ・以農耕維生 ・漢化較深
阿美族 Ami	・Ami意指「北方」，即卑南族之北 ・母系社會 ・居住平地，家屋很大 ・熱愛歌舞，服飾鮮麗，尚紅色，以豐年祭聞名，有捕魚祭典

雅美族 Yami（達悟族）	・半穴居，臺灣高山族唯一生活在外島（蘭嶼）的原住民 ・男性穿丁字褲 ・捕魚，種芋、粟、薯維生 ・船雕優美，有盛大的飛魚祭 ・善舞，音樂優雅

附錄二
臺灣地名的舊稱與由來

基隆	凱達格蘭平埔族是大臺北地區的祖先，基隆的舊名「雞籠」傳說就是從「凱達格蘭」翻譯而來的
臺北	臺北，顧名思義是在臺灣的北部，它是由「臺灣」、「北部」所組合而來的
瑞芳	瑞芳舊稱「柑仔賴」，此處以前是基隆往宜蘭的交通要道，曾有陳登、賴世二人合作經營柑仔店（雜貨店），故俗稱柑仔賴
汐止	汐止位於基隆河中游河岸，舊名「水返腳」，顧名思義是潮水只漲到此為止，然後就回返了
景美	景美舊稱「梘尾」，梘是指輸水灌溉的木槽管道，以前這裡是「瑠公圳」灌溉水渠的末端，因此而得名
三張犁	臺灣剛開始開墾時，每一個佃戶可分到一張犁，一張犁大約能開墾五甲地，每戶人家分到的犁數不同，因此「二張犁」、「三張犁」成為地名
淡水	淡水原稱「滬尾」，「滬」是捕魚的器具，「尾」則指河流末端的河口地帶。因為位在淡水河口，是設滬捕魚的末端處，故稱之
石牌	位於士林和北投之間的石牌，以前經常有漢人、原住民在此爭奪地域，清廷為確定雙方的界限，故立石於兩者交界處，因此取名為石牌
大稻埕	「大稻埕」位於今日的大同區，從前此地遍種水稻，並有一處公用的大曬穀場，俗稱大稻埕
萬華	萬華原名「艋舺」，此名起源於凱達格蘭平埔族的譯音，是獨木舟的意思
蘆洲	「蘆洲」，原來是淡水河中的沙洲，到處長滿了蘆葦，所以稱為蘆洲
板橋	板橋原名為「枋橋」，墾拓的時候，曾架設木板橋在今日的西門公館溝上，便利行人往返，因此而得名
三峽	早期的三峽居民，在三峽溪注入大漢溪的三角形平原，拓墾建村，且當時的溪水波濤洶湧，舊名「三角湧」，因此而得名
桃園	桃園，初由客家人墾拓，稱為「虎茅莊」，之後有人在此種植桃樹，改稱「桃仔園」，後來才叫桃園
觀音	「觀音」地名的由來，相傳是在清領時期，有一個農民在溪邊撿到一塊類似觀音像的天然石，並築堂奉祀，故取名之
中壢	中壢大部分住客家人，「壢」係客家話，指凹下的低地，且剛好又位於新竹與淡水的中途，故取名為「中壢」

平鎮	昔日的平鎮，地處交通要衝，經常有盜匪出沒搶劫，因此，在路邊設張望寮，叫「張路寮」，後來地方日漸平靜，故稱「安平鎮」，日治時期再改名「平鎮」
大溪	大溪有好多舊名，平埔族語稱「大姑陷」，漢人改為「大姑崁」，後來因為當地的李騰芳中舉人，再改為「大料崁」，日治時期才叫「大溪」
新竹	新竹舊名「竹塹」，原來是道卡斯平埔族竹塹社的領域，因此取其譯音；清領時期改稱「新竹」，意指在竹塹新設立的縣
新豐	新豐舊名「紅毛港」，相傳昔日西班牙人曾在這裡登陸，所以叫紅毛港
新埔	新埔舊稱「吧哩嘓」（道卡斯平埔族將未開墾的荒地稱為吧哩嘓），後來漢人在此墾拓荒埔，形成新的埔地，故稱「新埔」
關西	關西舊稱「鹹菜硼」，相傳是因為三面環山，形狀如裝鹹菜的甕；日治時期才改成相似的日語發音「關西」
竹東	漢人未開墾竹東之前，當地為繁茂的樹林地帶，故名「樹杞林」，後來因為位於新竹市的東邊，改稱「竹東」
苗栗	苗栗的舊名為「貓裡」，是取道卡斯平埔族貓裡社的譯音而來，平埔族語是「平原」的意思
後龍	後龍舊稱「後壟」，當初聚落是建在後面丘壟的地方，因此得名
通霄	通霄舊稱「吞霄」，出自道卡斯平埔族吞霄社的譯音，日治時期因虎頭山突出，高聳入雲霄，故改「通霄」
三義	以前三義境內有三條溪匯流，形成三叉狀，所以稱「三叉河」。後來國民黨政府覺得「叉」字與義的簡字「乂」相似，因此更名為「三義」
清水	清水原名「牛罵頭」，乃是出自拍瀑拉平埔族牛罵頭社的譯音，日治時期發現大肚臺地湧出清澈的泉水，改稱為「清水」
霧峰	霧峰舊稱「阿罩霧」，是洪雅平埔族社名的漢字譯音，後來改稱「霧峰」，有人說是因為這附近的山峰在凌晨時容易起霧的關係
南投	南投是臺灣唯一不靠海的縣市，地名是譯自洪雅平埔族南投社的社名
埔里	泰雅族人稱埔里為「星星之屋」，夜晚從高處眺望，萬家燈火猶如天上的星辰閃爍，十分亮麗
鹿谷	鹿谷的舊名為「羌仔寮」，傳說以前曾有獵人為了獵羌仔，在這裡搭工寮，因此而得名
竹山	竹山舊稱「木屺埔」，是為了紀念鄭成功部將林屺在這裡墾拓荒地的功勞，因此而命名
草屯	草屯，昔日為鹿港、埔里間的交通要道，挑夫往返休息換草鞋之處，草鞋堆積如山，故舊名為「草鞋墩」

彰化	彰化舊名為「半線」，原來是巴布薩平埔族半線社的範圍，清領時期改稱「彰化」，取其彰顯皇化之意
和美	早年臺灣墾拓時，各種械鬥事件頻繁，「和美」地名的由來，就是希望大家和睦相處，不要再爭戰了
鹿港	鹿港曾經是臺灣中部的門戶，舊名有「鹿仔港」、「鹿水」、「鹿谿」，相傳以前有許多鹿群聚集在這裡
花壇	花壇舊稱「茄苳腳」，日本人以「茄苳」的福佬話與日語「花壇」讀音相似，故改稱「花壇」
員林	以前的員林原來是樹木叢生之地，後來墾民從四方陸續開墾此地，留下圓形林地，並在這裡建村莊，取名員林
雲林	「斗六門」是雲林的舊名，原來是洪雅平埔族斗六門社的範圍，後來因為東邊的群山環繞，經常雲霧飄渺，所以興起了「雲林」的地名
莿桐	莿桐在當初墾拓時，建聚落於莿桐樹的林蔭巷內，舊名「莿桐巷」由此而來
虎尾	虎尾舊名「五間厝」，據說當時建村之初，只有五棟民房，所以叫五間厝
斗南	斗南為洪雅平埔族的勢力範圍，舊名「他里霧」即是譯自該族他里霧社的社名
北港	北港原稱「笨港」，應是從平埔族語的音譯而來。位於北港溪的北方，昔日由於洪水氾濫以及泉漳的械鬥，因此現在北港的居民大多是泉州人
諸羅	嘉義原稱「諸羅」，以前是洪雅平埔族諸羅山社領域，林爽文之役，清廷為嘉許百姓死守城池的忠義精神，改名嘉義
民雄	民雄舊名「打貓」，原為洪雅平埔族打貓社的範圍，日治時，才改成和日語發音相似的「民雄」
新港	由於北港溪的改道以及漳泉的械鬥，使得「北港」與「新港」被分為兩個城鎮。新港居民大多是漳洲人，為新建立的聚落
布袋	「布袋」為沙洲地形，有許多的鹽田。位於潟湖之內，外圍環繞沙嘴，形狀像布袋而得名
水上	水上的舊名是「水掘頭」，顧名思義，當初建立聚落時，是選在有水渠灌溉的地方，以便利農田灌溉
臺南	臺南地方是臺灣本島最早開發的地方，明鄭時期稱為「承天府」，清領時改為「臺灣府」，後來又稱「臺南府」，從此開始有「臺南」的地名
佳里	佳里舊名稱「蕭壠」，是盤居在臺南地區的西拉雅平埔族的勢力範圍
新市	新市舊名稱「新港」，也是西拉雅平埔族的根據地

白河	由於白水上游有許多石灰岩，以前有灰窯，水大半呈白色，「白河」因此而得名
玉井	玉井的舊名為「噍吧哖」，是著名噍吧哖事件的發生地。後來日本人把「噍吧哖」的福佬話改成相似日語發音的「玉井」
新化	新化舊名「大目降」，原係西拉雅平埔族大目降社的範圍，明鄭領臺後，改名「新化」取意為新歸化社群
高雄	高雄原是馬卡道平埔族打狗社的所在地，舊稱「打狗」，後來日本人把它改成與日語相似發音的「高雄」
鳥松	鳥松舊名「鳥松腳」，鳥松即是赤榕，相傳當時是在赤榕樹下建立村落的
岡山	岡山在未開墾之時，為竿蓁（菅芒之類）叢生之地，所以舊稱「竿蓁林」，後來又相傳有老翁在當地經營店鋪，所以又叫「阿公店」
旗山	旗山的舊名是「番薯寮」，傳說以前居民在這裡築寮開墾時，種植番薯因而得名
美濃	美濃舊名「彌濃」，為典型的客家聚落，開墾之初，有人讚嘆為「美壤膏腴之地」，因此稱為「彌濃」
佳冬	佳冬的舊名為「茄苳腳」，是漢人對馬卡道平埔族的稱呼，後來日本人將它改成日語相似讀音的「佳冬」
恆春	恆春原稱「瑯嶠」，是排灣族語的譯音，指的是車城、海口的海岸地帶，後來因為氣候溫和，四季如春，改名「恆春」
滿州	滿洲舊名為「蚊蟀」，原屬排灣族蚊蟀山頂社域，後來日本人取相近的日語讀音，改稱「滿州」
臺東	臺東的舊名有「寶桑」、「卑南」，從前卑南族的大頭目，曾以「卑南王」的名義統治臺東縱谷平原，縱橫南北，其他族群紛紛稱臣納貢
大武	大武的舊名「巴塱衛」，譯自排灣族的社名，日治時期才改稱「大武」，可能是取自中央山脈南部的最高峰大武山
成功	成功舊名是「麻荖漏」，為阿美族的譯音，是形容草木枯萎的樣子
長濱	長濱為海岸阿美族的範圍，族人曾在這裡搭架瞭望臺對抗清軍，舊名「加走灣」，在阿美族語即是「瞭望之處」的意思
玉里	玉里的舊名「璞石閣」，布農族語意指滿天風沙的坑谷，而阿美族語則是指蕨類叢生之地
瑞穗	瑞穗原為秀姑巒阿美族的範圍，舊名「水尾」，在阿美族語是廣闊原野的意思
豐濱	豐濱原為海岸阿美族的分布地，昔日這裡叢生萬年青，舊名「貓公」即取自阿美族語「萬年青」的譯音

壽豐	壽豐的舊名為「鯉魚尾」，傳說以前聚落建於鯉魚山尖銳尾角的南方，故取名之
宜蘭	宜蘭舊名「蛤仔難」、「噶瑪蘭」，均譯自當地噶瑪蘭平埔族的族名，意思是居住在平原的人
蘇澳	蘇澳最早是由蘇士尾率眾入墾，而且它位於海灣旁邊，因此取名為「蘇澳」
羅東	羅東的舊名為「老懂」，在平埔族語是「猴子」的意思
礁溪	礁溪是有名的溫泉之鄉，顧名思義是指乾涸的河道，附近的溪水除了雨季外，幾乎成沙洲狀態，「礁溪」地名因此而來
頭城	頭城是吳沙入墾宜蘭的第一站，首先以土堡築城來墾殖，因此舊名「頭圍」即是指以築「圍」的方式建立村莊
馬公	澎湖馬公天后宮為全臺第一座媽祖廟，其舊名「媽宮」，即是因為奉祀媽祖而來

分類	組織名稱（時間）	領導人	備註
成立於東京的組織	啟發會（1918）	林獻堂	廢除「六三法」
	新民會（1920）	留學生	對日本同化主義政策產生爭執
	臺灣議會設置請願運動（1921）	林獻堂	1923年爆發「治警事件」 到1934年共15次請願，從東京到臺灣 林氏曾邀梁啟超訪臺，並辦臺中中學（今日臺中一中）
臺灣島內組織	臺灣文化協會（1921）	林獻堂、楊吉臣、蔣渭水、連溫卿	1927年連溫卿奪權，文協分裂，右派退出 目的在啟迪民智
	臺灣民眾黨（1927）	蔣渭水	大力支持議會請願及地方自治。霧社事件申訴 向國際聯盟抗議鴉片專賣，1931年遭解散
	臺灣地方自治聯盟（1930）	楊肇嘉	
農民運動	二林蔗農組合（1925）	李應章	1925年「二林事件」
	臺灣農民組合（1926）	簡吉	1929年「212事件」，日當局展開大搜捕，1931年結束
勞工運動	臺灣共產黨（1928）	謝雪紅	228事件中曾組27部隊
	臺灣機械工會（1927）臺灣機械總工會（1928）	連溫卿、王敏川	文協中左派分子領導 1928年高雄鐵工廠罷工事件
	臺灣工友總聯盟（1928）	李友三	1928年淺野水泥會社罷工事件
	臺灣赤色總工會（1930）	臺共領導，並爭奪文化協會、民眾黨、工友總聯盟在工會的領導權	

報刊	臺灣民報（1923） ↓ 臺灣新民報（1932）	1923年由臺灣雜誌社在東京發行，以啟發臺灣文化，由黃呈聰、林呈祿等人發行主編	1927年在臺發行，文藝版有張我軍、賴和、葉榮鐘；學術評論有杜聰明等 1944年被總督府強制合併
半山	蔡培火	參與議會設置請願，創辦《臺灣青年》、《臺灣民報》	1923年「治警事件」中，與蔣渭水入獄
	李友邦	臺灣義勇軍	

附錄四
臺灣近代史重要人物與事件

分類	人物（事件）	事蹟
地點	烏特勒支堡	1635年動工，1640年完工，位於大員西南邊的小丘上，是熱蘭遮城重要的外護城堡
	鹽寮	位於臺北縣貢寮鄉。由於當時日軍使用的地圖十分粗略，因此把登陸的地點「鹽寮」誤會為「澳底」
	芝山岩	明治26年（1893年）元旦，國語傳習所的6位職員欲前往臺北賀年，行經圓山河畔，遭抗日分子襲擊而死，這個事件被稱為「芝山岩事件」
制度、政策	墥社	早期官方對原住民實施的一種管理辦法
	班兵	清代臺灣綠營制度
	土官	清代初期治理臺灣原住民的辦法，主要繼承自鄭氏遺制。是蕃社中的首腦人物
	編查流寓六部處分則例	康熙22年（1683年），臺灣被納入清朝統治時，島上漢人被視為「流寓之民」，此法為專管臺灣地區人民的法律。規定沒有妻室或產業者必須遣送回大陸原籍地
	減四留六	劉銘傳清賦的目的之一是欲以小租戶為納稅人，並為土地合法的所有人。臺灣北部後來採取「減四留六」的折衷辦法。將原本大租分為10，大租得其6，4分交由小租戶完納正供
機關、組織	五商十行	鄭的商業貿易組織。五商十行是指山路五商和海路五商這十家商行
	撫墾局	光緒12年（1866年）設立，以林維源為「幫辦全臺撫墾大臣」，統籌局務
	臺灣慣習研究會	會長是民政長官後滕新平，總幹事定伊能嘉矩，每月出版《臺灣慣習記事》雜誌
	臺灣文藝聯盟	昭和9年（1934年）5月6日，在張深切、賴明弘等人的籌畫下，於臺中市召開文藝大會，正式成立「臺灣文藝聯盟」。昭和11年8月《臺灣文藝》雜誌停刊後，文藝聯盟也跟著銷聲匿跡了

墾號	陳賴章	目前所知第一個向官府申請開墾臺北盆地的人所申請的墾號
	金廣福	墾號名。當年金廣福公館（辦公處所）設於北埔，至今依然保留完整，被指定為一級古蹟
神明、廟宇	廣澤尊王	泉州南安人信仰的神明
	靈安尊王	俗稱「青山王」，是泉州惠安縣的靈嶽神
	保儀尊王	保儀尊王和保儀大夫分別是指唐代人張巡和許遠，最著名的是臺北市景美「集應廟」，農曆4月10日為迎神祭典
	義民廟	供奉義民爺的廟稱為「義民廟」或「褒忠祠」。全臺共有約20座的義民廟，而且幾乎都集中在客家聚落
	臺灣神社	日本時代臺灣首屈一指的神社。位址在臺北劍潭山的山腰上，除了奉祀大國魂命、大己貴命、少彥名命等三位代表國土開發的神明外，還特別奉祀能久親王，成為臺灣最有代表性、位階最高的神社
事件	羅發號事件	同治6年（1867年）3月12日，美國籍船「羅發號」（Rover）行經臺灣南端時，在七星岩觸礁。船員乘舢舨棄船逃生，漂流至龜仔角鼻山登陸，不幸被當地原住民殺害
	鄉土文學論戰	1977年8月17日起連續3天，彭哥在《聯合報》副刊批評鄉土文學。20日余光中發表文章〈狼來了〉，後來連國民黨的機關報《中央日報》和軍方的《青年戰士報》也加入論戰。（「鄉土文學」的主要作家包括被重新評價的吳濁流、鍾理和、王禎和、王拓、楊青矗等人）
	中壢事件	1977年11月，臺灣首次舉辦五項地方公職人員選舉，許信良未獲國民黨提名，自行參選桃園縣長，11月19日桃園縣中壢市第213號投票所選監主任涉嫌舞弊作票，此即「中壢事件」

事件	美麗島事件	1979年12月10日，黨外人士在高雄市舉辦人權大會遊行，憲警封鎖鎮暴，釀成警民大衝突。之後逮捕《美麗島》雜誌社黃信介、張俊宏、姚嘉文、施明德等共37人移送司法機關偵辦
		由於此案備受國際矚目，執政當局為表開明，不像以往作太多的限制與操縱，因此各大報皆能以數版的篇幅，充分報導審訊的過程。每一位被告在法庭上的答辯，經由報端披露之後，引起社會大眾對臺灣政治問題的思考，也造成人心更大的震撼
		這次的軍事大審，無異帶給臺灣民眾一次印象深刻的「政治教育」，由於有這次的政治教育，使得在翌年的中央民意代表的選戰中，重新出發的黨外候選人多能從挫敗中恢復元氣，重新整合而進入新的階段
雜誌	南音	郭秋生、賴和、葉榮鐘、莊垂勝、周定山、許文達、洪炎秋及陳逢源等人，於昭和6年（1931年）秋天創立文學團體「南音社」，宗旨為啟蒙文藝，寫作上採迂迴手法，避免直接批判當局。《南音》前後總共發行了第1卷第12期後停刊，質量上均比以往來得進步，在臺灣文藝雜誌中起了帶頭的作用
人物	沈光文（1612～1688年）	倡議組織「東吟詩社」，這是臺灣第一個詩社
	何斌（生卒年不詳）	提供鄭成功荷人和臺灣方面的情報，對鄭成功攻臺有很大的幫助
	郁永河（1645年～？）	字滄浪。著有《裨海紀遊》、《鄭氏逸事》、《海上紀略》等書
	杜君英（1658～1721年）	為客籍首領，朱一貴事件時，杜君英派手下前往結盟，共同對抗官兵
	藍廷珍（1663～1729年）	平定朱一貴事件，還持續搜捕事件之餘黨
	林秀俊（1699～1771年）	又號「林成祖」，開鑿大安圳及水豐圳，設置隘寮，防守今天的中和、永和、板橋、土城一帶，保障了拓墾者的安全
	福康安（？～1796年）	乾隆52年（1787年）率軍平「林爽文事件」，11月25日攻破其根據地大里杙（臺中大里）。林爽文逃入內山，在乾隆53年元月4日在老衢崎（今苗栗縣竹南鎮）被捕

人物	六堆	下淡水地區（今屏東平原）民眾，在朱一貴事件時組成義民，號為「六堆」
	開臺進士	意即臺灣第一位進士。事實上，在鄭用錫之前，臺灣已有陳夢球、王克捷、莊文進等3人考取進士。其中陳夢球就是明鄭參軍陳永華的兒子
	林維源 （1840～1905年）	劉銘傳主政期間的得力助手，不論在撫蕃、清賦、建築鐵路、港灣等各項新政，林維源都是重要的核心人物
	王得祿 （1770～1841年）	林爽文起事時，王得祿招募地方鄉勇協助清軍，因功升為千總，其後肅清海盜，再升為浙江提督，晉封「太子太保」，為清代臺灣官階最高的人。他的故鄉也改名「太保」，就是今日的嘉義縣太保市
	林朝棟 （1850～1904年）	臺中霧峰林家人，中法戰爭時率軍北上協防，受劉銘傳重視。回鄉後擔任開山撫番的工作，曾代理埔里社通判、兼辦中路墾務。臺灣民主國成立時，也率勇抗日，待日軍推進到中臺灣時，他從鹿港逃往廈門，終老於廈門
	鳥居龍藏 （1870～1953年）	著名的日本人類學家，著手進行臺灣原住民與中國西南少數民族的比較研究。著有《鳥居龍藏全集》
	長谷川謹介 （1855～1921年）	臺灣總督府鐵道部長，在臺任期雖然只有9年，但是由他一手主導的縱貫鐵路建設，卻深深影響臺灣後來的經濟發展和城鄉關係
	伊能嘉矩 （1867～1925年）	著名歷史學者、人類學者。著有《臺灣文化志》及最早的全島民族誌《臺灣蕃人事情》
	陳中和 （1853～1930年）	清末、日治時期重要的企業家及富商，其子陳啟川在戰後擔任第四屆、第五屆高雄市長，陳家也是今天高雄市著名的政經家族之一
	張我軍 （1902～1955年）	大正12年（1923年）進入北京高等師範學校補習班，受中國大陸五四新文學運動的影響，次年開始發表一系列文章，介紹中國新文學運動的情況，抨擊臺灣舊文壇，揭開臺灣新文學運動
	林呈祿 （1886～1968年）	「啟發會」幹事，大正9年（1920年）擔任《臺灣青年》雜誌社幹事，主張臺灣完全自治，二次大戰結束後，曾應邀到南京參加受降典禮，後來創辦東方出版社，此後閉門隱居

人物	陳逢源 （1893～1982年）	早年於總督府國語學校畢業，任職於三井會社。大正9年（1920年）辭職後，參與當時臺灣文化協會和臺灣議會設置請願運動，大正15年在《臺灣民報》上與許乃昌針對「中國改造論爭」筆戰，他反對激烈的社會革命，主張體制內的漸進改革，認為先達到臺灣自治後，再談其他問題
	蔡惠如 （1881～1929年）	與林獻堂一起發起組織「應聲會」、「啟發會」和「臺灣新民會」，並捐款創辦《臺灣青年》
	林獻堂 （1881～1956年）	少年留日時遇梁啟超，受其影響很大，曾推動「臺灣議會設置運動」。「臺灣文化協會」成立時，為首任總理，之後文協分裂，他與蔡培火、蔣渭水等另組臺灣民眾黨。昭和12年（1937年）因「祖國事件」赴日避難，光復後，歷任彰銀董事長、省政府委員等職
	蔣渭水 （1890～1931年）	在「文協」左傾後退出，另外組織「臺灣民眾黨」。一生主張階級調和，反對鬥爭，藉民族運動來包容各階級力量，可惜無法與農民形成共同戰線，其階級調和主張也未能發揮
	廖文毅 （1910～1986年）	雲林西螺人，從事「臺灣獨立」運動，結成臺灣民主獨立黨，1965年組成「臺灣共和國臨時政府」，自任「大統領」
	黃土水 （1895～1930年）	著名雕刻家。他對水牛的深刻觀察，表現在最後的大作《南園》（又稱《水牛群像》）。過世後，作品《甘露水》公開陳列於教育會館，遺作《南園》由夫人捐贈公會堂（今臺北中山堂）公開展示
	陳澄波 （1895～1947年）	嘉義市人，大正4年（1915年）前往日本東京美術學校圖畫師範科求學，大正16年，畫作《嘉義街外》入選第七屆帝展，此後連續四屆都入選。後組臺陽美術協會，228事件時死亡
	葉清耀 （1880～1942年）	昭和7年（1932年），獲得明治大學法學博士，成為臺灣第一位法學博士
	林茂生 （1887～1947年）	昭和2年（1927年）總督府提供公費讓他到美國進修，4年獲得哥倫比亞大學博士學位，成為臺灣第一位哲學博士。228事件爆發後，3月9日失蹤，從此下落不明

人物	呂赫若 （1914～1951年）	警備總部認為他是匪諜，與「鹿窟事件」有關，民間則傳說他在鹿窟山上被毒蛇咬死。一生創作以反封建、控訴社會經濟結構和家庭組織的病態為主，著名的作品有《牛車》、《暴風的故事》、《臺灣女性》、《清秋》等
	楊逵 （1905～1985年）	本名楊貴，昭和10年（1935年）創辦臺灣新文學社，出版《臺灣新文學》雜誌，1961年出獄後，在臺中經營「東海花園」，以賣花度日，代表作有《送報伕》、《鵝媽媽要出嫁》等
	龍瑛宗 （1921～1999年）	本名劉榮宗，新竹北埔人。昭和13年（1938年）以處女作〈植有木瓜樹的小鎮〉獲《改造》雜誌小說首獎，躍登文壇。昭和17年與西川滿、張文環、濱田隼雄等人代表出席在東京召開的首屆「大東亞文學者大會」，為戰爭期間最活躍的作家之一
	張文環 （1909～1978年）	嘉義梅山人，昭和17年（1942年）出席在東京召開的首屆「大東亞文學者大會」，小說《夜猿》獲皇民奉公會第一屆臺灣文學獎，著名的作品有《藝旦之家》、《夜猿》、《閹雞》等
	鍾理和 （1915～1960年）	臺灣屏東人，原籍廣東梅縣，筆名有江流、里禾等。作品多以美濃為背景，寫農民的田園生活，反應下層人民的生活，影響了1960年代以後的黃春明、王禎和、王拓等作家。1976年後，張良澤將其作品編輯成《鍾理和全集》
	賴和 （1894～1943年）	在「新舊文學論戰」中，是主張新文學的健將，發表臺灣文學史上第一篇白話散文〈無題〉，又發表白話小說《鬥鬧熱》，後擔任「臺灣文藝聯盟」委員長。作品採寫實主義的手法，洋溢著民族情感與人道主義，被譽為「臺灣文學之父」
	辜顯榮 （1866～1937年）	日軍登陸時，為臺北城士紳代表，隻身前往請日軍進城，取得食鹽專賣許可，獲利豐厚，其後在鹿港、臺中、虎尾購地，開墾農田，事業廣及糖業、金融、建築，曾擔任總督府評議員、日本帝國貴族議員

日據時期臺灣總督大事年表（1895～1945）

前期武官總督時期主要大事

總督		大事紀
		1895年（明治28年）
樺山資紀	4月17日	中日馬關條約簽署。承認朝鮮獨立。割讓遼東半島、臺灣、澎湖列島
	5月10日	日本派海軍大將樺山資紀任臺灣總督
	5月25日	臺灣民眾擁巡撫唐景崧為總統，宣布臺灣民主國成立。29日日軍登陸臺灣北部，6月7日占領臺北。唐景崧逃往大陸
	6月17日	臺灣總督府舉行始政式。伊澤修二創立「國語傳習所」
	8月6日	日本陸軍部核定臺灣總督條例。實施軍政
	10月19日	臺灣民主國南部防衛負責人劉永福逃往廈門。日軍占領臺南
	10月28日	北白川宮能久親王於臺南病亡
		1896年（明治29年）
	1月1日	芝山岩學堂6位學務官員被臺灣人殺害
	1月29日	日政府宣布平定臺灣。並宣布居住或來往臺灣島之外國人民、船舶，均適用現行條約
	1月30日	公布「臺灣鴉片令」
	3月31日	公布臺灣施行法令之有關法律。公布拓職務省官制。公布臺灣及內務省所管轄之北海道有關政務管理。撤銷臺灣軍政
	5月1日	大阪商船（會社）大阪、臺灣間航線營業開始。9月1日陸軍部下令日本郵船開闢神戶—基隆航線
	5月18日	劉德杓在臺東舉兵抗日，6月14日雲林簡義、柯鐵虎舉兵抗日
桂太郎		**1896年（明治29年）**
	6月2日	陸軍中將桂太郎就任臺灣總督
	6月17日	《臺灣新報》發行
	8月6日	總督府經憲兵隊、警察，告示戶口編制
	8月16日	總督府制定「臺灣地租規則」
	9月2日	恆春開設番童國語傳習所
	10月1日	總督府制定「犯罪即決例」，賦予警察署長及憲兵隊長執行拘留等輕犯罪之即決權
	10月4日	陸軍中將乃木希典就任總督

		1897年（明治30年）
乃木希典	1月21日	發布「臺灣阿片令」，實施鴉片專賣
	4月1日	公布「臺灣銀行法」
	5月8日	《臺灣日報》創刊
	5月27日	改制地方制度：6縣（臺北、新竹、臺中、嘉義、臺南、鳳山）、3廳（宜蘭、臺東、澎湖）
	6月28日	新高山命名
	10月1日	臺灣高等法院院長高野孟矩，對企圖壓抑告發收賄事的乃木總督表示反抗，12月16日免職
	10月21日	總督府公布官制，規定臺灣總督任用資格限於陸軍大將或中將
	10月25日	人類學家鳥居龍藏前往蘭嶼，從事人類學調查
兒玉源太郎		1898年（明治31年）
	2月26日	陸軍中將兒玉源太郎就任總督
	7月17日	總督府制定臺灣地籍規則，臺灣土地調查規則
	8月6日	暴風雨肆虐，臺北水患成災
	8月31日	總督府制定「保甲條例」將人民以保甲組織，課以連坐法，以利鎮壓抗日活動
	9月2日	土地調查局開辦
	10月8日	籌備中的臺灣鐵道會社，因募債未成功，向總督府申請延期登記。政府決定臺灣縱貫線鐵路由官方經營之方針
	11月5日	總督府制定「匪徒刑罰令」，規定首魁、教唆、參與謀議者，及指揮者處死刑
	11月10日	總督府決定將原來的民眾教育設施、書房、義塾等漸次改善到公學校之水準
		1899年（明治32年）
	1月	南部地區抗日首領陸續投降：1月30日—陳秋菊、3月17日—黃國鎮、3月23日—柯鐵、5月12日—林少貓
	3月22日	公布「臺灣事業公債法」
	3月31日	總督府公布師範學校官制，養成臺灣人教員
	4月1日	「總督府醫學校」創立
	4月26日	總督府制定「臺灣食鹽專賣規則」
	6月22日	總督府發布「臺灣樟腦專賣規則」
	7月5日	臺灣銀行設立。9月26日開業

	10月2日	「臺北師範學校」開校
		1900年（明治33年）
	4月8日	《臺灣民報》創立
	7月1日	臺北及臺南兩地設置公共電話
	11月28日	臺南、打狗間鐵路通車
	12月10日	臺灣製糖會社設立
		1901年（明治34年）
	6月1日	成立「專賣局」
	10月26日	公布「臨時臺灣舊慣調查會規則」
		1902年（明治35年）
	1月30日	日英同盟協約簽署
	3月12日	宣布應在臺灣施行之法令，法律第63號期限延長至1905年3月底
	6月14日	總督府制定「臺灣糖業獎勵規則」
兒玉源太郎	12月	自明治31～35年期間殺死抗日分子，共計11,950人，除山地外，全島已趨平定
		1904年（明治37年）
	1月11日	派任陸軍中將黑瀨義內為第一任臺灣守備軍司令官
	1月12日	總督府制定「罰金及笞刑處分例」
	2月10日	日本向俄國宣戰，日俄戰爭開始
	7月1日	臺灣銀行發行兌換黃金之紙幣
	7月6日	兒玉總督兼任滿洲派遣軍參謀長職務出征滿洲，職務委任民政長官後藤新平代理
		1905年（明治38年）
	3月6日	法律第63號再度延期
	5月12日	臺灣全省實施戒嚴令
	5月25日	俄軍波羅的海艦隊通過臺灣東部海面
	5月27日	日本海海戰，俄艦隊遭重創
	9月5日	日俄和約簽署
	10月1日	彰化銀行正式開業
		1906年（明治39年）
	3月17日	臺灣地方嘉義發生大地震，死者1,100餘人，房屋全倒4,200餘戶
	4月10日	法律第63號再延期1年

佐久間左馬太	\multicolumn{2}{c}{1906年（明治39年）}	
	4月11日	陸軍大將佐久間左馬太就任總督
	4月14日	警察本署設番務課
	9月3日	臺灣總督府公布即在關東都督府置顧問。都督府係依據內務大臣之奏請
	9月5日	日俄和約簽署
	\multicolumn{2}{c}{1907年（明治40年）}	
	1月1日	「三一法」成效
	10月1日	鐵路鳳山線開通
	11月15日	北埔事件。北埔蔡清琳自稱聯合復興總裁，殺北埔支廳長、郵局局長等55人
	\multicolumn{2}{c}{1908年（明治41年）}	
	4月20日	縱貫線三義川、葫蘆墩間開通，基隆、打狗（高雄）間鐵路全線開通
	10月1日	總督府制定「臺灣違警例」
	\multicolumn{2}{c}{1909年（明治42年）}	
	3月25日	臺北自來水給水開始
	3月27日	總督府制定「高等女學校官制」
	7月11日	臺北地下道工程完成
	10月25日	改革地方行政，全島劃分為12廳，1910年起實施「五年理番計畫」
	\multicolumn{2}{c}{1910年（明治43年）}	
	6月22日	公布「拓殖局官制」。該局直隸內閣總理大臣，統理臺灣、庫頁島、韓國，及除外交事務以外之關東州事項
	8月22日	日本併吞韓國，日韓條約簽署
	10月3日	帝國製糖會社設立。1940年併入大日本製糖會社
	10月6日	臺灣製糖等五會社成立臺灣糖業聯合會，以後變更為日本糖業聯合會
	\multicolumn{2}{c}{1911年（明治44年）}	
	2月28日	阿里山鐵路通車
	8月26日	暴風襲擊臺灣南部，房屋全倒240餘戶，南北交通斷絕
	\multicolumn{2}{c}{1912年（大正元年）}	
	2月25日	總督府禁止中國人及臺灣民眾團體稱為會社
	3月23日	林杞埔事件。劉乾等攻擊林杞埔派出所

佐久間左馬太	7月30日	明治天皇駕崩
	\multicolumn{2}{c|}{1913年（大正2年）}	
	11月20日	爆發「苗栗事件」，12月18日羅福星被捕
	\multicolumn{2}{c|}{1914年（大正3年）}	
	5月17日	佐久間總督親自領軍發動太魯閣番之役，至8月19日結束
	\multicolumn{2}{c|}{1915年（大正4年）}	
	2月3日	臺中中學校核准成立
安東貞美	\multicolumn{2}{c|}{1915年（大正4年）}	
	5月1日	安東貞美就任第六位總督
	8月3日	「噍吧哖事件」（又稱西來庵事件，今玉井鄉），被判死刑者866人
明石元二郎	\multicolumn{2}{c|}{1918年（大正7年）}	
	6月6日	陸軍中將明石元二郎就任總督
	8月2日	日本政府宣布出兵西伯利亞
	10月1日	中央山脈橫貫公路開通
	11月5日	流行性感冒蔓延，臺北市內各學校停課5日
	\multicolumn{2}{c|}{1919年（大正8年）}	
	1月4日	公布「臺灣教育令」，將專供臺灣民眾子弟之教育機關系統化
	3月15日	林熊徵等創立「華南銀行」
	3月31日	「總督府高等商業學校」創立（今臺北市徐州路臺大法學院）
	7月31日	臺灣電力會社設立
	8月19日	日本政府制定「臺灣軍司令部條例」，明石總督就任第一任臺灣軍司令官

中期文官總督時期主要大事

總督	\multicolumn{2}{c|}{大事紀}	
田健治郎	\multicolumn{2}{c|}{1919年（大正8年）}	
	10月29日	任命田健治郎為臺灣總督，為第一任文官總督。以「內地延長主義」為政策
	\multicolumn{2}{c|}{1920年（大正9年）}	
	1月11日	留居東京之臺灣留學生成立新民會。次年1月30日以新民會為中心，提出設置由臺灣民眾公選之臺灣議會之請願
	6月16日	臺北公營當鋪開始營業

田健治郎	7月27日	地方制度大改革，全臺改為5州（臺北、新竹、臺中、臺南、高雄）、2廳（臺東、花蓮港）、3市（臺北、臺中、臺南）、47郡、157街庄（鄉鎮）
	8月1日	公布「臺灣所得稅令」
	1921年（大正10年）	
	1月30日	林獻堂提出「設置臺灣議會請願書」（第一次），此後每年都提出請願，達15次之多
	4月9日	文部省（教育部）宣布，朝鮮、臺灣、庫頁島及關東州之中學，高女所行之專門學校入學檢定考試，與日本國內所行者具相同效力
	4月28日	笞刑處分廢止
	10月17日	臺灣文化協會成立。林獻堂任總理
	11月12日	連橫完成《臺灣通史》
	12月11日	公布「臺灣正米市場規則」
	1922年（大正11年）	
	1月11日	「三一法」廢除，「法三號」生效
	2月6日	修訂公布「臺灣教育令」。與日本人共學為基本，除普通學校、公學校以外之所有與日本國內之各學校令準據
	4月23日	臺北高等學校（官立）首次入學典禮。為臺灣第一所高等教育機關（位於古亭町今師範大學址）
	5月5日	公布「酒類專賣令」
	11月3日	臺灣產業組合設立
	12月16日	杜聰明取得京都帝國大學醫學博士學位
內田嘉吉	1923年（大正12年）	
	4月16日	東宮太子（昭和天皇）抵臺視察12天
	9月6日	內田嘉吉就任臺灣總督。總督府設置東部地方震災救助事務部
	11月18日	辜顯榮組成公益會，請願設置議會的文化協會遭受嚴重打擊
	1924年（大正13年）	
	3月1日	逮捕違反「治警法」之臺灣議會設置期成同盟會蔣渭水、蔡培火等14人
	4月21日	張我軍發表〈致臺灣青年的一封信〉，抨擊舊文學

		1925年（大正14年）		
伊澤多喜男	4月22日	公布「治安維持法」。5月8日公布治安維持法在朝鮮、臺灣及庫頁島施行。5月12日施行		
	6月17日	舉行第30回始政紀念典禮，在臺北舉辦紀念展覽會		
	9月1日	臺灣銀行股東常會，損失整理案解決		
	9月17日	大藏部（財政部）下令朝鮮銀行及臺灣銀行降低資金貸款利率		
		1926年（昭和元年）		
	1月12日	公布收音機收聽規程，規定收音機登記費為一圓		
	3月27日	臺灣東部鐵路開通		
	6月14日	為「蓬萊米」命名		
上山滿之進		1926年（昭和元年）		
	7月16日	上山滿之進就任總督		
	12月25日	大正天皇駕崩，改年號為「昭和」		
		1927年（昭和2年）		
	1月3日	臺灣文化協會會員大會，主導權移至左派。7月10日蔣渭水、林獻堂等人另成立臺灣民眾黨		
	3月	金融恐慌開始		
	3月26日	臺灣銀行通告鈴木商店，停止新貸款		
	4月13日	內閣會議決定發布緊急敕令，由日本銀行緊急貸款援助臺銀危機。17日遭樞密院否決，若槻內閣總辭職		
	4月18日	臺灣銀行除本行及臺灣境內之各行外，所有在外分行全部暫停營業		
	5月9日	公布有關對臺灣金融機關之資金融通之法律。臺銀各行恢復營業		
	5月19日	內閣會議，決定臺灣銀行之整理案		
	8月1日	《臺灣民報》發行		
		1928年（昭和3年）		
	2月19日	臺灣工友總聯盟成立		
	3月17日	設立臺北帝國大學		
	4月15日	謝雪紅於上海成立「臺灣共產黨」		
川村竹治		1928年（昭和3年）		
	6月16日	川村竹治就任總督		
	10月6日	共產黨書記長渡邊政之輔，在基隆被警方追捕自殺		

石塚英藏	1929年（昭和4年）	
	7月30日	石塚英藏就任總督
	10月24日	紐約股票大跌，世界經濟恐慌開始
	1930年（昭和5年）	
	4月10日	嘉南大圳完工（跨越今臺南縣官田鄉及六甲鄉）
	10月27日	霧社事件日人134人被殺、215人受傷，誤殺臺胞2人
	1931年（昭和6年）	
	1月16日	臺灣總督石塚英藏因霧社事件引咎辭職。太田政弘就任總督
太田政弘	1931年（昭和6年）	
	2月18日	總督府對臺灣民眾黨下解散命令
	4月1日	總督府在高雄設置海洋觀測所，成為熱帶海洋研究所之先驅
	9月18日	918事件
	1932年（昭和7年）	
	3月1日	偽「滿洲國」建國宣言
南弘	1932年（昭和7年）	
	3月2日	南弘就任總督
	5月15日	515事件
	5月26日	南弘總督辭職轉任齊藤內閣遞信大臣
中川健藏	1932年（昭和7年）	
	5月27日	中川健藏就任總督
	11月28日	菊元百貨店成立，為臺灣第一家百貨公司
	1933年（昭和8年）	
	3月27日	日本脫離國際聯盟
	5月15日	臺北帝國大學刊行《新港文書》
	1935年（昭和10年）	
	4月1日	「臺灣自治律令」公布
	1936年（昭和11年）	
	2月26日	226兵變事件，東京戒嚴令
	6月3日	「臺灣拓殖株式會社法」公布，11月25日設立

後期武官總督時期主要大事

		1936年（昭和11年）
	9月2日	小林躋造就任臺灣總督
	11月20日	州議員選舉（一部分官方指定）
	12月12日	西安事變。張學良監禁蔣中正，要求對日宣戰，促成國共和談
		1937年（昭和12年）
	7月7日	蘆溝橋事件，中國開始全面抗戰
	9月27日	臺灣人軍伕首度被調赴中國戰場
		1938年（昭和13年）
小林躋造	4月1日	日本政府發布「國家總動員法」
	12月18日	全島實施燈火管制
	12月23日	內閣會議決定新南群島編入領土，12月28日置於臺灣總督府之管轄下
		1939年（昭和14年）
	5月19日	總督宣布皇民化、工業化、南進基地等三大政策
	9月3日	英、法對德宣戰，第二次世界大戰開始
		1940年（昭和15年）
	9月27日	日德義對三國同盟簽署
		1940年（昭和15年）
	11月27日	長谷川清就任臺灣總督
	12月2日	總督府設立天然瓦斯研究所，係殖產局附屬研究所升格
		1941年（昭和16年）
	3月26日	修訂公布「臺灣教育令」。廢止小學校、公學校，一律改為國民學校
長谷川清	4月19日	「皇民奉公會」成立，積極推動「皇民化運動」
	12月8日	日本向英美宣戰，太平洋戰爭起
		1942年（昭和17年）
	4月1日	第一批臺灣陸軍志願兵入伍
	5月8日	八田與一搭乘「大洋丸」遇難
	6月5日	中途島海戰，日本艦隊落敗
		1943年（昭和18年）
	4月1日	實施小學六年制義務教育
	9月23日	內閣會議決定自昭和20年（1945年）起在臺灣實施徵兵制
		1944年（昭和19年）

	4月1日	合併臺灣所有報紙，成立《臺灣新報》
	10月25日	神風特攻隊（自殺飛機）首次出擊
	12月30日	安藤利吉就任臺灣總督
安藤利吉		1945年（昭和20年）
	4月	全臺實施徵兵制度
	5月	吳濁流撰成《亞細亞的孤兒》
	8月6日	美軍在廣島投擲原子彈
	8月9日	美軍在長崎投擲原子彈
	8月15日	日軍無條件投降
	9月2日	日本政府簽署投降文書，放棄臺灣
	10月25日	中日雙方在臺北公會堂（今中山堂）舉行臺灣受降典禮。臺灣行政長官公署正式運作，陳儀為第一任長官
	11月15日	臺北帝國大學接收完畢，改組為「國立臺灣大學」

附錄六
中國近代（含臺灣史）大事年表

西元	歷代紀元		大事
1171	禾乾道	7年	南宋泉州知州汪大猷在汛期置兵防守澎湖
1582	明萬曆	10年	羅明堅進入廣東傳教，萬曆28年利瑪竇入北京傳教
1604	萬曆	32年	明將（沈有容）脅之以兵，荷將韋麻郎退出澎湖
1622	天啟	2年	荷蘭復據澎湖，築城於風櫃尾
1624	天啟	4年	荷人撤兵澎湖，轉往大員（臺南平安）築熱蘭遮城
1626	天啟	6年	西班牙據雞籠（基隆）、滬尾（淡水）
1642	崇禎	15年	荷蘭人將西班牙人逐出臺灣北部
1644	崇禎	17年	滿人入關，建大清王朝
1652	永曆	6年	郭懷一在臺南一帶起事抗荷失敗
1661	永曆	15年	鄭成功率軍入臺灣，建東都，置承天府及天興、萬年二縣，包圍荷蘭人於大員
1662	永曆	16年	荷蘭人投降，退出臺灣，鄭成功去世，鄭經繼位
1683	清康熙	22年	清將施琅攻克臺灣，鄭氏政權滅亡
1684	康熙	23年	設福建省臺灣府，設府治於今臺南，轄臺灣縣、鳳山縣、諸羅縣
1689	康熙	28年	中俄訂尼布楚條約
1721	康熙	60年	臺灣朱一貴抗清事件
1723	雍正	元年	臺灣府築城，增設彰化縣、淡水廳
1726	雍正	4年	俄人在北京設教堂，遣留學生來華
1727	雍正	5年	中俄恰克圖條約，臺灣增設澎湖廳
1739	乾隆	4年	艋舺龍山寺落成
1757	乾隆	22年	通商口岸限廣州一口
1784	乾隆	49年	鹿港開港
1786	乾隆	51年	臺灣林爽文抗清事件發生，翌年諸羅縣改稱嘉義縣
1792	乾隆	57年	八里坌與福建五虎門通航
1793	乾隆	58年	英使馬戛爾尼來華談判商務
1796	嘉慶	元年	吳沙率漢人入墾蛤仔難（今宜蘭）
1805	嘉慶	10年	蔡牽攻臺
1809	嘉慶	14年	王得祿殲滅蔡牽於黑水溝

1812	嘉慶	17年	置噶瑪蘭廳
1816	嘉慶	21年	英使阿美士德來華
1823	道光	3年	臺灣淡水廳（竹塹，今新竹）鄭用錫進士及第，為臺灣籍第一位進士
1834	道光	14年	英國取消東印度公司鴉片專賣權，由英國外交部直接管理對華商務，繼續走私鴉片
1840	道光	20年	中、英鴉片戰爭開始，英軍一部犯臺
1842	道光	22年	中英訂立南京條約。魏源出版《海國圖志》
1843	道光	23年	中英五口通商章程、虎門條約簽訂
1844	道光	24年	中美望廈條約、中法黃埔條約，規定領事裁判權、協定關稅、片面最惠國待遇等，准許洋教在口岸傳布
1850	道光	30年	洪秀全率太平軍起事
1853	咸豐	3年	太平軍攻占南京，改稱天京，定為太平天國國都 頂（三邑人）—下郊拼（同安人）→同安人敗撤大稻埕
1856	咸豐	6年	太平天國內訌。廣州亞羅船事件
1857	咸豐	7年	英法聯軍之役（修約戰爭）
1858	咸豐	8年	中英、中法、中美、中俄天津條約，中俄璦琿條約 臺灣（安平）、淡水開放通商
1859	咸豐	9年	外人開始管理上海海關（洋稅務司）
1860	咸豐	10年	第二次英法聯軍（換約戰爭），攻占北京，毀圓明園，中英、中法、中美、中俄訂北京條約，12月（1861年1月）成立總理各國通商事務衙門
1862	同治	元年	北京設同文館，曾國藩在安慶設軍械所。臺灣戴潮春抗清事件（林文察平）
1864	同治	3年	湘軍攻陷天京，太平天國亡
1865	同治	4年	江南製造局、金陵機器局成立
1866	同治	5年	福州船政局成立
1867	同治	6年	3月20日美船羅發號在臺灣南端觸礁，船員在瑯嶠（今恆春）遭番人殺害，史稱「羅發號事件」
1868	同治	7年	捻亂覆滅
1872	同治	11年	派遣幼童留美。陝甘回亂平定，上海申報創刊
1874	同治	13年	日本出兵瑯嶠，「牡丹社事件」發生
1875	光緒	元年	船政大臣沈葆楨來臺，奏請「開山撫番」

1877	光緒	3年	派公使駐英、駐日，左宗棠平定新疆回亂。首批海軍學生赴歐洲留學
1879	光緒	5年	日本改琉球為沖繩縣，不再臣屬中國。臺灣增設新竹縣
1883	光緒	9年	中法越南戰爭，波及臺灣，戰爭延續至1885年臺北城完工
1885	光緒	11年	臺灣建省，劉銘傳首任巡撫
1886	光緒	12年	臺灣設機器局、電報總局、清賦局等，開始近代化建設
1887	光緒	13年	臺灣劃為三府一直隸州三廳十一縣，省會設於橋孜圖（今臺中）
1888	光緒	14年	北洋海軍成立。臺灣爆發施九緞事件
1891	光緒	17年	臺北至基隆間鐵路通車
1894	光緒	20年	中日甲午戰爭，孫中山上書李鴻章條陳救國大計。臺灣省會自今臺中移至臺北。興中會創立
1895	光緒	21年	馬關條約，割臺灣予日本，康有為「公車上書」。臺灣民主國抗日。興中會發動首次抗清起事失敗
1896	明治	29年	臺灣總督府結束軍政，公布六三法
1898	光緒	24年	戊戌變法京師大學堂（北京大學前身）開學
	明治	31年	臺灣總督兒玉源太郎公布「匪徒刑罰令」，處抗日分子以極刑，頒布〈保甲條例〉，實施〈土地調查〉，確認小租戶為土地所有權人
1899	明治	32年	總督府臺北醫學校成立，臺灣銀行成立（臺灣最大銀行）
1900	光緒	26年	義和團事件，八國聯軍攻占北京
	明治	33年	臺灣首座新式製糖會社在今高雄縣橋仔頭成立
1901	光緒	27年	辛丑和約，清廷下詔變法
	明治	34年	興建臺灣神社，1944年升格為臺灣神宮
1903	光緒	29年	清廷設商部。張之洞、張百熙奏定學章程，新式學制開始。日俄戰爭
	明治	36年	凍結大租權，使一田多主現象消失
1905	光緒	31年	清廷明令廢除科舉制度。同盟會在東京成立。清廷設學部（教育部前身）
1906	光緒	32年	清宣布預備立憲
1908	明治	41年	臺灣南北縱貫鐵路通車，典禮在臺中公園舉行，打狗（高雄）港開始闢建
1909	宣統	元年	各省諮議局開幕
1910	宣統	2年	北京資政院成立
	明治	43年	對泰雅族大科崁番社圍剿

1911	宣統	3年	廣州329黃花崗之役，同盟會中部總會成立於上海，川路風潮，武昌起事，孫中山當選臨時大總統
1912	民國	元年	孫中山就任臨時大總統，中華民國成立。袁世凱繼任臨時大總統，約法公布
	大正	元年	阿里山鐵路通車。梁啟超應林獻堂之邀訪臺
1913	民國	2年	宋教仁被刺案，二次革命失敗
	大正	2年	羅福星籌畫抗日失敗被捕，翌年處死。臺北—圓山汽車客運通車
1914	民國	3年	袁世凱解散國會與各省議會，中華革命黨在東京成立。一次大戰開始，日本出兵攻占青島
	大正	3年	淡水中學（長老教會）、圓山動物園營業、太魯閣事件。坂垣退助「同化會」
1915	民國	4年	日本對華提出21條要求。楊度發起籌安會，袁世凱稱帝
	大正	4年	林獻堂等捐資設臺中中學（今臺中一中）供臺人升學就讀。余清芳噍吧哖事件
1916	民國	5年	護國軍討袁，袁世凱死。蔡元培任北大校長
1917	民國	6年	張勳復辟，北京政府段祺瑞對德、奧宣戰，孫中山至廣州組護法軍政府
1918	民國	7年	軍政府改組，孫中山離粵，北京安福國會成立
1919	民國	8年	五四運動，《孫文學說》出版，中華革命黨改稱中國國民黨
	大正	8年	臺灣總督府新廈（今總統府）落成啟用，首任文官總督田健治郎就任。臺灣電力株式會社（臺電前身）成立，開發日月潭水力發電工程
1920	民國	9年	直皖戰爭，直系勝。粵軍回粵，孫中山返廣州
	大正	9年	連橫《臺灣通史》出版。臺灣實施州、市、郡、街庄制。屏東機場落成
1921	民國	10年	孫中山就任廣州非常政府大總統，中國共產黨成立於上海
	大正	10年	「臺灣議會設置請願運動」開始，「臺灣文化協會」及「總督府評議會」成立
1922	民國	11年	湖南公布省憲法。第一次直奉戰爭。陳炯明砲轟孫中山總統府
	大正	11年	杜聰明獲京都大學醫學博士，為第一位臺籍博士。「法三號」生效。日臺「共學制」總督府高校（今臺師大校址）
1923	民國	12年	曹錕賄選總統。蔣介石率團赴俄考察
	大正	12年	《臺灣民報》在東京創刊，為臺灣人之喉舌。東宮太子抵臺

1924	民國	13年	國民黨改組，聯俄容共，黃埔軍校成立。第二次直奉戰爭。馮玉祥發動「首都革命」
	大正	13年	宜蘭線鐵路通車、治警事件
1925	民國	14年	孫中山北上主張召開國民會議，病逝北京。上海五卅慘案。省港大罷工。國民政府成立於廣州。西山會議派（反共）成立
	大正	14年	臺北橋竣工
1926	民國	15年	中山艦事件。國民革命軍北伐。張作霖在北京任安國軍總司令
	大正	15年	臺灣總督伊澤多喜男命名新種米為「蓬萊米」
1927	民國	16年	革命外交（收回漢口、九江英租界）。清黨。國民政府定都南京，寧（南京）漢（武漢）分裂。蔣介石辭職（第一次下野）。共黨南昌八一暴動、廣州暴動
	昭和	2年	臺灣民眾黨成立，文化協會分裂
1928	民國	17年	蔣介石復職，繼續北伐。濟南慘案。國民革命軍入北京，張學良東北易幟，全國統一
	昭和	3年	臺北帝國大學（今臺灣大學）創立
1929	民國	18年	編遣會議。公布中華民國教育宗旨。中東路事件
1930	民國	19年	關稅自主。左翼作家聯盟成立。中原戰爭。擴大會議派成立。開始剿共
	昭和	5年	嘉南大圳完工。霧社抗日事件
1931	民國	20年	訓政時期約法公布。第一次高考舉行。江西成立中華蘇維埃共和國。918事變。蔣介石辭職（第二次下野）
1932	民國	21年	128事變。蔣介石任軍事委員委員長。滿洲國成立。安內攘外政策
	昭和	7年	中山橋完工、菊元百貨店成立（在今日臺北市中正區衡陽路與博愛路口，店內安裝首部新式電梯），為臺灣第一家百貨公司
1933	民國	22年	長城戰爭。廢兩改元。塘沽協定。第五次圍剿共黨。閩變
	昭和	8年	施乾「愛愛寮」收容乞丐
1934	民國	23年	新生活運動，溥儀稱帝，共軍開始「長征」（西竄）
	昭和	9年	全島第一個文藝團體「臺灣文藝聯盟」成立。飛行員楊清溪在臺北墜機。陳進入選帝展，成為臺灣第一位殊榮女畫家

1935	民國	24年	國民政府任蔣介石為特級（五星）上將。河北事件。共黨八一宣言。法幣政策。冀察政務委員會成立。共黨瓦窯堡會議（確認抗日民族統一戰線）
1936	民國	25年	中華民國憲法草案（五五憲草）。救國會（七君子）事件。西安事變。綏遠百靈廟事件。國小教師免稅
	昭和	11年	臺灣拓殖株式會社成立。臺灣恢復武官總督，小林躋造就任
1937	民國	26年	七七事變。共黨設立陝甘寧邊區政府，共軍改編國民政府宣布遷都重慶。南京大屠殺
	昭和	12年	推行「皇民化運動」、臺人軍伕首度赴中國戰場 大屯、新高阿里山、次高太魯閣被指定為國家公園
1938	民國	27年	國民參政會召開，蔣介石任國民黨總裁。武漢撤守，王兆銘出走
	昭和	13年	臺灣實施戰時經濟體制
1939	民國	28年	汪兆銘發表和平宣言。國防最高委員會成立
	昭和	14年	花蓮港竣工通航，宣布「皇民化」、「工業化」、「南進基地」
1940	民國	29年	汪兆銘在南京成立傀儡政府。國民政府通電全國，尊稱孫中山為 國父
	昭和	15年	配合「皇紀2600年」，總督府鼓勵臺灣人改日本姓名。「瑞芳事件」李建興謀反被捕
1941	民國	30年	新四軍事件。美空軍志願隊成立。日軍偷襲珍珠港。國民政府對德、義、日宣戰
	昭和	16年	臺灣總督府推動皇民化與國語家庭運動。「國民學校」、「工業臺灣」政策
1942	民國	31年	蔣介石任盟軍中國戰區最高統帥，簽署聯合國宣言。共黨在延安發動「整風運動」。英美宣布廢除在華不平等條約
	昭和	17年	「臺灣志願兵」入伍，「高砂義勇隊」（原住民）派往菲律賓作戰、「大洋丸」遭擊沈、八田與一遇難
1943	民國	32年	中美、中英平等新約簽字。開羅會議
	昭和	18年	臺灣實施六年制義務教育
1944	民國	33年	日軍發動一號作戰。共黨提出組織聯合政府主張。10萬知識青年從軍
	昭和	19年	美軍開始密集轟炸臺灣。安藤利吉上任

1945	民國	34年	中共七全大會召開，確定毛澤東領導地位。波茨坦宣言。中蘇友好同盟條約。日本無條件投降，臺灣光復，設臺灣省行政長官公署，陳儀任長官。馬歇爾調處國共問題
	昭和	20年	全島徵兵制。吳濁流《亞細亞孤兒》。臺北公會堂受降。帝大改稱「國立臺灣大學」。「臺灣省參議會」林獻堂率團赴南京
1946	民國	35年	政治協商會議在重慶召開，臺灣省參議會成立，制憲國民大會開幕
1947	民國	36年	公布中華民國憲法。馬歇爾調處失敗離華。228事件。臺灣省政府成立。國共內戰轉劇。第一屆國民大會代表選舉（魏道明）。宣布動員戡亂
1948	民國	37年	第一屆國大會議，選蔣介石、李宗仁為行憲第一任正、副總統。立法院開幕。發行金元券。徐蚌（淮海）會戰
1949	民國	38年	師範學校「四六事件」。《自由中國》創刊。陳誠任省主席。樂信瓦旦（林瑞昌）當選唯一原住民省參議員。「懲治叛亂」「肅清匪諜」條例通過
			蔣介石宣布引退（第三次下野）。國軍在大陸敗退，中華人民共和國成立。臺灣實施戒嚴。中華民國中央政府遷臺北，改革幣制（舊臺幣4萬元兌新臺幣1元）。古寧頭大捷。375減租
1950	民國	39年	蔣介石總統復職，陳誠任行政院長，臺灣開始實施地方自治（縣市長）選舉。國民黨改造委員會成立。韓戰爆發。愛國獎券開始發售。大陸開始土地改革
1951	民國	40年	制訂375減租條例，臺灣省臨時省議會成立。美軍顧問團
1952	民國	41年	中、日和平條約在臺北簽字。訂9月28日為教師節。李友邦槍決。「四健會」組織成立
1953	民國	42年	實施耕者有其田政策。行政院經濟安定委員會成立，開始實施第一期4年經建計畫。中共開始實施第一期5年計畫
1954	民國	43年	韓戰結束，萬餘名反共義士抵臺。國民大會選蔣介石、陳誠為第二任正、副總統。中共第一屆全國人代會揭幕，通過中華人民共和國憲法。臺灣與美國簽訂共同防禦條約。內政部核定九族原住民。大專聯考
1955	民國	44年	國軍自大陳島撤兵。孫立人案。石門水庫開始興建。軍人免稅
1956	民國	45年	鍾理和《笠山農場》

1957	民國	46年	楊振寧、李政道獲諾貝爾獎。臺灣省政府疏遷中興新村。劉自然遭槍殺，中美關係惡化。蓬萊米之父磯永吉退休返日
1958	民國	47年	中共開始實施「大躍進」、「人民公社」。金門823砲戰。警備總部正式成立
1959	民國	48年	臺灣省臨時議會改稱臺灣省議會。八七水災。劉少奇任中共主席。彭德懷事件
1960	民國	49年	蔣介石、陳誠當選第三任正副總統。中部橫貫公路通車。楊傳廣獲奧運十項運動銀牌。雷震籌組「中國民主黨」被捕。動員戡亂時期臨時條款
1962	民國	51年	首屆金馬獎舉行。臺灣電視公司開播。香港爆發5月難民潮。公布12月25日為行憲紀念日
1963	民國	52年	陳誠因病辭行政院長，嚴家淦繼任。花蓮港開放為國際港
1964	民國	53年	臺灣第一條高速公路麥克阿瑟公路通車（臺北到基隆），石門水庫完工。毛澤東倡導反蘇俄，中共第一次核子試爆。彭明敏被捕
1965	民國	54年	美國終止對華經濟援助。陳誠病逝。曾文水庫開工。日本臺獨首領廖文毅返臺
1966	民國	55年	國民大會修正動員戡亂時期臨時條款。蔣介石、嚴家淦當選第四任正、副總統。中共發動文化大革命。加工出口區在高雄成立
1967	民國	56年	臺北市改制為院轄市。中華文化復興運動委員會成立。國家安全局成立
1968	民國	57年	實施九年國民教育。紅葉少棒隊擊敗日本隊，帶動少棒熱潮。中共批劉少奇。許世賢當選嘉義市長
1969	民國	58年	增額中央民意代表選舉。金龍少棒隊獲世界冠軍
1970	民國	59年	「雲州大儒俠」布袋（木偶）戲在臺視播出，風靡一時
1971	民國	60年	保釣運動。中華民國退出聯合國。澎湖跨海大橋通車
1972	民國	61年	蔣介石、嚴家淦連任第五任正、副總統，蔣經國任行政院長。美總統尼克森訪大陸，中共與美國發表上海聯合公報。臺灣與日本斷交。林彪事件、臺大哲學系事件
1973	民國	62年	推動十大建設。中共與美國互設聯絡辦事處。曾文水庫完工
1974	民國	63年	青棒、青少棒、少棒首度獲得三冠王。大陸批林批孔運動
1975	民國	64年	蔣介石逝世，嚴家淦繼任總統，蔣經國任國民黨主席
1976	民國	65年	臺中港啟用。大陸唐山大地震。毛澤東病死，打倒四人幫，文化大革命結束

1977	民國	66年	取消鹽稅。核一廠開始發電。經濟設計委員會改組為經濟建設委員會。鄉土文學論戰。中壢事件
1978	民國	67年	蔣經國、謝東閔當選第六任正、副總統，孫運璿任行政院長。南北高速公路全線通車。中共召開11屆三中全會，「撥亂反正」
1979	民國	68年	中共與美國建交。美國國會通過臺灣關係法。高雄市改制院轄市。中正機場啟用。美麗島事件。中共全國人大「告臺灣同胞書」。大陸實行「改革開放」，開放觀光。橋頭抗議事件。康寧祥《八十年代》
1980	民國	69年	北迴鐵路竣工。中正紀念堂落成。制訂選舉罷免法。大陸審判四人幫。成立經濟特區。鄧小平任中央軍委主席。新竹科學園區
1981	民國	70年	國家賠償法公布實施。行政院長孫運璿提出三民主義統一中國口號。中共全國人大主席葉劍英提出和平統一9條方針。行政院文化建設委員會成立
1982	民國	71年	東沙、南沙群島納入高雄市行政區，嘉義、新竹改制為省轄市。「三不政策」
1984	民國	73年	蔣經國、李登輝當選第七任正、副總統。鄧小平發表「一國兩制」談話。「江南案」
1986	民國	75年	臺北舊火車站拆除，進行鐵路地下化。中央圖書館新館落成。李遠哲獲諾貝爾化學獎。民主進步黨成立。鹿港「反杜邦」
1987	民國	76年	臺灣地區解除戒嚴。開放大陸探親。解除外匯管制
1988	民國	77年	報禁解除。蔣經國去世。李登輝繼任總統。520遊行（抗議農產品進口）
1989	民國	78年	黨禁解除。大陸八九民運（天安門事件），趙紫陽下臺，由江澤民繼任總書記。鄭南榕自焚
1990	民國	79年	李登輝、李元簇當選第八任正、副總統。海峽交流基金會成立。臺灣加入APEC。「野百合三月學運」，要求廢除萬年國會（法統）
1991	民國	80年	制訂國家統一綱領。海基會成立。宣告終止動員戡亂時期。廢刑法100條
1992	民國	81年	第一屆中央民意代表開始退職。南迴鐵路通車
1993	民國	82年	辜汪會談在新加坡舉行

1994	民國	83年	省縣自治法及直轄市自治法通過，首次舉行省長、直轄市長選舉，宋楚瑜當選省長，陳水扁、吳敦義分別當選臺北、高雄市長
1995	民國	84年	實施全民健保。李登輝訪問美國康乃爾大學，中共抗議
1996	民國	85年	第一屆總統直選，李登輝、連戰當選正、副總統。中共對臺飛彈演習
1997	民國	86年	國民大會修憲，通過自民國87年12月20日起精簡臺灣省政府組織，凍結省長及省議員選舉。臺灣縣市長選舉，民進黨執政縣市過半數。鄧小平去世。香港回歸中國
1998	民國	87年	受東南亞金融風暴波及，經濟不景氣。第二任直轄市長選舉，馬英九（國民黨）、謝長廷（民進黨）分別在臺北市、高雄市勝選
1999	民國	88年	李登輝提「兩國論」，汪道涵中止訪臺。921地震
2000	民國	89年	陳水扁（民進黨）當選第十屆總統。親民黨成立
2002	民國	91年	陳水扁提「一邊一國」，呂秀蓮祕訪印尼 大陸胡錦濤接任總書記，溫家寶接任國務院總理
2003	民國	92年	SARS流行。立院通過「公投法」。「連宋合」、「水蓮配」組合完成
2004	民國	93年	第十一屆總統選舉：投票前發生319槍擊事件，陳水扁、呂秀蓮以微弱多數當選。連戰、宋楚瑜提出當選無效之訴及選舉無效之訴，法院進行全國性驗票 蔣方良逝 跆拳道選手陳詩欣在雅典奧運獲中華臺北第一面金牌 第六屆立委選舉：民進黨89席、國民黨79席、親民黨34席、台聯12席、新黨1席、無黨聯盟6席、無黨籍4席 游錫堃內閣總辭，謝長廷接任行政院長
2005	民國	94年	兩岸春節包機直航，分隔56年後，中國大陸民航包機首次合法降落臺灣 中華人民共和國通過反分裂國家法，臺灣的民進黨政府舉行326護臺灣大遊行抗議 連戰與宋楚瑜相繼訪問中國大陸進行和平之旅、搭橋之旅 任務型國大代表選舉，國民大會開議後廢除，立法委員席次減半，公民投票案入憲 馬英九當選中國國民黨主席

2005	民國	94年	縣市首長選舉：國民黨14席，民進黨6席，新黨1席，無黨籍1席
2006	民國	95年	謝長廷內閣總辭，蘇貞昌接任行政院長 孫運璿逝 婉拒中國大陸所贈大貓熊 國統綱領廢除 台開案，立法院表決罷免總統案未成 雪山隧道通車 施明德領導「百萬人民反貪腐倒扁」運動 國務機要費案起訴吳淑珍貪汙，總統陳水扁宣布一審有罪下臺 臺灣籍導演李安獲奧斯卡金像獎最佳導演 第十屆直轄市長暨市議員選舉：郝龍斌當選臺北市市長；陳菊當選高雄市市長；宋楚瑜宣布退出政壇 臺灣高速鐵路試營運
2007	民國	96年	特別費案起訴馬英九貪汙，馬辭去中國國民黨主席 吳伯雄當選中國國民黨主席 拒絕北京奧運聖火經臺北赴香港路線 地方制度法修改，臺北縣成為準直轄市 民進黨及國民黨分別提名謝長廷、馬英九角逐總統選舉 行政院長蘇貞昌請辭，由海基會董事長、前行政院院長張俊雄回鍋接任閣揆 中國國民黨17全代會通過提名馬英九、蕭萬長搭檔角逐參選2008年正副總統選舉
2008	民國	97年	馬英九、蕭萬長當選中華民國第12任總統、副總統選舉 副總統蕭萬長以兩岸共同市場基金會董事長名義出席博鰲亞洲論壇（Boao Forum for Asis, BFA），與中國國家主席胡錦濤會見，是繼兩岸分裂後，領導人首度會見 馬英九宣布由東吳大學校長劉兆玄出任行政院長，國民黨副主席江丙坤出任海基會董事長 海峽交流基金會董事長江丙坤與海峽兩岸關係協會會長陳雲林就兩岸空運直航、海運直航、通郵、食品安全等四大議題展開協商並簽署協議

2008	民國	97年	總統馬英九接見中國海協會會長陳雲林，年底江陳會談四項協議生效，臺海兩岸正式展開直接通航、通郵，達成全面大三通
			前總統陳水扁因涉及國務機要費案，以貪汙洗錢等罪嫌遭羈押起訴
2009（～8月）	民國	98年	海基會董事長江丙坤與中國大陸海協會會長陳雲林舉行南京會談，雙方就兩岸空中定期航班、金融合作、共同打擊犯罪及司法互助達成三項協議
			H1N1新型流感疫情向世界各國蔓延，行政院成立中央流行疫情指揮中心
			衛生署長葉金川率領中華臺北代表團，以觀察員身分參加在瑞士日內瓦召開的第62屆世界衛生大會（WHA, World Health Assembly），是中華民國睽違38年後首次參加聯合國外圍組織的活動
			中度颱風莫拉克襲臺，強烈豪雨引發土石流為南部山區帶來嚴重災情

國家圖書館出版品預行編目資料

艱困與榮光：臺灣政治發展史論／李功勤作.
　-- 初版. -- 臺北市：幼獅，民98.10
　　面；　公分. --（生活閱讀）

　　ISBN 978-957-574-743-5（平裝）

　1. 臺灣政治 2. 政治發展 3. 臺灣史

733.28　　　　　　　　　　　　　98017139

◎生活閱讀

艱困與榮光——臺灣政治發展史論

作者／李功勤
出版者／幼獅文化事業股份有限公司
發行人／李鍾桂
總經理／廖翰聲
總編輯／劉淑華
執行編輯／朱燕翔
封面設計・美術編輯／張芷維
總公司／10045台北市重慶南路1段66-1號3樓
電話／(02)2311-2832
傳真／(02)2311-3309
郵政劃撥／00027373

門市：幼獅文化廣場
● 松江展示中心：10422台北市松江路219號
　電話：(02)2502-5858轉734　　傳真：(02)2503-6601
● 苗栗育達店：36143苗栗縣造橋鄉談文村學府路168號（育達商業科技大學內）
　電話：(037)652-191　　傳真：(037)652-251

印　　刷／祥新印刷股份有限公司
出版日期／98.10初版
定　　價／280元
書　　號／960141

幼獅樂讀網
http://www.youth.com.tw
e-mail：customer@youth.com.tw

幼獅文化事業公司／讀者服務卡／

感謝您購買幼獅公司出版的好書！

為提升服務品質與出版更優質的圖書，敬請撥冗填寫後（免貼郵票）擲寄本公司，或傳真（傳真電話02-23115368），我們將參考您的意見、分享您的觀點，出版更多的好書。並不定期提供您相關書訊、活動、特惠專案等。謝謝！

基本資料

姓名：＿＿＿＿＿＿＿＿＿＿＿＿＿＿＿＿＿＿＿＿先生／小姐

婚姻狀況：□已婚 □未婚　職業：□學生 □公教 □上班族 □家管 □其他

出生：民國＿＿＿＿＿＿年＿＿＿＿＿＿月＿＿＿＿＿＿日

電話：（公）＿＿＿＿＿＿＿（宅）＿＿＿＿＿＿＿（手機）＿＿＿＿＿＿＿

e-mail：＿＿＿＿＿＿＿＿＿＿＿＿＿＿＿＿＿＿＿＿＿＿＿＿＿＿＿＿

聯絡地址：＿＿＿＿＿＿＿＿＿＿＿＿＿＿＿＿＿＿＿＿＿＿＿＿＿＿

1.您所購買的書名：**艱困與榮光——臺灣政治發展史論**

2.您通常以何種方式購書?：□1.書店買書　□2.網路購書　□3.傳真訂購　□4.郵局劃撥
　　　　　（可複選）　　□5.幼獅門市　□6.團體訂購　□7.其他

3.您是否曾買過幼獅其他出版品：□是，□1.圖書　□2.幼獅文藝　□3.幼獅少年
　　　　　　　　　　　　　　　　□否

4.您從何處得知本書訊息：□1.師長介紹　□2.朋友介紹　□3.幼獅少年雜誌
　　　　　（可複選）　　□4.幼獅文藝雜誌　□5.報章雜誌書評介紹＿＿＿＿＿＿報
　　　　　　　　　　　　□6.DM傳單、海報　□7.書店　□8.廣播(　　　　　　　)
　　　　　　　　　　　　□9.電子報、edm　□10.其他＿＿＿＿＿＿＿＿＿＿

5.您喜歡本書的原因：□1.作者　□2.書名　□3.內容　□4.封面設計　□5.其他

6.您不喜歡本書的原因：□1.作者　□2.書名　□3.內容　□4.封面設計　□5.其他

7.您希望得知的出版訊息：□1.青少年讀物　□2.兒童讀物　□3.親子叢書
　　　　　　　　　　　　□4.教師充電系列　□5.其他

8.您覺得本書的價格：□1.偏高　□2.合理　□3.偏低

9.讀完本書後您覺得：□1.很有收穫　□2.有收穫　□3.收穫不多　□4.沒收穫

10.敬請推薦親友，共同加入我們的閱讀計畫，我們將適時寄送相關書訊，以豐富書香與心靈的空間：

(1)姓名＿＿＿＿＿＿e-mail＿＿＿＿＿＿＿＿電話＿＿＿＿＿＿

(2)姓名＿＿＿＿＿＿e-mail＿＿＿＿＿＿＿＿電話＿＿＿＿＿＿

(3)姓名＿＿＿＿＿＿e-mail＿＿＿＿＿＿＿＿電話＿＿＿＿＿＿

11.您對本書或本公司的建議：

＿＿＿＿＿＿＿＿＿＿＿＿＿＿＿＿＿＿＿＿＿＿＿＿＿＿＿＿＿＿＿＿

10045 台北市重慶南路一段66-1號3樓

幼獅文化事業公司 收

··

請沿虛線對折寄回

客服專線：02-23112836 分機208 傳真：02-23115368

e-mail：customer@youth.com.tw

幼獅樂讀網http：//www.youth.com.tw